精英的浮沉

[中国企业家犯罪报告]

肖黎明 宋学鹏 阮加文 主编

海南出版社
HAINAN PUBLISHING HOUSE

版权所有　不得翻印

图书在版编目（CIP）数据

精英的浮沉：中国企业家犯罪报告 / 肖黎明，宋学

鹏，阮加文主编 . —— 海口：海南出版社，2015.12

ISBN 978-7-5443-6254-2

Ⅰ.①精… Ⅱ.①肖…②宋…③阮… Ⅲ.①企业家

－刑事犯罪－研究报告－中国 Ⅳ.① D924.04

中国版本图书馆 CIP 数据核字 (2015) 第 273546 号

精英的浮沉：中国企业家犯罪报告

作　　者：肖黎明　宋学鹏　阮加文

策划编辑：万　胜

责任编辑：文远怀

执行编辑：刘　晶

装帧设计：黎花莉

责任印制：杨　程

印刷装订：三河市祥达印刷包装有限公司

读者服务：蔡爱霞

海南出版社　出版发行

地址：海口市金盘开发区建设三横路 2 号

邮编：570216

电话：0898-66830929

E-mail：hnbook@263.net

经销：全国新华书店经销

出版日期：2015 年 12 月第 1 版　2015 年 12 月第 1 次印刷

开　　本：787mm×1092mm　1/16

印　　张：21.75

字　　数：320 千

书　　号：ISBN 978-7-5443-6254-2

定　　价：38.00 元

目 录 |Catalog

序 言

以平衡的心态看待企业家犯罪

冯兴元

《精英的浮沉—中国企业家犯罪报告》记载了 28 位中国企业家精英商海沉浮、犯罪翻船的故事。这种企业家教训故事集的主旨之一大概在于通过提供有关中国企业家犯罪教训的范例，来使得中国企业家引以为戒，由此为中国企业家群体的健康生存与发展提供正能量。不过，这种案例极容易使人对中国企业家群体留下一种负面的印象。我们在看到犯罪企业家本身可能存在的问题时，也要让政府和社会各界了解，众多企业家犯罪的成因很可能与政府法规政策这种"天条"有罪有关，甚至与不当司法或者贪赃枉法有关。在 28 位企业家犯罪故事中，其实部分企业家是否真的就犯了相应的罪行，也还是有争议的。比如顾雏军案就是如此。

我们需要以平衡的心态观察中国企业家，既要避免只看到企业家的正面形象，也要防止只注意其负面因素。我们需要对照政府、企业家阶层和其他社会各界的"人的形象"和行为来评判企业家的"人的形象"和行为，从而既避免盲目高视企业家，又防范片面贬抑企业家。对于企业家的犯罪，既要看到"天条"和代表"天条者"的可能不足，也要看到企业家个人行为的可能不足。

企业家的界定与特点

我们可以从不同的角度出发来对企业家进行不同的定义。从功能视角看，大致可以把企业家划分为熊彼特意义上的企业家和柯兹纳意义上的企业家。

熊彼特意义上的企业家可以称为"创新企业家"，是指实现新组合者，推动发展者，或创新者。熊彼特认为，存在五种新组合：一是采用了一种新产品，二是采用一种新的生产方法（相当于新技术或者新工序），三是开拓了新市场，四是掠夺或控制原材料或半制成品的一种新的供应来源，五是实现任何一种工业的新的组织。按照熊彼特的观点，企业家是经济发展的带头人，是能够实现生产要素的新组合的创新者，是创新的主体。而新组合的实现过程，也是旧组合的破坏过程。因此，熊彼特把这一过程称作为"创造性的破坏"。

柯兹纳意义上的企业家可以称为"套利企业家"。根据柯兹纳的观点，在市场过程中，企业家对由于人们的无知而存在的未被利用的利润机会抱有警觉，先于他人发现这种低价买入、高价卖出的套利机会，于是投入资源、采取行动，以实现这种套利。这种未被利用的利润机会也体现为市场供求的不协调和不匹配。这种套利过程并不能使得买卖双方一步到位地发现最低的买价和最高的售价。但是，企业家的行动促进市场参与者之间的交流，买卖各方都能从企业家的行动中学习，从而减少各方的无知，也使他们自己的行动实现更好的调适。每一次买卖都会比此前的买卖更少无知，取得更好的调适。比如，买者比此前更知道在哪里可以以更低的价格买到他们的商品，卖者比此前更知道在哪里可以更高的价格卖出他们的商品。这种市场过程既是竞争过程，也是企业家过程，呈现一种开放试错的态势，这种态势指向市场参与者的各种供求取得两两协调的状态。

"创新企业家"和"套利企业家"两者的作用非常重要。"创新企业家"推动经济发展，"套利企业家"推动经济增长。有经济增长不一定有经济发展。有经济发展必然包含经济增长。只有实现了新组合，才意味着经济发展。如果在其他条件保持不变情况下只是通过增加投入成比例地扩大产出，那么这只意味着实现了经济增长。

本书中的 28 位企业家均可以归类到"创新企业家"和"套利企业家"的类别。"创新企业家"和"套利企业家"两者的涵义也有重合之处。比如在本书 28 位中国企业家中，牟其中 1989 年在国内组织了 500 车皮商品运送许多生活资料到苏联，换回 4 架飞机，从中净赚近 1 亿元，就属于典型的"创新企业家"，因为他所实现的新组合涉及开拓了新市场。但是很显然，牟其中也是"套利企业家"，他因为对市场中未被利用的机会保持警觉，发现并利用了这种机会，实现了利润。

当然，上述"创新企业家"和"套利企业家"的概念，主要是从功能视角来看企业家的。根据熊彼特和柯兹纳的观点，无论是"创新企业家"还是"套利企业家"，他们所拥有的就是意志和行动。其他资源均可以从外部取得，包括资本。企业家从资本家(资本的拥有者)借入资金。如果企业家投入自有资金，则可视为向自己借入资金。这时企业家集企业家与资本家的功能于一身。

在日常生活中，我们使用广义而含混的企业家概念，把企业主或者经理族统称为企业家。但是严格意义上，从中文的惯例来看，企业家作为"家"，则需要满足严格的要求。可以对照"经济学者"和"经济学家"即可理解这一点。从事经济学研究者均为经济学者，但成为经济学家者则属于翘楚。同样，并不是所有从事"创新"或者"套利"者能够称得上是个"家"，唯有翘楚者才称得上企业家。在中文的语境里，企业家严格意义上大概需要有如下特点：以诚立本，敢冒风险(不一定是资金风险)，能有承当，经营上取得较大的成功，有较大的影响力。本书所涵括的28位企业家，除了"以诚立本"这一特点之外，总体上符合其他特点。

但是，这里也不能简单认为本书中的这些企业家不是"以诚立本"。在这些企业家中，如果涉及"天条"有罪，那么有关企业家做出规避行为或者采取铤而走险的行动，可能恰恰是"以诚立本"的体现：他们可能对于自己内心所认定的"正义"诚心而待。比如我国的企业税负实际上很重，如果民营企业不进行合理避税甚至违背"天条"做些偷漏税，很多不得不退出关门倒闭。试想一下，如果中国采取保加利亚那样的单一税模式，即个人所得税和各种经营所得税均按照10%的税率征以单一税，那么企业家为什么要去偷漏税呢？可以认为，这些犯罪企业家，许多是"以诚立本"的，否则往往做不了这么大。当然做大的企业，不一定就"以诚立本"。此外，这些企业家中也不乏道德典范。比如著名企业家孙大午，无论是在过去从事"非法集资"的时候，还是在当前，都堪称"以诚立本"的典范。

改革开放之前挣钱几乎就是罪

中国的商业传统源远流长。中国历史记载最早的商人可能是舜。他也应该是历史记载最早的"套利企业家"。《史记·五帝本纪第一》记载，舜在历山耕过田，在雷泽打过鱼，在黄河岸边做过陶器，在寿丘做各种家用器物，在负夏跑过买卖。

我国现代意义上的民营企业是在清末民初才不断涌现的。最初官办企业、官督商办和官商合办企业较多，后来则出现很多民办企业。1895 年（光绪二十一年），张謇在"设厂自救"的浪潮中筹办的大生纱厂，属于中国第一家现代意义的企业，而且采取股份制，属于官商合办；1897 年夏瑞芳等人创办了商务印书馆；1901 年张元济投资商务印书馆；1903 年成立商务印书馆股份有限公司，属于民办。但是，民国期间，随着此起彼伏出现的军阀混战、抗日战争和内战，民营企业家阶层饱经战乱的磨难。

但是，在中华人民共和国成立之后，经过公私合营和国有化，我国的商人阶层几乎绝灭。"文革"结束时，个私经济已丧失了合法地位，个体私营经济形式几乎消失殆尽。据统计，到 1978 年，当时全国个体劳动者只有 14 万人，全国的私营企业数字为零。

在计划经济时代，差不多挣钱就是犯罪。个私经济活动被罪恶化。个体经济很容易被视作"资本主义的尾巴"而被割掉，或者定性为"投机倒把罪"。按照这个逻辑，古代的舜大概也可以按"投机倒把罪"定罪。在那个时代，个体经济倒还没有根绝，只是非法生存，苟延残喘。

本书 28 位企业家之一、"傻子瓜子"品牌创始人年广久最初就是非法生存。此君可谓最具传奇色彩，号称"中国第一商贩"。他生于 1937 年，1949 年以后靠摆小摊为生，经历各种运动的风风雨雨。1963 年他因"投机倒把罪"被判处有期徒刑一年，1965 年摆水果摊，1966 年因卖板栗被关二十多天，1972 年跟邻居熊师傅学会炒瓜子手艺，转向经营瓜子，1976 年就凭卖瓜子赚取上百万元。也就是说，他在"文革"结束之际，尚未开始改革开放的时候，就已经是百万元户。这可能在中国属于绝无仅有的事例。

年广久曾经三次因为经济问题被抓，其实都是因为"投机倒把"。他最后一次即 1989 年以经济问题被抓，按流氓罪被羁押，实际上仍然是因为"投机倒把"，最终因为邓小平 1992 年在讲话中提到其大名，再加上其经济犯罪本来就不成立而被提前释放。按照统计年鉴的数据，如果把 1978 年的消费物价指数值确定为 100，到 2014 年的指数值就达到 606.7。我们暂且把 1976 年的消费物价指数等同于 1978 年，那么按照统计数据来推算，年广久在 1976 年挣得了相当于 2014 年 600 多万元的利润。不过，在他的事例当中，我们可以看到消费物价指数这种统计数据是多么荒诞不经。1976 年，估计 1 万元在芜湖市区边缘可以盖一栋小楼房，但到了 2014 年底，芜湖市住房均价大概为 1 平方米 5829 元。也就是说，1976 年的 1 万元大概可以在芜湖市区边缘买 1.7 平方米的楼房面积。

对商业、利润或者利息的仇视或者反感，实际上属于一种古代或者前现代现象。无论是古代东方还是西方国家，早期对商业、利润或者利息持否定或者保留态度者更多，持完全肯定态度者少。我国古代以农耕为本，有着重农轻商的传统。商人赚取利润的投机行为常常被视为有悖道德。亚里士多德认为，收取利息不仅不恰当而且还违背了自然法则。他觉得，收取利息的做法也极其让人厌恶，而且这种厌恶是完全正当的，因为获利直接来自货币本身，而非货币所换取某物品的产出。亚里士多德看到，正如每个动物都会生出跟其相似的后代一样，"利息也是货币生出来的货币"。他觉得，这尤其违背自然法则。柏拉图认为偿付利息对社会安定构成威胁，建议禁止放贷。基督教教义原来反对对兄弟们放贷收息，但不禁止对外邦人如此行事。究其根由，古代人倚重熟人社会，而熟人社会强调礼尚往来。商业活动则嵌入于社会关系当中，商人处于社会阶梯的较低位置，未取得平等、自主的地位。随着市场的拓展和大社会即匿名社会的形成，商业活动越来越去嵌入化，人情交换日益让位于商业交换，商人和企业家的地位越来越平等化、自主化，市场交换越来越立基于货币上的成本收益计算，对货币的时间价值也越来越认同。企业家精神的发挥空间越大，对资本的需求就越大。没有对资本的付费，就很难取得足够的资本。通过人情交换或者自我积累所提供的资本数量毕竟是有限的。而企业家去创新或者套利，去实现市场机会，在很大程度上需要企业家利润作为其激励。因此，市场半径越大，货币经济越发达，企业家精神发挥的空间越大，人们对商业、利润或者利息的认同也越大。

在计划经济时代，对结果平等的追求往往使人回到"返祖"状态。那时候出台的"投机倒把罪"就是一例。《精英的浮沉》一书中，多位企业家因为犯了"投机倒把罪"而"中枪"，有些数次"中枪"。

在理想状态下，企业家不需要自己拥有资本。熊彼特和柯兹纳认为，企业家不同于资本家（也就是拥有资本者），只需要具有意志和行动，不需要拥有其他任何东西。这番话足以让人感到熊彼特思想的精辟伟大。但是，企业家要实现新组合或者实现"套利"，就要有资本。如果人们说企业家拥有资本，是因为广义上理解了企业家，把企业家和资本家混在一起考虑。如果企业家自己拥有部分资金并利用这部分资金，那是他从自己借入自己的钱。

熊彼特认为，企业家可以从资本家借入资本，作为购买力基金，在现有购买力存量中注入新的购买力，从而为实现新组合而争夺本来投入于循环流转经济（一种简单再生产的经济）中的生产手段，以实现新组合，获得企业家利润。因此，在这种情况下，熊彼特意义上的"创新企业家"不需要承担资金风险，而资本家则需要。在这方面，柯兹纳意义上的"套利企业家"的情况也是如此。

熊彼特所言可能只是涉及理想状态。真正的企业经营环境中，企业家可能为了获得所需要的资本而获罪，尤其是当法规政策这种"天条"有罪的时候。在《精英的浮沉》一书中，除了"中国第一商贩"年广久之外，还有集中国"首富"与"首骗"名号于一身的牟其中都因"投机倒把"而获罪。石油大王龚家龙1988年之前就是一个年轻有为的国企经理，在双轨制经济与计划管制的时代，他以"物物交换"相对原始的方式成功解决了换购汽车、倒卖湖南香烟及经销紧俏商品冰箱、洗衣机等，赚取暴利，被视为"湖北最大的投机倒把商人"，也就是大腕倒爷，却也因此遭遇"投机倒把罪"审查整整一年，最终离开国企。

根据经济学家罗斯巴德的观点，取得他人所有权的正当手段有两个：一为交换，二为赠予。两者均符合自然法。由此看来，所谓"投机倒把"是符合自然法的。它属于你情我愿的交换，是取得他人所有权的正当手段。另外一个正当手段是赠予。"投机倒把"者实际上只是套利者，所有交换者都是套利者。他们都涉及"逢低吸进，逢高抛出"的操作，属于非常正常的商业活动，属于"套利企业家"的行为。他们只不过是发现和利用了未被利用的市场机会。按照经济学家米塞斯的观点，自愿的交换必然对双方均有利。卖出者认为其收入的货款比其保留的货物更值；买入者认为其收入的货物比其支付的货款更值。如果"投机倒把"者能够高价出货，说明货物的稀缺程度较高。这个价格就是一个信号，使得供给者增加产量，扩大供给。

需要特别关注有罪"天条"

中国改革开放的一大成果之一，就是企业家群体的重新崛起。但是，即便在改革开放以来，中国企业家群体的发展壮大仍经历了曲折的过程。各种与工商业有关的活动被罪行化，到处是雷区。改革开放的过程也体现为缓慢的去罪化或者轻罪化过程。这个过程目前仍在继续，但很缓慢。

把"投机倒把"定罪的"天条"则是反自然法的，是不符合自然正义的，因而"天条"是有罪的。但是,"投机倒把"曾经一直是我国严厉打击的对象。年广久在1963年就因为板栗贩卖而作为"投机倒把"而被正式判刑。1964年中央在批转《关于"五反"运动中对贪污盗窃、投机倒把问题的处理意见的报告》中把"投机倒把"界定为"以牟取暴利为目的,套取国家和集体的物资,进行投机倒卖、长途贩运、组织地下企业以及其他商业活动的行为",这一概念一度把在计划经济之外的一些民间商业活动视为违法犯罪行为。1987年9月国务院界定了11种,加上单行刑事法规和其他司法解释规定的种类,合计17种。这让"投机倒把罪"成为外延庞杂、界限模糊的罪名,随之而来的问题是理论上众说纷纭,实践中难于操作,由此引发了"投机倒把罪"的存废之争。

1993年宪法修正案第七条规定"国家实行社会主义市场经济",使得以前被视为"投机倒把"的行为变为正常的社会主义市场经济行为。1997年刑法修订时废除了"投机倒把罪"罪名。但是,我国政府的法律体系总体上相当混乱,国务院1987年制定的《投机倒把行政处罚暂行条例》作为下位法,直到2008年1月才由国务院废除。

不过,类似"投机倒把罪"的罪名在中国仍然会冒出。比如对"暴利"论罪就是一种类似的加罪。差别在于,"投机倒把罪"往往被判刑,"暴利"罪则用计征重税来惩罚。比如网上有一份《中华人民共和国反暴利法》建议稿。提出"反暴利法旨在通过税后手段来遏制企业获取超过社会平均利润而实施的商品和服务价格垄断及价格畸高经营行为"。这种反暴利法没有抓住问题的核心,无的放矢,是反市场经济法,暴露了某种反"投机倒把"的心态。对于行政垄断企业应该反暴利,而且这种暴利往往意味着行政垄断企业借助其法定强制力对民企和消费者强加一种行政垄断定价。而且这个时候通过征以高额"反暴利税"来反暴利,其实只是政府和行政垄断企业借助强制力抢劫不当之财。因此,对于行政垄断企业,最好的反暴利就是打破行政垄断,政府退出市场,同时对民企开放市场。对于开放市场中由更高效率而致的"暴利",则需要视之为市场对企业家的奖赏,无论这里的企业家是"创新企业家"和"套利企业家"。对企业家的奖赏也是对其企业家精神的奖赏。如果"暴利"来自于企业家的套利,那么只要更多的企业家进入市场参与"套利","暴利"会自行消失。如果"暴利"来自于企业家的创新,也会因为其他企业的模仿、跟进甚至更大的创新而消失。即便"暴利"较长时间存在,也是因为市场对其提供服务的奖赏。即便形成基于更高效率的"垄断",在长期它也不可维续。短期内会存在潜在进入者的威胁，长期则必然会有新进入者的进入，两者均会影响"垄断者"的定价行为。比如苹果公司的 iPhone 手机就是如此，该公司只是在短期占据其多点接触手机的"垄断"地位。世界上很多家庭全家上下都买 iPhone 手机，是情愿接受苹果公司的"暴利"定价的，不仅情愿，而且感谢苹果公司的"剥削"和"吸血"。其实苹果公司是通过为客户创造价值而实现自己的价值。

除了"投机倒把"之外，有罪"天条"的另一个重灾区是金融领域。我国企业融资难问题非常严重，一直没有得到有效解决。政府长期以来推行严格的金融抑制政策，整个金融体系以国有金融机构为主导，优先为国有金融机构提供服务。整个政府部门保护国有垄断，歧视和抑制民营金融机构，打压企业自组织融资。

当笔者所主持《中国民营企业生存与发展环境指数研究》课题组在 2015 年初问及广东省 100 家企业有关本企业维系经营需要的融资缺口情况时，16% 的被调查企业回答有很大的缺口、急需融资；73% 回答略有缺口，需要融资；只有 11% 的企业回答无须融资。这说明多数企业（89%）或多或少有着融资缺口。当课题组问及 100 家浙江省民营企业有关本企业维系经营需要的融资缺口情况时，9% 的被调查企业回答有很大的缺口、急需融资；82% 回答略有缺口，需要融资；只有 9% 的企业回答无须融资。这说明大多数企业（91%）或多或少有着融资缺口。这与广东的情况类似。而且，广东和浙江省的民营企业一样，急需融资的企业较多的分布在房地产、商贸及运输行业。

广东和浙江是市场化最高的两大省份，居然融资困难如此严重，更不用说其他省份了。根据北京师范大学中国企业家犯罪预防研究中心编制的《2014 中国企业家犯罪报告》，所选取的全国 677 名民营企业家犯罪共涉及 51 个具体罪名，其中与融资有关的罪名有 13 个，包括：虚报注册资本罪，虚假出资、抽逃出资罪，非法吸收公众存款罪，骗取贷款、票据承兑、金融票证罪，集资诈骗罪，信用卡诈骗罪、金融凭证诈骗罪，合同诈骗罪，非法经营罪，组织、领导传销活动罪，挪用资金罪，以及诈骗罪。我们虽然不清楚上述 677 名企业家犯罪的实质问题及错判乱判情况，但从本书 28 位企业家的情况看，错判乱判较为严重，似乎缺乏纠错机制，明摆着错误的判决也没有办法纠正。

从全国层面看，很多与融资有关的罪名均体现"天条"有罪。比如，现在根据国际惯例，注册资本变成认缴制，这样一来，"虚报注册资本罪"就成徒有空名。但是，曾经有多少企业家因为"虚报注册资本罪"而获罪。而且，中国大多数民营企业家最初由于注册公司门槛高，均存在"虚报注册资本"的问题。有了高注册门槛，就有了"虚报注册资本"的问题，也有了与之类似的"虚假出资、抽逃出资"的问题，进而有了"虚报注册资本罪"和"虚假出资、抽逃出资罪"。取消了注册门槛，这类罪名也就失去了存在的依据。与其说企业家犯了罪，毋宁说在根本上是"天条"有罪。因为这类罪名能够把多数民营企业家作为罪犯一网打尽，收归囊中，所以这些罪被法律界为"口袋罪"。

牟其中的"信用证诈骗罪"也是部分归咎到"天条"有罪。这里"天条"不仅是金融法规，而且涉及金融政策。金融抑制政策是宏观调控政策导致融资环境恶劣。牟其中为了获得资金用于巨额投资，卷入"信用证诈骗罪"。他于2000年5月30日，被武汉市中级人民法院以"信用证诈骗罪"，判处无期徒刑，并剥夺政治权利终身。他所控制的南德集团从1994年起开始制造航向系列卫星，1995年卫星即将制造完毕，需要向国外发射机构支付数百万美元的发射费。这个时候由于国家的长期金融抑制政策和当时的紧缩银根政策，牟其中借不到银行贷款，卷入了何君与湖北轻工共同策划的一起"虚构进口货物、骗开信用证，非法占有国家资金"的行为。牟其中作为用款企业的负责人，被认定构成了"信用证诈骗罪"。

所谓"非法集资罪"也是"口袋罪"，也往往体现了"天条"有罪。比如，"非法集资罪"中的"集资诈骗罪"可判处死刑，而"非法吸收公众存款罪"可判十年以下有期徒刑。很多企业家由于无法从正规金融机构获得贷款，也无法通过上市或者发债获得资金，采取民间集资的形式。民间集资基于明晰的产权和契约自由，企业家由此获得融资，乃是企业家的基本权利。但是，政府对之设置严格的限制，使之非法化，并施以重刑。

本书中的著名企业家孙大午就被法院认定"非法吸收公众存款罪"。孙大午的民间金融业务属于从其一定数目的员工和企业所在地周边村民借贷的民间借贷行为。这种民间借贷也是随着其企业经营业务的自然发展而发展的。这种民间借贷业务与其企业经营业务有着互联性，在企业主和企业与其社会网络和社群关系比较稳定和可预见的时候，存在着高度的信息对称性和透明度，此时金融风险是非常低的。孙大午的这种民间借贷行为事实上是提供了一种有效的金融服务。这种金融服务的成本和收益比要高于正规金融机构，从而使得其员工和企业所在地周边村民愿意把钱借给孙大午的公司，使得这种民间借贷行为能够持续。允许这类民间金融的存在将会体现一种最有效率的国民经济发展途径：让市场主体充分发现和利用经济和金融市场机会，让市场主体自身来权衡成本和收益；国家则提供市场准入和市场开放的便利和秩序空间。如果我国存在金融行业准入的最低核准标准和程序，那么有理由相信孙大午完全可以整合其他民营企业开设民营银行或者投资公司，这样也就不会出现所谓的"大午集团非法集资案"。

大午集团发展初期，通过收购粮食与农户即其社会网络成员建立了粮食收购、结算、把结算款转为借款（从民间借贷视角）或"存款"（从银行视角）的业务关系，由此建立了某种集经营业务与民间金融业务于一体的"粮食银行"。从基本概念角度看，大午集团属于从周边村庄的多个农户和村民或者从多个公司员工那儿接受民间借贷资金，而不是"社会公众存款"，因为"存款"一般与其后的贷款行为或者转存行为（如邮政储蓄把资金转存中央银行）的行为对应。没有这种行为，就不构成"存款行为"。随着大午集团经营业务增加和民间借贷资金需求量增加，大午集团自然需要出具制式借款凭证，以避免手写借条的繁琐手续，从而达到降低交易成本的目的。也就是说，大午集团的民间借贷业务的形式化（正规化）是一种自然而然的制度创新，是与其业务量变大带来的降低交易成本需要相联系的，从而也是合乎逻辑的、必要的行为。

孙大午完全本着以诚立本和契约自由的态度从邻居亲友和雇员中获得资金、支付利息，没有非法占用，没有借新还旧，没有破坏金融秩序，反而弥补了现有金融秩序的不足，各笔借款完全符合正常的合同法要求。但是，由于"天条"有罪，孙大午于2003年以"非法吸收公众存款"罪而被判有期徒刑3年，缓刑4年。

总的看来，我国立法和司法对企业家的去罪化和轻罪化虽然在进行，但在过去很长时间内进展缓慢。我们也应该肯定业已取得的进展。2007年，全国人大通过修改刑法，将死刑案件的核准权收归最高人民法院统一行使。2011年出台的刑法修正案（八）取消13个经济性非暴力犯罪的死刑。2014年4月，全国人大常委会做出立法解释，明确了《刑法》中虚报注册资本罪和虚假出资、抽逃出资罪的适用范围。从此之后，"虚报注册资本罪"和"虚假出资、抽逃出资罪"这两个针对市场主体设立行为的《刑法》罪名，只适用于依法实行注册资本"实缴登记制"的传统公司，而不再适用于"认缴登记制"的新型公司。2015年8月，刑法修正案（九）取消了集资诈骗罪等九个死刑罪名。即便如此，对集资诈骗罪的判刑仍然是重刑。其实集资诈骗罪的判罪应该进一步轻罪化。

其犯罪性质也仅仅类似于偷盗。

去道德化不独发生在企业界阶层

中国改革开放始于法制长期遭到破坏、道德长期陷于沦丧之后，当时的正式体制从威权主义走向新威权主义。正统意识形态出现所谓"半祛魅化"，传统价值观也没有回归，西方价值观重新开始涌入，而且不时受到压制，基本上出现了某种主体价值观真空。功利主义占据主导地位，"一切向钱看"成为时尚。其后的市场化过程伴随着两种总体趋势：一为法制化在推进，二为去道德化在继续。虽然法制化在进行之中，但是其相距法治的要求相差甚远。毕竟很多人治的因素也可以通过法制来固化。至于去道德化，则无论是在政府部门，还是在金融部门，企业部门，甚至在很多家庭中均在发生。

既然去道德化问题发生在整个社会，为什么有很多国人只盯紧企业家，喜欢对企业家品头评足，甚至无端指责？我们不妨花点时间分析一下。首先，老百姓一般不会也不敢去公然批评政府。古人的遗训是"民不与官斗"，"不怕官，只怕管"。其次，企业家群体地位特殊，容易受到众人瞩目，对企业家群体或者某位企业家点头评足，于己而言一般不至于导致大祸临头。有关企业家群体的特殊性，人们很容易理解。著名经济学家熊彼特说得好：企业家必须位于社会和经济金字塔的顶端。其实，一个正常的社会，企业家必然位于社会和经济金字塔的顶端。改革开放之前，中国的企业家阶层基本灭绝，那时就不是一个正常的社会。毫无疑问，无论我们如何定性当前中国社会，它肯定比"文革"时期更是一个正常社会。企业家是中国社会中比较风光的一群人物，但也是容易受到指责的一群人物。荣誉鲜花撒向企业家，舆论压力也往往会冲向企业家。马云、马化腾和任志强这样的企业家，既是家大业大，又是舆论领袖。其一举一动，都会牵动众人的眼线；其一言一语，都会成为新闻。

不过，部分民营企业家也可能在不存在"天条"有罪情形下犯法。他们在这方面则需要加强遵纪守法和道德自律。

尽管很多人仍然诚信，更多人向往一个诚信的世界，但不难发现当代中国存在某种程度的诚信危机。诚信的重要性如何强调也不为过。著名的美国自然法家斯布纳（Spooner）认为，人类和平相处的唯一必不可少的条件就是遵循一种唯一的普遍义务，即每个人对他人以诚相待。但是，我们会发现诚信问题目前是比较普遍的现象，发生在政府部门和各个社会环节。在这方面，我们要对企业家们提出要求，但不能单独苛求他们。

权力强于资本是事实

在本书所涉及的 28 个企业家案例中，有些企业家有着依附权力的问题。问题是，难道中国的企业家有着阿谀逢迎、低声下气、权钱交易、委曲求全的特质吗？我看不是。我们有必要透过迷雾，看清中国企业家到底有没有特质，到底有什么特质。

在我国，权力强于资本，这是一个基本判断。不是所有企业家都是阿谀逢迎之辈，也不是所有官员都热衷于权钱交易。需要还原中国企业家的本来面目，我国多数企业家是有特质者：他们对盈利机会比较警觉，甘冒风险去组织资源去争取实现利润机会。这种特质与西方发达国家的企业家没有什么两样，这就是中国企业家的本来面目。

公权强势的结果就是一些民营企业不得不选择依附公权。因此，权力的节制成为当务之急。根据《中国民营企业生存与发展环境指数报告》，当课题组问及广东和浙江省各 100 位民营企业负责人自己认为目前该省民营企业对公共权力的依附程度有多大这一问题时，多数被调查民营企业负责人认为民营企业对公权力很大或者较大的依附，占比合计为 82%。只有 18% 的人认为依附不大或者不依附公权力。这么多企业负责人认为民企对公权力有很大或者较大依附，是个非常严重的问题。这说明公权力过于强势，控制者大量资源和机会，把守着市场准入的门槛，而民企其实往往处在不平等的地位。这一问题不解决，我国就不能成为真正的市场经济国家。

两省被调查企业负责人大多数（92%）认为或多或少有必要通过担任人大代表或者政协委员参政，没有企业家认为没有必要参政。不过认为必要性不太大的占 8%。正因为企业的经营生存受公权力影响很大，两省大部分企业家才认为通过人大代表、政协委员的身份参与政治非常重要。

根据其回答的选择频次，两省民营企业家认为民营企业家参与政治的主要目的为（括号内为各项答案的选择频度）：一是为了通过政治平台了解政治与经济走向（88.5%）；二是表达政治主张并推动社会进步（68.5%）；三是寻求权利保障与政治安全（66%）；四是提高政治地位，获得社会尊重（25.5%）；五是积累政治资源（19%）；六是实现自我价值（6%）。在广东省，70%的被调查企业负责人选择了"提高政治地位获得社会尊重"；而在浙江省，只有25%的被调查企业负责人选择此项回答，这是两省之间最大的差别。被调查者认为民营企业家参政的第一大主要目的是"为了通过政治平台了解政治与经济走向"，说明我国政治与经济走向仍不够透明，缺乏预期，难以从其他平台获得有关信息。被调查者认为民营企业家参政的第二大主要目的是"表达政治主张并推动社会进步"，说明被调查者认为这些参政者有通过参政表达自身主张、发挥自身正能量的意愿。第三大主要目的是"寻求权利保障与政治安全"，说明这些被调查者认为民营企业家的基本权利保障还远远不够。只有少数被调查企业家认为民营企业家参政的主要目的之一是实现人生价值，这说明当前的大环境可能根本无法使得民营企业家通过参政来实现人生的价值。

在转型期，中国企业家往往需要突破法规政策和制度上的障碍，去谋取实现自身所面对的机会。即便这些法规政策和制度对企业家有利，具体负责的政府官员也可能"拿你一把"，借助行政审批关口不放行。一些企业家会在这种约束条件下做出妥协，委曲求全。也有一些干脆冒天下之大不韪，专门借助不正当手段，通过权力"寻租"实现自己的好处——这里的"租"，是指只在政府管制的市场里存在的、而在竞争性市场里不会存在的好处。无论如何，一些企业家依附于公权，恰恰是因为公权过强，否则这些企业家为什么要以其尊严为代价，而对权力低声下气、趋炎附势？

地方政府和一些民企纷然依附国企，恰恰与国企的"市场权力"有关。其根源是公权没有得到节制，资本没有得到解放。民企为了求生存，不得不放弃其独立地位，转向依附公权力和国有企业。很多行政垄断企业的利润，其一大块是通过与民营企业"合作"而从民营企业所创造利润中分得的。这方面在石油行业非常明显。只要有行政垄断权力，国企就可以坐享其成。

在缺乏约束的权力面前，企业家可能永远是弱者。中国从古至今就有一些说法，比如"民不与官斗"，又比如"人在屋檐下，不得不低头"。这些行为特征均与缺乏限政大有干系。最为红火的"红顶商人"其实在权力面前不堪一击。最近反腐风暴中有大量"红顶商人"落网，比如四川刘汉事件就是一例明证。有大量企业家从来就厌恶和避免与权力打交道，虽然失去了很多利用不正当手段而发财的机会，但是也因而避免灭顶之灾。这方面的例子多得数不胜数，只有深入企业家群体者才能明了个中情形。有很多企业家过去利用政府关系获得大量发财机会，他们生意越大，内心愈加不安。一旦在某个环节出事，不仅其多少年的辛劳就白费心机，无论多么巨大的商业帝国也可即可刻倾覆，而且难免有牢狱之灾。中国的企业家纷纷移民，可以部分由此得到解释。也有小部分企业家精于使用"白手套"，自身行事中规中矩，但任由手下人去疏通政府关系，而且设置足够的"防火墙"（比如明确规定不允许向政府官员输送利益，但对成功获得政府合同者提供高额）。这种做法在当前公权强势情形下，虽然某种程度上情有可原，但仍需谴责，其手下人往往成为替罪羊。当然也有很多企业家没有对手下做出如此的着意安排。

企业家没有"原罪"

全国各地社会舆论对企业家群体的评判差距很大。一般认为，社会舆论对企业家并不利，部分受到"原罪"论或"剥削"论的影响。万幸的是，最近笔者所主持《中国民营企业生存与发展环境指数研究》课题组的调研发现，市场化程度高的地区，对民营企业家基本上是持比较肯定的态度。笔者所带领的课题组不久前对广东和浙江各100位民营企业家进行了调研。调查结果并不同于上述情形。当问及广东民营企业家有关媒体及舆论对他们评价是否客观时，多数企业家认为舆论的评价是客观或者相对客观。其中：认为客观者占14%，认为相对客观者63%，合计77%。不过仍然分别有19%和4%的企业家认为不太客观和不客观。当问及浙江企业家负责人时，更大多数企业家认为舆论的评价是客观或者相对客观。其中：认为客观者占25%，认为相对客观者62%，合计87%。不过，仍然分别有11%和2%的企业家认为不太客观和不客观。

很多企业家错误地把社会上对企业家群体的扭曲性批评内在化，认为自己犯有"原罪"。其实企业家没有"原罪"。"原罪"是基督教里的一种说法，意指亚当和夏娃在上帝的伊甸园里违背上帝的意旨，听取蛇的挑拨，吞食了禁果。上帝将亚当和夏娃驱逐出伊甸园之后，他们的后代也因其"原罪"而人人带有"原罪"。把这种"原罪"说沿用到中国的企业改制，是一种不严肃的不当做法，但这种不当做法在很多地方是存在的。通过改制或产权并购而来的衍生型民营企业，其产权是否安全确实存在一些被人指责的问题——其原先的产权交易被普遍怀疑为不合法。但是，社会各界对一些衍生型民营企业原先产权交易是否合法表示怀疑，还是有一定程度的合理性的。首先，由于在原来国有或者集体企业改制过程中,"国退民进"的实施缺少一个公开、透明的操作平台,资产评估、定价、出售、善后等各环节很多是由地方政府和部门黑箱操作,缺少程序的公开性和正当性。其次,就揭露和报道的大量案例而言,确实普遍存在私相授受、半卖半送、只拿好处不背包袱等情况。不过这类报道必然是偏向性的,不对称的———般都报道坏事,而非好事,有句古话就是"好事不出门,坏事传千里"。再次,部分公众也确实经常混淆企业资产和实物概念,把看到的企业实物视为资产,但看不到企业负债和净资产的情况,对于很多中小型亏损企业因为已经没有净资产甚至亏损严重而实行改制出现的"零"置换与"负"置换(即白送或倒贴)不理解。

但是,如果说对所有此类改制企业的改制过程均认定为不合法,那肯定是过了头。需要看到的是,既有很多企业改制存在权钱交易和企业资产流失的情况,也有很多改制,既有存在权钱交易的情况,也有不存在权钱交易的情况,两者均实现了国企或者集体企业与民企企业家(部分原来为企业经管人员)双赢的结果。

既然不是所有改制都有合法性问题,就不能称衍生型民营企业犯有"原罪"。进一步而言,有一点是肯定的:在所有这些原有国企或者集体企业中,如果不改制,多数企业将会因为自己的低效率和腐败等问题而对国家和集体造成更大的损失。当前中石油所暴露的腐败问题就够触目惊心的了。1996年国家统计局的经济普查显示国有企业的效率最低,其次是集体企业。后来,大量国有和集体企业就改制了。这样看来,早日改制属于一种正当的"止损"行为。

不能因为政府所设定的企业改制程序缺乏正当性,而全部归罪民营企业家。如果企业改制程序有问题,首先是政府官员需要受到惩治。但是,由于政府官员是在党的改革政策方针所许可的范围内推行的改制实验,往往需要突破原有的法律制度框架,这就意味着这些政府官员也不会因改制而轻易受到制裁。基本上,只要没有明显的权钱交易和由此造成的国有或集体资产严重流失,就不能随意指责"原罪"或进而推翻原来的改制。至于企业家本身在民营化过程中是否有问题,也要看其中是否存在行贿受贿的权钱交易事实证据和于此造成的国有或集体资产严重流失情况。

值得警惕的是,学术界还有人把"原罪说"扩大化。据说2002年郎咸平等人在讨论企业家"原罪"问题时,把"原罪"定义为一些企业家用不正当手段行贿牟取暴利,这样就更不正确地放大了"原罪"的范围。按照企业家冯仑的话，那是把"现罪"也加在了"原罪"头上。

仍需改进企业家的合法权益保护

改革开放以来，我国政府对企业家的合法权益保护虽然有了长足的改善，但仍然存在很大的问题。许多明显错误的企业家犯罪判案没有得到纠正，侵害企业家合法权益的事件也仍然在每天发生。

比如，仰融案和顾雏军案仍然没有得到适当的重新处理。首先看仰融案。我们经常听说在改革初期，私人企业家往往注册为集体企业，成为"红帽子"企业，利用"模糊产权"发展"计划轨"之外的"缝隙经济"。其中很多私人企业家的产权最终被侵夺，吃了"模糊产权"的亏。但是，仰融与众不同，他在 20 世纪九十年代初通过自己在百慕大注册的华晨控股公司，以自己所持有的 40% 国有控股公司"沈阳金客"的股权"转给"以国有公益机构中国金融教育基金会名义在百慕大注册成立的"华晨中国汽车控股有限公司"，并通过换股操作成为华晨中国的控股人，将该公司作为自己的"红帽子"企业，利用"模糊产权"投资和发展出自己庞大的华晨系产业。运作的结果为，在其争取确认后来在美国上市的华晨中国股权的过程中，财政部发出国有资产确认函，确定华晨系主要资产为国有资产并划归辽宁省政府管理。

以上仅仅涉及狭义的个人财产权问题，还存在广义的个人财产权问题。根据洛克的思想，广义的私人财产权包括个人的生命权、财产权与狭义的私人财产权。没有私人产权安全，就没有生命权和人身权的保障。仰融在事后继续通过股权运作争取确认自身股份的过程中，辽宁省政府指责仰融涉嫌"侵吞国资"，并借助国资在华晨中国的主要股东地位，解除仰融的董事会主席和行政总裁的职务。仰融本身也被辽宁省公安厅通缉。

再看顾雏军案。在本书中，不仅仰融遭遇涉嫌"侵吞国资"，而且顾雏军也因同样的罪名曾经身陷囹圄。他的所谓犯罪，可能是负责审判的法官与背后的地方官员和中央部门官员涉嫌犯罪，顾雏军实际上没有造成国有资产损失。如果民营化有问题，那是同意民营化的地方官员的问题，而不是顾雏军的问题；顾雏军如果民营化有问题，则需要举证，看其是否存在行贿问题。不能把正常的资本运作视作"国有资产流失"，然后把应该打在地方官员身上的鞭子打到顾雏军的身上。他的"虚报注册资本罪"属于"天条"有罪，而且自己资金充足，对第三方没有造成实质损害。而且，现在的中国已经进入认缴注册资本阶段，此罪更不算为罪。至于"挪用资金罪"，根据笔者在参加北京召开的一次顾案研讨会上所掌握的资料来看，反而是当地政府涉嫌伪造证据。

在薄熙来掌政重庆期间，据说许多民营企业家被黑打，其财产被充公，个人则身陷囹圄。迄今为止，这些企业家仍然没有得到平反，其财产也不知去向。新的侵权案也在不断发生。

目前，我国侵犯企业产权的事例仍然层出不穷，产权保护还远远不足。最近河北大午集团三百亩梨园被哄抢案只是沧海之一粟。2015 年 8 月，河北大午集团大午农产品公司三百亩梨园遭到高阳县斗洼村几百村民哄抢，砖墙被推倒，职工被打，十几万斤梨被哄抢。哄抢发生时，公司数次报警。警察和梨园职工有十多人在场，但面对数百名的村民、并且其中多为妇女和老人，未能进行有效制止。虽然后来政府出面处理，但是问题仍然没有解决。而且，大午集团的背后是著名企业家孙大午。换成其他普通企业，梨园侵权案很可能会无人问津。

结语

中国的进一步发展有赖于观念的力量，推行开放试错方式的观念革新和体制变革。经济学家凯恩斯说过，"观念可以改变历史的轨迹"。诺贝尔经济学奖得主哈耶克也曾经讲过，"在长期，我们是自己命运的创造者；在短期，我们就是自己所创造观念的俘虏"。要发挥观念的力量，就需要一个开放的思想市场，解放思想，让各种思想在开放的环境中相互竞争。开放的思想市场最能形成正确的世界观。

我们每个人不一定比我们批评的"犯罪企业家"或"问题企业家"高尚。我们很多人面对权力和利益的态度和行为也与"犯罪企业家"或"问题企业家"差不多。我们很多人也属于"问题人"。要节制权力，解放资本，要在这个基础上拯救我们每个人的灵魂，包括当今那些"犯罪企业家"或"问题企业家"的灵魂。我们需要在这个意义上，通过换位思考，更加全面、平衡地评价和看待中国企业家。

第一，要正确理解和肯定企业家的地位和作用。我们每个人的处境的增进，其实更需要仰仗企业家的贡献。企业家的最大贡献是推进著名经济学家熊彼特所言的"新组合","经济发展"或者"创新"。这种贡献使得我们受益无穷，但我们往往身在福中不知福，甚至对他们抱着"仇富"的态度，或者谴责他们"剥削"。其实，他们的商业贡献要远远大于其获利。他们挣的钱越多，对消费者的服务就越好，对社会的贡献就越大。微软、苹果和淘宝的成功，都是例证。但是，很多人不会因为其商业贡献而感谢他们，而是在不对称的程度上赞赏比尔·盖茨基金会的善举。而相比之下，微软公司在商业上为全人类所做的贡献要远远超过后者，后者相当于前者的九牛一毛。苹果公司的iPhone手机引入多点接触技术，对移动通讯实现行了一场革命，现在的移动互联时代的到来，以及"互联网+"的前景，均得益于"苹果革命"。但是，全世界很多人在谴责乔布斯在慈善业上一毛不拔，而不是感谢他。实际上，苹果公司的商业成功已经是全人类的最大福利。马云的商业帝国也是一样。其贡献是做好了淘宝，并且把淘宝做得更好，至于他个儿到底有多高，慈善捐款到底有多少，不值得成为我们的关注焦点。这些企业背后的企业家们，为全世界人口创造了巨大的价值。他们通过向全人类提供价值而实现自己的价值，包括其金钱上的巨大成功。

第二，政府要为企业发展提供有利环境，鼓励更多的人成为企业家。要继续提升企业家法律地位，打破行政垄断，对民营企业全面开放工商行业和金融行业，包括所谓的"自然垄断"行业。

第三，政府应该对企业家的工商业活动进一步去罪化和轻罪化。比如，应该取消"非法经营罪"这一"口袋罪"，至少要控制和缩减其适用范围。又如继续对"非法集资罪"轻罪化，所谓"集资诈骗"本质上同于"偷窃"行为，量刑上可以比较后一种行为。

第四，企业家自己还要增强自己的法律意识，更好保护自己的合法权益，尽量做到李克强总理所强调的"法无禁止即可为，法无授权不可为"。

第五，企业家仍然要看到在许多方面还存在"天条"有罪的问题，在这方面可与思想界和法律界更多的联合，共同推动我国的国家治理能力和治理体系的现代化，促进法治和善治。

冯兴元，2015年11月29日于颐源居

年广久：邓小平再三保护的"资本家"

蹩脚企业家 时代的"傻子"
林 海

年广久是"傻子瓜子"品牌创始人，号称"中国第一商贩"。他的出名，不只是因为他在 1976 年就凭卖瓜子赚取上百万元，也不只因为他曾经三次获罪入狱，更重要的是因为改革开放的总设计师邓小平曾经多次对他点名保护。年广久曾三次被邓小平点名《邓小平文选》收录了其中两次)，分别为 1980 年、1984 年、1992 年，这刚好是改革开放的三个重要转折点。

尽管如此，他的人生并非一帆风顺，多次离婚、老年丧子、还与亲人对簿公堂。可以说，年广久命运的起承转合被认为暗合着我国个体私营经济的发展进程。原芜湖市委书记金庭柏对年广久评价道：精明的个体户，蹩脚的企业家。

实践中摸索出"傻子"经济学

1937 年出生的年广久自幼丧父，和母亲摆小摊养家糊口，早早学会了街头叫卖。新中国成立后，政治运动接二连三，卖鱼维生的年广久于 1963 年被定为"投机倒把罪"判处有期徒刑一年。

出狱后，为了谋生，年广久开始卖板栗。不久，他又因此被当作"牛鬼蛇神"关进监狱。出来之后，隔壁一家卖瓜子的老师傅找到了他，让他帮忙炒瓜子。这是年广久踏足"瓜子行业"的开始。

年广久卖瓜子得了一个"傻子"头衔：人家买一包，他会另抓一把给人家，人家不要，他会硬往人家身上塞。但这是他生意兴隆的源头之一。于此，年广久在他的"傻子"瓜子事业上一做就是十多年。

十一届三中全会召开前，大地回春。年广久的"傻子"瓜子市场需求越来越旺，他想扩张自己的生意。但他的扩张计划遭到了妻子耿秀云的激烈反对："你坐牢还没有坐够么？！"妻子甚至提出离婚。最终，争吵之中，年广久将所有的财产都留给了妻子。自己带着笆箩等几件用来炒瓜子的工具离开了家。

离家后，年广久一路辗转来到扬州。一年后，在老母亲的劝说下他又回到芜湖。这时，他的大儿子年金宝找到他说："我有俩钱但不会做生意，你给我指路吧。"年广久说："指路不行，前面有黄金，你看不到，我看得到，要跟我后头，学！"

当时，芜湖有不少其他商家看到年广久瓜子卖得好，也开始卖瓜子。"傻子"瓜子的销量因此受到影响。年广久决定降价，价格一下子每斤降了六七毛。年金宝急了："你这不折本吗？"年广久回应道："我说，你不懂经济学呢？你跟我试试看，炒出来，就晓得了。"

年广久的经济学是这样的：降价之后生意好了，可以让炉子炒个不停，这样煤和材料成本就可以节约下来。相比之下，"如果十天八天不炒，这个煤就浪费了，我其实就是赚的这个钱……还带动了工人的积极性。他在我这里天天有活干，一个月工资18块、20块……这是真理，但这是我用实践悟出来的。我天天炒赚多少，不炒赚多少，我不知道吗？这是你在书上看不到，想不到的"。

邓小平点名保护"傻子"

"傻子"瓜子的知名度越来越高，来买瓜子的人大大增加，有时买瓜子的队伍排出五十多米。年广久还不断推出新的促销策略：独生子女买两斤瓜子可以不排队、外地人到芜湖用车票来买两斤瓜子不排队、结婚的买10斤瓜子不用排队、军人不排队……这些促销策略找准了购买瓜子的特定群体。

年广久生意越做越大，他雇佣的工人从10个人到100个人，从100

个人到 140 个人，他每天炒出的瓜子从 1 万斤到 10 万斤，从 10 万斤到 20 万斤。尽管利润每斤只有一角多钱，但是每天 20 万斤的销量、总利润也高达每天两万多元。他说："那时候最大的钱就是 5 块、10 块，我已经有 100 多万（元），都用大麻袋装着。天下大雨，我的钱都发霉了，我就拿出来晒，我就是晒给别人看。天经常下雨，钱也发霉，我就把那些钱拿出来晒在院子里。"

1981 年 9 月 4 日，年广久正在炒瓜子时，家里来了 4 个人，芜湖市副市长，还有芜湖日报社总编辑、工商局副局长和公安局副局长。年广久当时很紧张，他以为麻烦又来了。但副市长吃了瓜子之后说："口味很好。要放开干，把瓜子牌子创出来，打到各地去，为芜湖增光！"第二天，《芜湖日报》就发表了题为《货真价实的"傻子瓜子"》的报道。

之后，1982 年 12 月，《光明日报》刊登了两条消息。一条消息的标题是《个体经营的"傻子瓜子"价廉物美信誉高，国营企业的"迎春瓜子"面临挑战赶上去》，另一条消息是《"傻子"年广久向阜阳灾区捐款五千元》。1983 年 1 月 4 日，又刊登了《"傻子"和他的瓜子》，"傻子瓜子"由此传遍全国。

这期间由于处于改革大潮前阶段，已经出现许多对"傻子瓜子"的不满意见。1983 年年底，在一次国家举办的工商会议上，有人提出年广久雇工人数超过国家规定，对国营、集体商业形成不利影响，应该限制其发展。当时国家关于雇佣员工的规定是，私营企业雇工超过 7 个人以上就构成"剥削"。

于是，"年广久是资本家复辟"的说法传到安徽省委。安徽省委派人到芜湖调查年广久，并写了一个报告，上报到中央。中央农村政策研究室十分重视这件事，将此事向邓小平做了汇报。

其实，这不是邓小平第一次听说"傻子瓜子"。早在 1980 年，邓小平就曾经看过安徽省委送来的"傻子瓜子"问题调查报告，当时就对个体私营经济发展给予肯定，并对一些人就姓"社"姓"资"的争论，表示要"放一放"和"看一看"。

这一次，关于"傻子瓜子"雇工超过 100 人的问题，邓小平再度表态支持。1984 年 10 月 22 日，邓小平在中央顾问委员会第三次全体会议上明确指出："前些时候那个雇工问题，相当震动呀，大家担心得不得了。我的意见是放两年再看。那个能影响到我们的大局吗？如果你一动，群众就说政策变了，人心就不安了。你解决了一个'傻子瓜子'，会牵动人心不安，没有益处。让'傻子瓜子'经营一段，怕什么？伤害了社会主义吗？"（《邓小平在中央顾问委员会第三次全体会议上的讲话》，《邓小平文选》第三卷）

有了邓小平的点名保护，年广久"逃过一劫"。他回忆道："这些你问我怎么知道的，是市委来我家报喜嘛！他们说：'傻子你不得了了，看来以后没人敢动你了！'"

遭遇事业逆境和丧子之痛

然而，年广久很快遇到新的麻烦。1986 年，"傻子瓜子"的有奖销售活动惨遇挫败，这成为"傻子瓜子"的一个重要转折点。

"厂里的瓜子卖不掉，看到很多人搞有奖销售，我就想弄成全国最大的有奖销售，还可以压倒竞争对手。"年广久在与厂里的几位副经理商量过后，决定印刷奖券 150 万张。一等奖为价值 2.6 万元的菲亚特小轿车一辆，二等奖为价值 2600 元的幸福牌摩托车一辆，其他等级的奖项奖品包括彩电和冰箱等。

年广久从 1 月 5 日开始筹备，并设法取得银行的信用担保。他同时在全国 30 多个城市设立有奖销售点，投入 10 多万元的广告费在全国 30 多家媒体做广告。瓜子提价一角，消费者每买一斤瓜子，得奖券一张。这场活动声势之大，范围之广，令全国一切有奖销售活动黯然失色。

年广久计划在 2 月 5 日推出有奖销售，5 月 1 日结束，5 月 10 日到上海当众开奖。他盘算了一下，每斤加 1 角，三个月至少卖到 1000 万斤，多赚的 100 万元除去税收用来发奖绰绰有余。销售 1000 万斤，毛利有 500 万元，除掉生产费用和产品成本，可得利润 170 万元，再扣除所得税，公司依然可获纯利 100 万元。

1986 年 2 月 5 日，年广久推出有奖销售当天，仅芜湖市场的销售量就有 6 万斤；有奖销售前后 17 天，销售额达 700 余万元。全国各地来电来函来人要货的络绎不绝。

然而年广久没想到的是，3 月 6 日，几位政府工作人员来到他的办公室，将一份《禁止借有奖销售为名推销残次商品》的文件放到他面前，通知他："国务院来文，全国有奖销售活动，因有趁机提价，推销残次商品，欺骗顾客，扰乱市场，因此一律废止。你的有奖销售也不能例外。"年广久一听就傻了，欲哭无泪。他对他们申辩说："上面不是说公司有自主经营权吗？谁来保护我的自主经营权呢？"

年广久意识到有奖销售一旦终止，大祸就会临头。果然如此，不出几天汹涌而来的退货大潮涌进公司，瓜子大量堆积、变质，资金不能回笼，法律纠纷也随之而来，这最终导致公司亏损 63 万元。年广久回忆说："由于我不大懂法，接下来的一场官司火上浇油，让我再次损失 90 多万元。公司因此从'波峰'到'浪谷'，一蹶不振。"

随后，年广久被起诉犯有贪污罪。他自己心里明白："厂子是我投资的，账目上的钱都是我的，我哪里是贪污呢？当时联营失败，社会影响不好，他们需要有个人来扛这个责任！"

最终，因证据不足贪污罪没法成立，年广久被以流氓罪判有期徒刑 3 年，缓刑 3 年。年广久虽然没有服刑，却一直被羁押了近三年之久。

1992 年，邓小平南行再次谈到了年广久。他说："农村改革初期，安徽出了个'傻子瓜子'问题。当时许多人不舒服，说他赚了一百万，主张动他。我说不能动，一动人们就会说政策变了，得不偿失。像这一类的问题还有不少，如果处理不当，就很容易动摇我们的方针，影响改革的全局。"（《邓小平在武昌、深圳、珠海、上海等地的谈话要点》，1992 年 1 月 18 日至 2 月 21 日，《邓小平文选》第三卷）

邓小平谈话之后，芜湖市中级人民法院主动对年广久的案件进行了重审。1992 年 3 月 13 日，年广久被宣告无罪释放。年广久回忆道："出狱之后，市委书记领着一帮人在市委大礼堂集体接见我，握着我的手说，老年，你吃苦了！我知道邓小平为我讲了话，我和儿子联名给邓小平同志去了封信，邮去几包瓜子，不晓得他老人家收到没有。"

年广久入狱之后，"傻子瓜子"的销售和经营情况受到了巨大影响。在他被羁押的那段时间，他所有的家当被查封。年广久在狱中把"傻子瓜子"的商标授权给第二任妻子彭晓红。但彭晓红后来和他分道扬镳。

2001年，年广久将"傻子瓜子"商标收回，以一分钱的价格，转让给长子年金宝。然而他的二儿子年强出来争夺商标权。一时，媒体报道铺天盖地莫衷一是。官司如期而至，年强和年金宝最终对簿公堂，官司一直持续到2006年年金宝死亡。

年金宝的死给了年广久巨大打击。

傻子瓜子今何在？

尽管受到年金宝死的影响，但几年之后年广久还是重新振作起来。他重新收回了"傻子瓜子"商标权，并和几个徒弟一起合伙开始重振山河。虽然年广久错过了融资合作的机会，也被"洽洽瓜子"等品牌占领了市场，年广久并没有失掉"闯一闯"的心气。

如今的年广久已年近八旬，但他仍然在摸索企业管理和营销的创新之路。他对目前大型零售企业盘剥供应商的做法极为不满，他想到了"专卖店包围超市"的策略。

年广久的目标是在全国每个城市都开起"傻子瓜子"的专卖店。通过专卖店模式，让"傻子瓜子"重新占领市场。年广久说，只要哪个地方没有他的店，他晚上就睡不着觉。

不过，他仍然没有解决和儿子们的"内部问题"。在安徽芜湖的一条步行街上，有4家"傻子瓜子"专卖店。这是年广久和他的儿子们分别开的。虽说是一家人，但每家店铺都是独立门面，互不干涉。有趣的是，年广久自己开的那家门店，挂着"芜湖市傻子瓜子技术有限责任公司"的牌匾；而二儿子年强的门店，却挂着"中国傻子瓜子专卖总部"。

今天，如果来到安徽芜湖，还会在年广久的"芜湖市傻子瓜子技术有限责任公司"办公室里见到他。他的办公室没有办公桌，也没有书柜。只有两张麻将桌和十几把破旧的凳子。

尽管年广久并不认可现代企业的管理营销方式，但他仍倔强地认为，他还没老，傻子永远没过去，他要是大干，谁也干不过他。直至今日，"傻子瓜子"仍然在安徽乃至全国瓜子市场上占有一席之地。

年广久对采访他的记者回忆道："我这一生都要感谢一个人，那就是邓小平。说到邓小平，他是个预言师，什么事情都看到眼里，他让我躲过了一个接一个的运动。他的思想非常开放。当然今天这些我都不用担心了。因为已经可以说永远都没有运动了。"

看见历史

民营经济复兴史上的傻子商道

田飞龙

年广久是改革时代当之无愧的"中国第一商贩"，见证了"邓小平时代"民营经济的复兴史，其本身的大起大落、大开大合是整个 20 世纪后半期中国最激烈社会变革过程的典型缩影。

他出生于民国，经商实践于计划时代，商业成功于改革时代，他的全部遭遇和商业故事是中国 20 世纪民营经济复兴史的一面镜子。"傻子瓜子"，这一改革时代的"商业名片"，证明了一种超越政治与社会波动的"傻子商道"，其正当性、实践智慧与管理技术所折射的正是中国数千年民间商业伦理与管理的精粹。

这一民间"小传统"在遭遇国家主义体制压制时并未完全丧失生命力，而是时断时续，艰难前行。背负这一传统的年广久没有被激进的政治话语和改造运动所"改造"，而是"吾道一以贯之"，无论体制如何压制或调整，他坚信的是通过父训"利轻业重，事在人和"传承的商道伦理。

他是文盲，接受不了新思潮，跟不上新形势。在计划时代，他只从中国民间更长久的商业传统以及民生需求出发，坚持民营商道。在改革时代，民营经济逐步解禁，他凭一以贯之的民间商道为计划体制的转型提供了经验和方向。

他的商业故事还同时见证了新中国法律史，他不断以身试法，背负多项典型罪名。他在历史的原地踏步，国家却在变化中冲击他的人生。

计划时代，对民营经济实行了严厉的压制和改造政策。年广久的水果摊被作为"资本主义尾巴"割除，板栗贩卖被作为"投机倒把"处理并正式判刑。随后他转入炒瓜子，不断受到冲击，矢志不移。他在计划时代依凭"傻子商道"创造了民营经济神话——"1976 年赚了 100 万"，其时，国民经济已到了"崩溃"边缘。

改革时代，他凭着商人的智慧与直觉不断进行商业创新与扩展。但却由于法律和政策不配套，相继在雇工剥削问题、有奖销售问题、流氓罪与投机倒把等问题上受到冲击，承受了沉重的法律、社会与家庭代价。

如果说"傻子商道"是他成功的内因的话，则"邓小平时代"对民营经济的法律与政策开放构成了不可或缺的外因。年广久的名片背后是邓小平语录，这个商业身份与政治话语的奇特组合正反映了改革大潮中"民营经济"法律与政策地位的飘摇不定。

年广久并非没有遗憾。由于对"傻子商道"的执著，他在与体制冲突并实际承担责任的同时，也在思想与行动上远远超越了他的家人。他结婚 4 次，没有哪一任妻子能够与他相伴到底。他与长子、次子以"商战无父子"的形式展开竞争，最终在商标权转让的法律纠纷中又酿成了严重的家庭悲剧。变动的体制、破碎的家庭，使这位"中国第一商贩"最终告别了"傻子"产业，回归私人生活。当然，2000 年之后的中国民营经济已经取得了相对稳固的宪法地位与市场份额，日益成长为中国经济最具活力和创造力的因素。

年广久经常念叨的一句话是"人的命运靠政策"。这句话是他的个人生活史，也是新中国的民营经济复兴史和法律改革史。正如其名"广久"，他数十年能够穿越体制风雨而创造商业奇迹，不是基于"新教伦理"，而是基于中国商道中独特而悠久的义利观和实用理性。

改革有时应当是复归和创新的综合，对年广久身上生生不息的商道，我们仍要敬畏和借重，但对其家族企业的伦理与经营风险，也需要现代企业制度和治理结构的精细调理。一代人完成一代人的事业，他所做的已然足够。

褚时健：烟王的"功劳"诱惑

"富庙"时代的"穷方丈"
林　海

　　从"烟王"，到阶下囚，再到"橙王"，传奇人物褚时健的人生起伏不断。当他亲手栽种的"褚橙"再度红遍大江南北时，那段不堪回首的往事却一再浮出水面。他曾经于 1997 年因贪污罪被捕入狱，并牵连女儿褚映红自杀。

　　然而，在今天回首他当年的罪与罚，用他的辩护律师马军的话说："当时企业家激励机制与监督体制的不健全葬送了他的政治和职业生命，他的错误有不可回避的历史和制度原因。"

启动企业"包干制"改革

　　1928 年腊月，褚时健出生在云南玉溪市华宁县一个农民家庭。家中兄弟姐妹共有 6 人，3 位为革命捐躯。而在少年时代，褚时健也曾义无反顾地参加边区纵队和玉溪地区的革命活动。

　　新中国成立后，曾经担任过玉溪地区"反右"领导小组组长的他，在31 岁时却因同情"右派"而被打成"右派"。他被下放到偏远山区劳动改造多年，他的老伴被单位劝退，只好靠给人织毛衣为生。

　　直到 1979 年，褚时健才被摘掉"右派"的帽子，前往即将倒闭的玉溪卷烟厂"救火"。当时，玉溪卷烟厂固定资产不到 1000 万元，生产设备全部是 20 世纪三四十年代的水平，在云南省数家小烟厂中毫不起眼。这一年，褚时健51岁。令世人没有想到的是，他从此开始了作为烟草大王的传奇。

在褚时健的带领下，玉溪卷烟厂由一个不知名的小企业，一跃成为亚洲第一、世界第三的国际著名烟草企业集团。这样的成绩，显然不是一些人所认为的他掌握了"一个国有垄断型的、并且实行专营的特殊行业"那么容易就能够获得的。因为当时仅中国国内的烟草企业就数不胜数。而当他接任时，玉溪卷烟厂的局面并不理想。工作效率低下，人心涣散，烟也卖不出去。

多年后再度回忆，褚时健依旧记得工厂的状况：原料从来没有认真分等级，设备破破烂烂，一包烟有装18只的、也有装17只的。有时一箱烟能少两条，原料煤灰都能装进去，有时一天的退货量比销售量还多。

上任后的褚时健开始梳理生产流程，改革分配制度，明晰岗位责任。一直以来，玉溪卷烟厂实行的是计时工资加奖励的工资制，1981年，烟厂工人的平均月工资为33.34元，奖金11元。工人做多做少一个样；工作热情不高。而在那时，中国所有工厂的工人"吃"的都是这样的"大锅饭"。

褚时健成为第一个吃螃蟹的人。1981年国家实行家庭联产责任承包制到农户，1982年褚时健在企业中实行了"包干制"，在烟厂实施"单箱卷烟工资奖金含量包干"。即工资、奖金与产量挂钩的分配法，这打破了以往车间之间、个人之间在分配方面的平均主义。

将个人的产出数量、质量与个人收益直接对接起来，也就是现在的"件工制"。这看起来很简单，但在当时这个创举是历史性的。1989年，他又开始实行"工资总额与实现税利挂钩"的全新方式，把工效挂钩指标进一步分解。也正是这一举措，使得玉溪卷烟厂在短短的几年中快速成长为行业领头羊。

成为中国烟王

改变了制度后，褚时健的下一个问题是原料的质量。玉溪卷烟厂直接从烟农手上进货。为此，在1986年，玉溪卷烟厂建立了"三合一"制度，即烟厂和烟草专卖局、烟草公司合而为一。

用后来的眼光看，这种打通了产业链各个环节的举动自然对玉溪卷烟厂极为有利，不仅能有效地把控原材料，还能有效地控制终端销售渠道。然而多年以后，这种"三合一"制度的弊端也显露出来：权力过度地集中在了作为厂长的褚时健手中，这也为后来他遭遇非议埋下了伏笔。

原料来源和劳动体制初步完善之后，褚时健开始着力改进烟草设备。20世纪80年代末，按照计划经济体制，各家香烟生产企业不能自己申请购买国外设备，必须报请国家烟草总局分配购买指标，才能调拨外汇购买。当时进口一台英国黑斯林集团卷烟设备需要7000万元左右。这个指标首先给了贵州，贵州以价格过高放弃。随后给了云南昆明卷烟厂，昆明卷烟厂很犹豫。

正当昆明卷烟厂犹豫时，褚时健已在赶往昆明的路上。他出发前，几个副厂长觉得风险大，因为如果购买，玉溪卷烟厂全部资产都得抵押出去。但褚时健一点也听不进去这些意见，他到昆明说服了省经委和省计委，购进了这套设备。于是20世纪80年代末，全中国拥有这种设备的工厂，只有玉溪卷烟厂。

好的机制、好的原料，加上好的设备，玉溪卷烟厂可谓如虎添翼，迅速地发展起来。

褚时健执掌玉溪卷烟厂(1995年，玉溪卷烟厂改制为玉溪红塔烟草(集团)有限责任公司)的18年间，红塔集团的固定资产从几千万元增至70多亿元，年创利税近200亿元，累计创造利税近千亿元，加上被评估为三百多亿元的"红塔山"品牌，他为国家贡献的利税至少有1300亿元。然而，由于体制原因，他对企业的巨大贡献并没有在个人所得上得到体现，18年来他的总收入不过百万元。

红塔集团还带动了上下游产业的繁荣。红塔的"第一车间"在农田，与烟农达成了互利联盟，每年从税利中抽出20亿至30亿元资金返还烟农，有人还估算，当时一家人只要种烟，就可以供一个大学生。红塔的成功让褚时健声名鹊起，成为中国烟草界符号性人物，他被誉为"中国民族工业的一面旗帜"，成为中国烟王。

私分利润遭遇灭顶之灾

人生最辉煌的时候，往往遭遇是非挫折。在褚时建即将退休安度晚年之际却晚节不保。1996年12月28日，他因涉嫌贪污犯罪被检察机关监视居住，1997年7月10日被捕。1998年8月6日，检察机关以褚时健犯贪污罪、巨额财产来源不明罪向云南省高级人民法院提起公诉。

检察机关指控的贪污行为，是指发生在1994年的"私分利润事件"。当时，玉溪卷烟厂在经营中，根据市场情况，决定收取卷烟销售环节的浮动价款，获利高达15亿元。而按照固定价款，工厂原本只能获利7亿多元。

多出的7亿多元怎么办？褚时健做出了一个让他自己遗憾终生的决定。他决定给自己发一百七十多万美元的"奖励"，并给乔发科等副手分别发放60万美元至30万美元不等的利润。这笔总金额300多万美元的"利润奖励"没有直接入账，而是通过玉溪卷烟厂的香港分公司华玉公司存放，再于1995年6月由褚时健与罗以军、乔发科先后两次进行私分。

褚时健敢于这样分配利润，是因为他在经营中早就习惯了和乔发科（第一副厂长）、罗以军（总会计师）等几位主要领导进行"集体决策"。这种在他主导下的"集体决策"方式曾经是玉溪卷烟厂的成功秘诀。

在经营中，玉溪卷烟厂和当时许多企业一样，都是靠着领导人的敢想、敢说、敢干、敢承担责任的"个人或少数人说了算"的模式，抓住商机获得了成功。而这一次玉溪卷烟厂获得的巨额利润，也是建立在褚时健个人的敏锐和大胆的基础上。

当时，红塔香烟在市场上出现供不应求的情况，厂长褚时健根据市场情况，决定收取卷烟销售环节的浮动价款。这一未经任何部门批准、也涉嫌违反国家价格规定、未经会议研究的"个人说了算"的结果，使玉溪卷烟厂获得高利。

　　但对这些利润的私分给褚时健带来的不只是牢狱之灾。1995年褚时健被立案调查，他的女儿褚映红和妻子马静芬也被河南省洛阳警方控制。1995年12月，他的女儿在被扣押期间自杀。

在不该拿时拿了该拿的钱？

　　1997年，褚时健被逮捕，并于1999年1月被判处无期徒刑、剥夺政治权利终身。女儿自杀身亡，而自己又将终生身陷囹圄，这对于当时已经七十多岁的褚时健来说，不可谓不是一生中摔得最痛、跌得最惨的一跤。

　　对于褚时健的获罪与处罚，他的辩护律师马军有不同的看法。他说："他的错误有不可回避的历史和制度原因。"马军后来据此提出了"富庙穷方丈"的辩护观点。他认为褚时健是在不该拿钱的时候拿了他应该拿的钱。

　　马军很感慨："他进去后，相应的收入分配政策也调整了。"褚时健落马后，其继任者年薪加上奖金合法收入已经超过百万——褚时健一辈子的工资也没有那么多。用马军的话说，"当时企业家激励机制与监督体制的不健全葬送了褚时健的职业生命"。

　　但是，出人意料的是，褚时健并没有垮掉，他先是获得减刑，改为有期徒刑17年。2002年，因为严重的糖尿病获批保外就医，回到家中居住养病。不过，活动只能限制在玉溪一带。按照设想，他在老家能颐养天年，这就是他最好的结局了。

　　但74岁的褚时健凑了一千多万元，承包了当地哀牢山上2400亩果园，开始了他创业的第二春。如今褚时健种的橙子被称为"褚橙"，有了广泛的市场，褚时健再次创业成功，他的"逆袭"之路还在继续。

　　不过，值得思考的，远不只是"褚橙"的风靡和褚时健的东山再起。第一代企业家经历的那个"富庙穷方丈"的时代，已经成为过去。然而真正导致褚时健栽跟头的——监督机制不健全而造就的"一言堂"局面，至今仍然存在。或许，现代企业治理机制的全面建立，才能真正鼓励和保护企业家的热情和智慧，避免他们重蹈前辈的老路。

看见历史

中国烟王的"掌柜伦理"

田飞龙

直到退休之前，褚时健还是严格遵守着国企的"掌柜伦理"。所谓"掌柜伦理"，就是"经理人伦理"，属于雇员职业伦理的一种。中国传统商业文化中的"东家－掌柜"相当于现代企业制度中的"股东－经理人"，二者之间是雇佣和被雇佣关系，前者决定后者的薪资水准与基本福利，享有剩余索取权，后者为前者提供管理服务，领取约定报酬。

1979 年，"右派"褚时健刚摘帽即执掌濒临破产的玉溪卷烟厂，十余年间打造了一个辉煌的烟草帝国，自己也成为中国烟王。

退休时刻，"掌柜伦理"被突破了，褚时健涉嫌贪污公款 174 万美元，这在 20 世纪 90 年代不是小数目。1999 年，褚时健以贪污罪和巨额财产来源不明罪被判处无期徒刑。褚自述涉嫌犯罪的动机是："我得为自己的将来想想，不能白苦。所以我决定私分了 300 多万美元。"据红塔集团原总会计师罗以军回忆，褚曾明言："弟兄们辛苦一场，现在有点外汇分给你们。"

由此可以看出：第一，国企的监管机制和激励机制同时缺失，管理性贡献与分配性收益严重不对称，是褚案发生的制度性根源；第二，国企确实存在"所有权虚位"，"东家"并不参与企业管理决策，只坐收利润；第三，褚打造了一个"克里斯玛型"的企业帝国，僭越了"掌柜伦理"；第四，褚有哥们儿江湖义气。这样的国企管理体制，无论经理人多么优秀，无论企业一度如何辉煌，其悲剧结局是注定的。褚是这一体制的牺牲品，按制度设计与其个人心智，他逃无可逃。

从法律上看，"英雄"和"罪犯"的双重性也让褚时健的定罪量刑充满变数。褚的落马来源于 1995 年的一封举报信。褚的妻子和女儿同时涉嫌经济犯罪。褚的最大犯罪情节是直接贪污公款 174 万美元。在褚的正义认知里，这是他应得的报酬，作为养老之用。但在体制与法律上，这是"东家"(国家)的钱，与"掌柜"无关。

贪污罪，而且贪污的数额在当时是非常巨大的，所以最后判了无期徒刑，不管按照什么时候的法律，都是这个结果。

法治周末：褚时健为国家经济发展做出了很大贡献，能否作为从轻或减轻处罚的条件或情形？

阮齐林：公平、公正是人类永恒的规则和处事的价值。他对当地的经济发展做出了巨大的贡献，当地人对他颇有好感。他的案件当时是可以判死刑的，后来判了无期徒刑，这一点反映出公道自在人心。

法治周末：您认为褚时健的案件是什么原因造成的？是个人原因还是制度的原因？

阮齐林：他的案件是具有里程碑意义的，暴露出我们制度上存在问题，对很多创造财富的人没有给他们应得的回报。国家让很多官员做市场经济活动，他们发挥了超强的主观能动性，对社会做出了巨大的贡献，按道理讲，一分耕耘一分收获，但当时的制度无法体现奖勤罚懒。褚时健是这个制度的牺牲品。

法治周末：您认为褚时健案对我国法治建设的推动有什么影响？

阮齐林：褚时健的案子最发人深省的包括国企体制改革、给经理人奖励并允许他们购买股份，这都是对经理人的激励，这是新的改革。

后来的改革就给职业经理人一定的回报，允许经理人拥有股份，当然这跟外国的高级经理人制度还是不同的。这种经理人的激励机制从褚时健案件起才渐渐建立起来。褚时健案件从法律上说是微不足道的，但是让我们对制度性的反省上具有里程碑意义。

沈太福：张冠李戴的死刑犯

集资之福兮祸兮

林　海

如今，距离沈太福出事已整整 20 年。1994 年 4 月 11 日，经最高人民法院核准，北京长城机电科技产业公司总裁沈太福因犯有贪污罪和行贿罪，被押赴刑场，依法处决。

沈案是改革开放后"第一非法集资案"。沈案的背后牵涉近 20 万人高达十多亿元的高息集资。沈太福被处决之后一年，1995 年 5 月，全国人大常委会通过的商业银行法首次提出"非法吸收公众存款"概念，并确立了行政取缔与刑事处罚双重规制的基本模式。这一年，被称为中国金融立法年。到 1997 年，中国关于民间集资的刑法规制框架基本建构起来。

可以说，沈太福案是中国资本市场 20 年的一个缩影。

"公司热"热潮中的"红帽子"

沈太福，吉林四平市人，1954 年出生。他是小个子，身高不足 1.60 米。但他自小学习成绩很优秀，还爱好科技发明。据说从小学到中学，他得的各种奖状把家里的一面墙都贴满了。但沈太福没考上大学，1978 年他考取了长春水利电力学校。1980 年，他毕业后被分配在长春市水利局工作。

1984 年，沈太福 30 岁。久坐机关的沈太福在自己的而立之年有点坐不住了。改革开放之风吹来的这几年，已经有人"下海"并因此变得富有。沈太福自付非等闲之辈，而立之年的他给自己写下了一首诗：

我是一只矫健的大雁，/ 期待着无垠的天空。/ 我是一匹强壮的骏马，/

渴望着辽阔的草原。/ 我是一尾年少的大鲸，/ 等待着汹涌的浪潮。/ 我是一只剽悍的老虎，/ 梦想着肥沃的森林。/ 呵——我人生的舞台哟，你究竟在何方！

在机关工作的沈太福是个不安于现状、热衷于技术发明的人。30岁的沈太福最终辞掉了公职，成了改革开放最先辞职下海"吃螃蟹"的那一拨人。他凭借自己发明的吸塑包装机、一种特别的读卡机等，在长春创办了吉林省第一家个体科技开发咨询公司——宽城科技开发咨询处。但创业是艰难的，他每天骑着一辆破自行车在长春市的街头巷尾刷广告，生意清淡。

让沈太福的事业有起色的是在第二年，他承包了长春锅炉仪表厂，这是一家亏损的街道企业。但沈太福在这家工厂研制了双色液位计，这项发明使这家小厂扭亏为盈。

沈太福是不满足这种小成就的，他身上有着创新和冒险的精神。1988年，他来到北京谋求发展。此时，"公司热"正席卷这片创业的热土。

一年后，沈太福以私人资本注册成立了集体性质的北京长城机电技术开发公司(以下简称长城公司)。私人企业集体性质，这在当时被称作"戴红帽子"。

"红帽子"企业是一个历史现象，在沈太福时代是一个比较普遍现象。所谓"红帽子"企业，是指由私人资本投资设立，而又以公有制企业的名义进行注册登记的企业，或者挂靠在公有制企业之下的企业。

改革开放后，私人可以进入某些领域置产兴业，但有的领域有限制，所以私人进入时就戴一顶公有的"红帽子"作为保护。他们或者挂靠在国有企业和集体企业之下，作为后者属下的二级单位；或者以国有或者集体企业的名义注册登记。

沈太福的公司属于后一种。

沈太福的"长城机电"大馅饼

沈太福带着新成立的长城公司一边寻找各种贸易机会，一边寻找好的产品和项目。20世纪90年代初，各项技术创业如火如荼，沈太福就在这股潮流中等待着时机。

1990 年 3 月，辽宁省一家矿务局的工程师屈维谦和吴江接到一个通知，他们于 1985 年向国家专利局申报的"逆变型无整流予三相换向器电动机"（即"调速电机"）发明专利，由于未能在规定期限内交纳"申请维持费"，申请被视为撤回，不具备再申请专利的条件。

这对于屈维谦和吴江来说打击颇大。屈维谦为了不让发明成果打水漂随即来到北京谋求发展。这时，他遇见了沈太福，两人开始了合作。

沈太福聘屈维谦为公司的总工程师，给予其优厚的待遇。而他为此付出的代价是将专利卖给沈太福。

屈维谦担心已经失效的专利无法再申请，但是这件事在沈太福手里却是易如反掌。沈太福把"发明专利申请"改为"实用新型专利申请"，同时将专利名称也作了更改，借此再次向国家专利局提出申请。

沈太福成功了。1992 年 3 月，经国家专利局批准后，沈太福成为"内反馈可控硅串级调速器"（沈太福改后的专利名称）的专利权人。同年 5 月，沈太福的"新型高效节能电动机"通过了机电部的国家级科技鉴定。沈太福摇身一变成了"电机专家"。

但沈太福的真正成果是"弄钱和运作"的商业技术而不是科学技术。沈太福后来的作为完全证实了这一点。尽管他通过上疏官路，下面包装自己的专利，从而获得了 5000 万元银行贷款作为开发"高效节能电动机"的资金。但他觉得 5000 万元的资金还不够，他想到了集资。

沈太福将他的"高效节能电动机"项目包装的很有诱惑力。他设计了一个老少咸宜的集资游戏规则：投资人与其公司签订"技术开发合同"，投资额 3000 元起，上不封顶。合同中承诺，投资人可以随时提取自己的资金，而长城公司承诺"按季支付补偿费"，每年补偿率达 24%，比当时银行的储蓄利率高出一倍。

沈太福的集资模式让当时有钱没地方消费的老百姓趋之若鹜。当年 6 月，沈太福在海南展开第一次集资，看到集资广告的人们排起了长队前来投资，短短 20 天，沈太福成功集资两千万元。

沈太福接着在全国 17 个城市展开更大范围的集资活动，他的公司很快成为当年最炙手可热的高科技企业。到 1993 年年初，沈太福先后设立二十多个分公司和一百多个分支机构，雇用职员三千多人，公司的主要业务是登广告、炒新闻、集资。

沈太福已经忘了公司的主营业务，沉浸在集资的狂热中。当时，在长城公司的办公楼前，投资的群众排着长队，整个流水作业式的交易场面堪称火爆。

截止到 1993 年 2 月，沈太福集资 10 亿多元，投资者近 20 万人。面对滚滚而来的资金流，沈太福刹不住车了。他开始编撰更大的谎言，他对外宣扬长城公司有 300 多项专利技术，而实际上这些专利还在申请，并没有被批准。在业绩上，他宣传拿下了数十亿的订单，其实他只售出电机 50 多台，价值仅 600 多万元。

从"改革人物"到死刑犯

此时，沈太福赢得一片赞誉声。他被媒体称誉为"改革人物"，长城公司也被媒体打造成受人尊重的"高科技企业"。在唱赞歌的媒体中，最出力的是《科技日报》。在长城公司集资的过程中，该报发表了《二十天集资二千万》等多篇长篇报道。

为塑造公司形象，突出公司业绩，沈太福先把集资款变成公司的营业销售收入，然后向税务部门缴纳了上千万元的税款。同时，沈太福以各种名义，从公司集资部提取集资款据为己有。

沈太福不愧是商业运作的一把好手。然而在他的集资游戏玩到巅峰之时，巨大的风险也在等着他。

1993 年 3 月初，沈太福收到了中国人民银行发出的《关于北京长城机电产业集团公司及其子公司乱集资问题的通报》，该通报指出，"长城公司实际上是变相发行债券，且发行额大大超过其自有资产净值，担保形同虚设，所筹集资金用途不明，投资风险大，投资者利益难以保障"，并责令其"限期清退所筹集资金"。而此时，他正在为集资超过 10 亿元举办大型庆典酒会。

已经被狂热的集资流冲昏了头脑的沈太福，反应方式令人意外。他状告时任中国人民银行行长李贵鲜，并索赔 1 亿元。3 月 29 日，沈太福在北京举行中外记者招待会，声称"国家科委、人民银行步调不一致，婆家、娘家有矛盾，却让他这个民办企业'小媳妇'吃亏"。他宣称，因政府干涉，公司难以经营，要向国外拍卖。

两天之后，携带大捆现金、准备逃亡国外的沈太福在北京机场被警方抓捕。至此，沈太福的集资狂潮终于落幕。沈太福被逮捕后，在国务院的直接参与下，各地组成二十多个清查组。历经半年时间的清查、清退，长城公司集资案的投资者领回了 70% 至 95% 不等的本金。

沈太福被公诉机关以贪污罪起诉，并于 1994 年 4 月被判处死刑。对于一审判决，沈太福曾提出上诉，其理由是：长城公司是戴着集体帽子的私营企业，被告人不能成为贪污罪的主体，也没有贪污的动机和行为，因而不构成贪污罪。沈太福对律师说："怎么判我都行，但是如果我是因为'贪污'自己家里的钱而被枪毙，我不服。"但当时的情形，沈太福没有多少为自己辩解的空间。

看见历史

民间金融试水者的悲剧

田飞龙

20 世纪 90 年代初，市场经济总体方向初定，国家金融垄断政策森严，民企"注册难""融资难"等诸多不平等法律地位尚未改观。沈太福就活跃于这一特殊的改革时代，其"长城机电"项目民间融资模式是中国民间金融创新的典型代表，是中国民间金融史上的重要事件。

但由于这一创新过度超前于国家的金融法律体制和政策框架，自身又无法构建完备有效的风险管理与担保体系，随着对国家金融的冲击以及民间融资规模的双重放大，最终导致了企业家被判死刑，创新融资模式式微。

在 1990 年前后，民营企业创业与融资存在诸多困境，沈太福均一一体验。首先是注册难，长城公司在本质上是一个民企，但高科技企业在政策上不能由私人注册，只能戴集体帽子。但这一"戴"却成了沈太福案发时的致命伤，将其在法律形式上纳入了"贪污罪"主体范围。

其次是融资难。在长城筹办"节能电机"项目时，融资成为发展瓶颈。由于企业身份暧昧，没有国家扶持和政策保障，国家银行体系基于风险管理对此高科技创业项目退避三舍。转向民间金融，是沈太福不得已之举。

沈的长城集资模式特征为：第一，"概念股"式操作，以"节能电机"发明专利与产品预期为核心，暗合国家政策导向，刺激投资者的信心；第二，高利率配置，同期利率高出银行一倍，形成对投资者的强烈诱惑；第三，构建强大的官商关系网和媒商关系网，即通过企业公关、行贿等各种手段争取到了《科技日报》、国家科委领导甚至著名学者从传媒、政策到理论的全方位支持，进一步增厚了沈太福的民间融资信用基础；第四，虚假报告和业绩浮夸，在初战告捷后，为维持投资者信心，沈太福对"节能电机"的经营业绩与市场影响进行了严重失实的报告与浮夸，欺骗和误导投资者冒险跟进。

从转向民间金融并将公司业务重心调整向民间集资后，沈太福一步步逼近了国家法律与政策的底线。如果说最初的融资需求因被国家金融垄断压抑而别寻他途具有正当性的话，那么民间金融操作中的虚假广告、行贿、欺骗投资者等行为已触犯了国家法律。

对国家法律的直接违反和对国家金融体系的间接冲击，使沈太福已陷入与"体制"对抗的境地。当时的决策层并没有做好开禁民间金融的心理与制度准备。对国家金融体系的维护以及对广大民间投资者权益的保护成为坚决打击"长城集资模式"的主要理由。

国家的反制遵循"先礼后兵""先软后硬"的操作。1993 年年初，中国人民银行发出监督整改函。如果沈太福配合清退，则后来的刑事程序或可避免。

但他采取了当时看来十分过激的反应，这显示出了沈太福作为民营企业家的政治不成熟。"小媳妇"对骂"公婆",沈高估了自身的民间影响力和政商关系网,最终身陷囹圄而一败涂地,刑事检控程序迅即展开。

但是,对沈太福具体定什么罪却遇到了麻烦。1993年的刑事法体系是1979年缔造的,其中对民间金融的刑事规制付之阙如。民法通则等对民间借贷有一定的规制,但不足以构成对沈太福的刑事定罪依据。但是,沈太福是戴集体帽子的,平时无实惠的集体帽成为贪污定罪的法理依据,其事实依据为沈多次以借款名义从公司取走社会集资款逾百万元。

另一项罪名是行贿罪,是沈经营政商关系网的投入,总计25万元。1994年3月,北京市中院做出一审判决,认定沈贪污、行贿两罪成立,判处死刑,经上诉、复核程序后执行。整个刑事程序没有涉及对非法集资行为的定性与讨论。

沈太福案是中国民间金融史的破冰案件。他觉得戴帽子不能"假戏真做",自己拿"自家"的钱不能算贪污,而所谓行贿,也是法律不健全条件下民企生存法则,无人例外。

沈案进一步刺激了国家法律体系的完善,主要是1995年商业银行法首次采用了"非法吸收公众存款"概念以及1997年刑法建构了以"集资诈骗罪""非法吸收公众存款罪"和"擅自发行股票、公司、企业债券罪"为核心的民间金融刑事规制框架。

在全面深化改革的背景下,民间金融的有限开禁和规范管理已逐步成为官方与民间共识,一个服务于中国市场经济并得到法律合格监管的民间金融法律体系有望逐步形成。

沈案,金融立法的参照标杆

王永茜

沈太福案轰动一时,带来的影响亦是巨大的,其对中国的金融市场是一个巨大的转折,对中国的法治进程起到了很大的推动作用。就此,法治周末采访了北京航空航天大学刑事法研究中心主任郑丽萍。

法治周末：沈太福案成为改革开放后"第一非法集资案"，但他却以贪污罪和行贿罪被判处死刑，您认为该罪名恰当吗？

郑丽萍：从我国现行刑法的规定回过头来看，沈太福案的判罚应该说是不合适的。但沈太福非法集资发生在 1992 年至 1993 年，截至最高人民法院于 1994 年 4 月 8 日核准沈太福死刑为止，当时适用的刑法仍是 1979 年刑法的规定。

在 1979 年刑法中，关于个人在体制外非法集资的行为如何定罪、量刑是没有特别条款加以规定的，因此，审判法院以"被告人沈太福身为集体经济组织的负责人，利用职务之便，采取欺骗的手段，侵吞公款，其行为构成《全国人民代表大会常务委员会关于惩治贪污罪贿赂罪的补充规定》第一条规定的贪污"为由，对沈太福判处死刑。法院以贪污罪的罪名对沈太福加以处罚，有当时的历史局限性，也有处罚上的必要性的考虑。

法治周末：沈太福案对之后的 1997 年刑法的制定和修改有什么影响？

郑丽萍：沈太福案之后，全国人大常委会 1995 年通过的《关于惩治破坏金融秩序犯罪的决定》第七条规定了非法吸收公众存款罪、第八条规定了集资诈骗罪。该《决定》的内容完全被 1997 年新刑法予以采纳，只是关于非法集资的具体罪名一直存在争议。后来最高人民法院《关于执行〈中华人民共和国刑法〉确定罪名的规定》中，将非法集资的罪名定为集资诈骗罪。

应该说，沈太福案因其典型性，对 1997 年刑法修正案关于破坏金融管理秩序罪和金融诈骗罪的完善起到了标杆作用。

法治周末：当前，我国非法集资案件高发，沈太福案对我国现今非法集资案件的治理和整顿有什么借鉴意义吗？

郑丽萍：自 1995 年以来，非法集资类案件的治理和整顿一直是我国刑事司法规范和打击的重点。

1996 年最高人民法院《关于审理诈骗案件具体应用法律的若干问题的解释》第三条规定：集资诈骗罪中的"诈骗方法"，是指行为人采取虚构集资用途，以虚假的证明文件和高回报率为诱饵，骗取集资款的手段。非常明显，最高人民法院在这一规定中，对于集资诈骗行为采取了典型式的、列举性的描述方式，而这些行为方式在沈太福案中都有所体现。

在最高人民法院 2001 年的《全国法院审理金融犯罪案件工作座谈会纪要》中，对集资诈骗罪与其他金融犯罪进行了区分。不难看出，最高人民法院在出台这一纪要时，主要也参考了沈太福案以及其他典型案件。

2010 年，最高人民法院《关于审理非法集资刑事案件具体应用法律若干问题的解释》第二条明确了 11 种常见类型的非法集资行为应当以非法吸收公众存款罪定罪处罚，第四条明确规定了应当按照集资诈骗罪定罪处罚的 8 种情形。可见，人民法院在审理非法集资类案件时，对于非法集资行为的定罪量刑越来越重视客观行为和主观目的的综合判断，且注重具体问题具体分析。

这种将具体案件类型化、典型化，再从中提取出共同特征作为犯罪构成的共同要素的做法，无疑要看到类似于沈太福案等一大批司法案例的作用。

管金生：证券教父的世纪豪赌

证券教父管金生的最后一战

俞 飞

19 年前，轰动全国的"327 国债期货事件"，四大赢家 28 岁的魏东、29 岁的袁宝璟、34 岁的周正毅以及 30 岁的刘汉，一举实现资本原始积累，称霸一方。天道好还，四人最终悲剧谢幕：魏东跳楼身亡、袁宝璟四兄弟三人死刑一人死缓、周正毅锒铛入狱 16 年、刘汉兄弟被判极刑。

"327 国债期货事件"最大输家，非新中国证券教父——万国证券总裁管金生莫属。一着不慎满盘皆输。当年，他的公司巨亏 56 亿元，濒临破产，被上海申银证券接管，而叱咤风云的他被捕入狱，罪名却是受贿和滥用公款……

江西才子投身商海

从江西山村的农家子弟，到驰骋上海滩的金融巨鳄，管金生的人生堪称传奇。

管金生生于 1947 年，算命的说他命硬，父母将他送出去寄养，到了 3 岁才领回家。家里穷，一没钱花，他的母亲就去赌。巧不巧，母亲永远是赢家。赢回来的钱，先是补贴家用，然后盖起房子。

赌钱，人类最原始的金融投机。管金生开玩笑地说，他最初的金融意识来自母亲。母亲早逝，留给儿子一句遗言：人生如流水，一直向东，才有出路，才有出息……

天资聪颖的他，18 岁考入上海外国语学院。如同杜月笙当年那样，他手拿一把破油纸伞，肩上背着一个蓝布包袱，"上海滩，我来啦"！

然而他生不逢时，大学生活开始不久即遇"文革"狂飙，之后他被分配到机关做了 9 年行政工作。1979 年，32 岁的他考研重回母校，攻读法国文学。3 年后，他再次面临工作不对口的苦恼。是进还是退？

一咬牙，忍痛放弃最爱——象牙塔里的文学梦，他义无反顾，投身上海信托投资公司。命运女神向他露出神秘微笑。1983 年，中美国际投资法研讨会在沪召开，外语能力出众的管金生担任组委会秘书长，技惊四座，让人刮目相看。不久，他受单位委派，赴比利时布鲁塞尔大学进修。一举拿下商业和法学两个硕士学位，成了国内屈指可数的精通资本市场的精英。领导不同意他再去剑桥读信托法博士："你走了，上海金融界就没有双硕士，得了博士，谁还能领导你？"

20 世纪 80 年代中期，深圳发展一日千里。负重跋涉的上海怎么办？邓小平高瞻远瞩，寄望上海，提出把上海外滩建成东方华尔街。人到中年的管金生热血沸腾，下笔万言，陈述创建中国证券市场之重要，愿意作第一个吃螃蟹的人。

得到政府支持后，他领衔起草了新中国第一份股份化证券公司章程，擘画中国证券市场的全新蓝图。从那一天开始，他的名字便与中国证券市场紧紧地联系在一起。

股市波澜谁是英雄

1988 年 7 月 18 日，管金生担纲组建的万国证券公司正式开业。谁人不知，在计划经济时代，人人闻股票色变。兴建股市，戛戛乎难哉！管金生领风气之先，提出"两个坚持"：第一，公司实行股份制；第二，坚持与银行脱离。

1991 年上海证券交易所成立，其交易设备、规则，交易员的培训，几乎都是万国证券一手操办。管金生创办了证券业黄埔军校——"88 证券高级业务研修班"，先后培训全国 18 个省市 30 多家证券公司 50 多名从业人员。他四处演讲，做了大量的市场培育工作。

凭借专业精神，万国证券迎来辉煌。股市大爆炸，管金生赚得盆满钵满。万国证券抢下 16.7% 的市场份额，成了当之无愧的证券业龙头老大。

1988 年至 1995 年，万国 8 年的磨砺、成功和辉煌，怎么形容都不为过，这是管金生人生的顶峰。

管金生快马加鞭，大举进军国际市场。在香港、新加坡、伦敦、纽约设立办事处，跨国金融集团呼之欲出。

最后一战黯然退场

管金生构筑了一个独立王国，即使决策失当，也没有人敢向他建言。他得意地说："我在前面走呀走，回过头来看看，怎么后边没有一个人跟上来？"

以小搏大，惊险刺激，利润超级丰厚的国债期货市场，让管金生怦然心动。1994 年，期货市场创建时间不到一年，游戏规则不完善，管理漏洞多多，允许透支，交纳少量保证金，便可入场博弈，金额高达保证金的 10 倍，甚至几十倍。国债期货市场很快成为投机色彩最浓的金融交易市场，成功者一夜暴富，失败者一文不名。

1995 年年初，市场风闻：财政部在通货膨胀率上升的背景下为了保证国债信用和持债民众利益，将提升"327 国债"保值补贴率。市场闻风而动，各大玩家施展浑身解数，玩起刀口舔血的死亡游戏。一轮又一轮的"多""空"大战陆续上演。

市场对此间接政策信号的反应是普遍的"做多"预期。"做多"在当时是"政治正确"的选择，符合国家的国债期货调控预期以及对广大散户持债人的权益保护。

"327"，1992 年发行的 3 年期 100 元面值国库券代号，1995 年 6 月到期还本付息，9.5% 的票面利息加保值补贴率，每张百元债券到期应兑付 132 元。但这个利率明显低于同期银行利率及同期通货膨胀率，势必危及"金边债券"声誉。市场传言国家到期会以 148 元兑付。

管金生断定，这绝无可能。通胀连续 7 年高达两位数，国家决心降服通胀这只出笼猛虎。国库捉襟见肘，怎会拿出十几亿元巨资补贴"327 国债"的无底洞。他拍板做空，万国证券倾巢出动，抛出巨量"327国债"。

英雄一世的他，压根也未想到，昔日他的学生结成联合战线，张网以待。战场上你死我活！管金生抛多少，学生们便吃进多少。万国证券倾力抛售国债，拉低最终交割价，而多方有政策保底，全力吃进，拉高交割价预期。双方在"多"与"空"的博弈中均有违反交易规则的操作行为。

1995年2月23日，财政部权衡利弊，选择了取信于民的政策。公告"327国债"按148.50元兑付。

晴天霹雳！有巨量空单的万国证券顿时陷入灭顶之灾。慌了手脚的管金生，不甘心接受失败，拼死抵抗。2月23日一开盘，他集中百万资金在148.50元一线负隅顽抗。

错上加错，越陷越深。他又一次低估了多方的能量。在势不可挡的涨潮面前，他那点家当不过是杯水车薪，无济于事。数百万缺口的空单，转眼之间被多方争抢一空。盟军也临阵倒戈，管金生的防线崩溃。此时此刻，"327国债"每上涨1元钱，万国证券就赔上十几亿元。空方已出现许多爆仓者，万国证券危在旦夕。

这一刻，管金生铭心刻骨！短短几个小时，金融巨头被打回原形——一个一文不名的家伙。管金生能甘心吗？破釜沉舟，他密谋策划了一场震惊中外的空手套白狼。那一天收市前8分钟，风云突变！巨大的电子显示屏上，一张合计上千亿元的空单从天而降，一下将"327"从152元砸到了147.50元。交易员也惊得目瞪口呆。

损失惨重的管金生，看似满血复活。倘若阴谋得逞，真能瞒天过海，他足足可以赚进几十亿。翻手为云，覆手为雨，短短8分钟一场世纪豪赌！

黑色的2月23日，欺骗、愚弄、内幕交易，激怒了国人。众所周知，"327国债"发行总量380万口，一半在老百姓手中，现货交易最多不过200万口。万国证券下单量足足超过市场流量的20倍。这份空单从何而来？

举报信雪片似飞到上海证券交易所。6个小时后，仲裁委员会通过央视向全国发布公告：23日16时22分13秒以后的成交无效，151.30元为当日收盘价。

"327 国债事件"，中国证券史上最黑暗的一天。管金生遭遇滑铁卢，全军覆灭。次日，万国证券门前，涌现挤兑潮。4 月 25 日，管金生董事长兼总裁职务双双被免。5 月，国债期货市场惨遭关闭。

法庭之上身单影孤

同年 7 月，管金生被上海市检察院正式逮捕，专案组指控他渎职、挪用公款、贪污、腐败，偏偏没有违反期货交易的罪名。原来 1999 年新刑法修正案出台前，新旧刑法均无相关罪名。

法庭上，他未委托律师辩护，也拒绝法院指派辩护人，以沉默表明自己的态度。次年，法院判决他 17 年有期徒刑，剥夺政治权利 5 年，并没收个人财产 10 万元。罪名是受贿、挪用公款，总额达人民币 269 万元。因 "327 国债事件" 生出祸端，却因行贿获罪。

监狱高墙内，做起外文翻译的管金生，依然留心全球资本市场新动向。在他之后，还有其他证券公司老总，银铛入狱。上海滩证券元老阚治东进入看守所，面对里面许多同行，惊叹完全可以开一家证券公司。

2003 年，管金生保外就医。叱咤风云的枭雄，隐居北京。去年，他和昔日部下一起出版《梦想的力量——万国人的口述历史》。如今，67 岁的他，不求东山再起，他相信"终究有一天会有人去客观公正地评说这段历史，这肯定将是一个具指标意义的历史性进步"。

看见历史

中国证券教父的启蒙功过
田飞龙

法国文学与证券投资，本风马牛不相及之物，却融贯进中国证券教父管金生的传奇人生之中。管金生学法语、法国文学，去布鲁塞尔留学，这在改革大潮中是无比辉煌的学术资历。但他没有成为学院型学者，却成了中国证券市场的教父，对中国证券知识传播与机制完善有启蒙之功。

管金生对中国证券业的启蒙之功是无可否认的：第一，早在20世纪80年代初期上海国际信托投资公司工作期间，他就利用业务和外语翻译之便储备了较为充分的现代证券知识并对中国证券市场的开创有所思考；第二，响应邓小平将上海外滩建成东方华尔街的战略构想，上"万言书"，于1988年获批筹建中国第一家股份化证券公司上海万国证券，股本3000万元，同时确立了证券业与银行业分业经营的原则；第三，以万国证券名义开办证券业"黄埔军校"，培养数期几十名证券业从业技术人才；第四，对上海证券交易所的建所规划、基础设施、交易员培训等提供大力支持，助推中国证券业的规模化、规范化发展；第五，支持中国证监会对证券业开展有效监管，其政策建议多被证监会监管部门采纳，对完善早期证券监管法律体系起到重要推动作用；第五，带头扩大中国证券业国际交往，率先参与海外企业并购操作，为中国证券业和资本国际化开路。

回报管金生的是中国体制下的常规套路：无数的官方头衔、荣誉称号、各大学的兼职聘任以及市场机构的培训邀请。这些回报进一步确证并延伸了管金生的"证券教父"地位。无论个人后续遭际如何，他所开创的中国证券业早期业务模式、经验、人才、市场为一代代中国证券人所继承和发展。人陷囹圄，精神长存，这是"教父"的本质。

今天看来，管金生的犯错或违规不是从1995年"327国债事件"才开始的。在1988年成立万国证券公司之后，由于采取了证券业与银行业的分业模式，管金生选择了以倒卖国库券为基本手段的资本原始积累路径，利用了国家监管漏洞和法律空隙。但为其带来第一桶金的国库券也成了他的"葬身之券"。

"327国债事件"被英国《金融时报》称为"中国证券史上最黑暗的一天"。事件的本质是一起国债期货风波。在此轮期货大战中，忽略交易规则和监管政策取向，管金生可谓大进大出，叱咤风云，曾创造了2月23日交易的"最后8分钟奇迹"，通过抛出高达上千亿、超出本期国债发行额和万国证券法定交易量数倍的空单，绝地反转，将交易价格拉低至多方控制价和财政部政策调控价之下。管金生这一次完败：第一，期货投资预判的总体性失败与财政部最终公布的政策调控方向相反；第二，"最后 8 分钟奇迹"被交易所和监管部门宣布无效。

"327 国债事件"的教训是多方面的：首先，当时的中国证券期货市场处于试点阶段，交易规则、风险控制机制、监管体系、保障体系均不够完善，政策调控与市场风险均处于巨大的不确定状态；其次，国债的基础是国家信用，其稳定性和收益率不仅事关经济利益，更事关民众权益和政治稳定，管金生对国债的政治意义认识不足；再次，证券业市场化不足，无论是国债做空导致政治失信，还是国债做多导致万国证券国有资产巨额亏损，都是国家利益的直接损失，但两害相权取其轻，管金生出局不可避免。

在官方宣布尾期交易无效并安排强制平仓后，国债信用和散户利益获得保障，但国债期货市场破产，万国证券倒闭重组。管金生的出局也意味着同期国债期货试点的政策性失败，并在搁置十余年后才得以重启。

作为此轮国债期货风波的最大搅局者，管的违规行为必须付出代价，但当时的证券监管法律体系没有对操纵证券、期货价格行为进行刑事规制，只能进行行政处罚。于是又出现了 20 世纪 90 年代初"张冠李戴"式的刑事定罪。

与民间金融试水者沈太福一样，管金生案作为中国证券业里程碑式案件，尽管起诉书和判决书均与金融或证券监管无关，但却直接刺激了国家金融监管法律政策体系的完善，刺激了 1997 年刑法对操纵证券、期货交易价格行为的直接规制。然而，在资本试水、法律不健全的早期改革时代，与许多同期企业家一样，"英雄"光环和"罪犯"箍咒几乎可以同时套用。

今日中国证券市场已深度化、国际化、规范化发展，"东方华尔街"应是技术创新、风险管控与监管法治化的精致融合，是中国证券与金融文明的典范。然而我们不应忘记，在证券改革史的早期奠基中教父管金生的启蒙之功。其"过"，是个人的，也是体制的。

用法治思维监管金融创新

林　海

　　尽管 1997 年，管金生被以受贿、挪用公款等罪名判处 17 年有期徒刑，但这并不能为"327 国债事件"画下一个说得过去的句号。或许可以说，管金生是金融法领域"法罪错位"现象的又一个牺牲者。就金融法治领域的监管与创新问题，法治周末采访了中国人民大学法学院副院长杨东。

　　法治周末： 为何金融法治领域容易出现"法罪错位"的现象？
　　杨东： 金融领域的违法犯罪行为，往往也是踩在合法与非法边界的"创新"行为。往往是在行为发生之后，才出台规则来填补法律漏洞。而针对之前的越界行为，由于立法不够完备，套利行为越来越严重，社会危害大到无法忍受的情况下时，监管者不得不进行规制和惩罚。这时如果仍然没有相应的罪名来规制，只好用其他的罪名进行制约——这是给市场一个信号，但这样的行为是有问题的。

　　法治周末： 为避免出现这类情况，立法与监管应当如何应对？
　　杨东： 应当尽快完善规则体系。金融领域的变化日新月异，法律跟不上金融行为，这是正常的。但是，应当具有灵活的、有弹性的其他规则作为补充，如自律组织、行业组织的规则。比如，在英国，行业自律组织出台的规则就很有权威。
　　在监管方面，应当加强横向规制和统合监管。金融领域的一些创新行为，实际就是在利用"一行三会"分业监管的重叠和空白领域，"钻空子"进行监管套利。各个监管者的规则不统一，思路各不同，行动无配合，甚至各有各的利益。这样进行监管，不但是无效率的，还间接地助长了金融违法行为。
　　因此，应当从保护金融消费者和投资者的理念出发，实现各监管领域之间的统合。比如，2008 年金融危机之后美国创设了金融消费者保护局，英国则成立了统合证券、银行、保险、衍生品领域的金融行为引导局、金融消费者保护局和行为审慎监管局等机构，贯彻了金融消费者的保护与功能监管的原则。

法治周末：在保护金融消费者与金融创新之间，监管者应当如何取舍？

杨东：这二者实际是不冲突的。创新可以先于法律、法规，可以是精英之间的游戏。但归根到底，金融应当服务实体经济，应当为大众的投融资需求服务。金融创新从根本上讲，是为大众进行投资和融资，提供更多样的选择和更安全的途径。如果是以牺牲大众利益为代价的金融创新，不能称为金融创新，而是一种违法行为。

值得注意的是，我国当前正处于间接融资向直接融资转移的必经之路，这一过程我称之为"市场型间接金融"时期。这一过渡时期，需要大量的规则进行回应，需要一系列制度构建，来帮助转型完成。

法治周末：当前如果再出现像"327 国债期货事件"那样的风险，会在哪个领域？立法与监管应当如何应对？

杨东：下一个风险点最有可能在互联网金融领域出现。包括网络平台为基础的股权众筹、移动支付、P2P、虚拟货币等新事物。这些领域内，甚至有些风险已经发生。

目前，监管层已经有了积极的回应，对于一些创新行为进行了规制和风控。但是，由于仍然存在着各监管机构之间的隔阂，风险仍然存在。互联网金融是需要加以横向规制和统合监管的，否则危机不在这里冒头，就在那里爆发。

牟其中：困兽犹斗的中国"首富"

中国首富的罪与罚

林 海

牟其中，南德集团前董事长，一个曾同时有中国"首富"和"首骗"两个名号而备受争议的人物。即便在入狱之后，他也一直不认为自己有罪。当狱方向他提出假释的建议时，"我不愿意假释。"牟其中这样回答。

实际上，牟其中入狱的最初几年，便曾有机会获准保外就医，可他拒绝了。他坚称自己无罪，要清清白白地走出去。这位曾经缔造了无数神话的中国"首富"，到底犯下何罪，又应当受何惩罚呢？

从牢狱走出的企业家

1941 年 6 月 19 日，牟其中出生于重庆万州。他敢做梦、敢闯荡的性格，似乎是与生俱来的。少年时代的牟其中，一直希望成为一名记者，但1959 年的高考成了他生命中的第一个打击，他落榜了。

落榜的牟其中显示出了超常的韧劲和耐心。他赶往武汉中南工业建设设计院参加大专班的春季招生。成功考取的他仅仅在半年后，因为户籍的问题被迫退学。这成为他人生的第二次挫折。

18 岁的牟其中开始了人生中的第一份工作，在当地的玻璃厂当了一名锅炉工人。他和同厂的年轻人不一样，工作之余，他研读有关马列的著作，甚至阅读哲学、法律。他的演讲才华和层出不穷的惊人想法开始浮现，并成为他初次入狱的间接事由。

1974 年，他经常在工友和老乡之间探讨社会主义问题。当时的他热血沸腾，政治热情高涨，他和后来一同入狱的刘忠智合作，写下了《中国向何处去》的万字文。正当他们兴奋于自己的"杰作"时，有关部门迅速采取行动，将他们关进监狱。

1979 年 12 月 31 日，在狱中呆了 4 年零 4 个月的牟其中得以释放。出狱后没有正当工作的他开始了首次经商尝试。1982 年 4 月，牟其中与人合办"万县市中德商店"。牟其中的经商天赋开始显现。当时商品销售尚无"三包"之说，然而牟其中率先在用户中推行了"包换卡"，凡在中德商店购买的黑白电视机和别的一些电器，城区顾客可在 3 天内调换，农村顾客则可以在一周之内调换。

与此同时，中德商店还开展了跨地区的"四代"（代购、代销、代组织、代托运）业务。于是，第一年他们便破天荒地获得了近 8 万元利润。1983 年年初，牟其中从重庆一家兵工厂以最低价购买了一批铜制钟，然后又以相当高的价格卖给上海的许多商店。仅此一项，他便获取了令人咋舌的大笔暴利。

然而，这次致富之举很快给牟其中带来了第二次牢狱之灾。罪名是"投机倒把、买空卖空"。他于 1983 年 9 月 17 日被收审。在监狱中的牟其中突然又恢复了政治热情。入狱 11 天时，牟其中破天荒地写下了一份《入党申请书》。之后，他又在狱中写下了《论中国特色的社会主义和我们的历史使命》《从中德商店的取缔看万县市改革的阻力》等文章，并大胆地寄给政府。令人诧异的是，他的这些信函竟然顺利地送往了成都甚至北京，并引起了有关部门的重视。1984 年年初，牟其中的努力获得了回报，在入狱 11 个月后，他再次被释放。

1984 年 9 月 18 日，再次出狱的牟其中召开了中德复业恳谈会，并很快将当初的中德商店升级为中德实业开发总公司，办理了工商税务注册手续，领取了营业执照。

从卖飞机到放卫星

如果在 20 世纪 80 年代中期走进"中德实业开发总公司"，会发现浓厚的"时代痕迹"。走进公司大门就是一幅《好猫图》,《好猫图》上端的横幅上写着"走自己的路,建设中国式的社会主义"。

在进行了大批新员工的招纳后,牟其中开办中德企业管理夜校,并规定:凡是中德公司在家的职工,必须参加中德企业管理夜校学习。牟其中向职工们说,他所创办的夜校,要像当年的广州农民运动讲习所一样。

其实,这一时期牟其中的经营并不风光,尽管他不断有"神来之笔"。从开发小三峡风景旅游区,到建立中德服装工业公司、中德竹编工艺厂、中德造船厂、中德船队、中德公司商品房建筑公司等企业或者实体,他组建的公司不下 10 个,提出的想法更是千奇百怪。但根据后来的统计显示,大部分公司都停留在开会、领取执照、见个报纸的阶段。这时的牟其中相信自己什么都能做,什么都能挣钱。1985 年,屡战屡败的牟其中离开了万州商界,把公司迁往了重庆。

1989 年,牟其中迎来了人生中第一个巨大商机。他从万县坐火车到北京准备推销竹编和藤器。在火车上,牟其中在和同行旅客的聊天中了解到苏联准备出售大型民航客机。牟其中凭借老乡关系,找到了四川航空公司负责人,商谈飞机销售计划,最终川航接受了牟其中的报价,并支付了首批款项。聪明的是,牟其中转而与苏联商谈"以货易机"的买卖,这正合苏联的胃口。牟其中在山东、河北等 7 个省组织了 500 车皮商品,用这些生活资料从苏联换来 4 架飞机。仅此一笔,牟其中净赚了近 1 亿元。

"飞机易货"的一举成功,让牟其中及其公司在成就名利的同时,更进一步积累了勇气与信心。"没有做不到,只有想不到。"这是牟其中经常挂在嘴边的口头禅,他认为自己必须不断创造新的奇迹,才能无愧于这个时代。飞机买卖的下一步,牟其中选择了更令人咂舌的领域:制造和发射卫星。

事实证明,牟其中再次在卫星领域成功地捕捉到了商机。1993 年 12 月 28 日,南德集团与俄罗斯合作,成功地发射了"航向一号"电视直播卫星。1994 年起,南德集团开始制造航向系列卫星。生意越做越大的牟其中没有意识到,危机随时会爆发。

1995 年,国家实行紧缩银根的经济政策,这对开展卫星业务、需要大量资金的南德集团来说，无疑是一个巨大的打击。当时牟其中几乎天天召集中层管理人员开会，主题只有一个：筹钱。不久，航向三号卫星制造即将完工，并准备发射，但南德集团必须向国外发射机构支付数百万美元的发射费。这笔发射费对当年的南德来说是笔巨款，急需用钱的牟其中已经到了山穷水尽的地步。

这时，一个叫何君的人出现在牟其中的面前，对方表示愿意提供资金助南德渡过难关。果然，经费及时到账，航向三号卫星也及时升空，南德集团再次渡过了难关。然而，何君提供的那笔钱却把牟其中与南德集团拖向了无底的深渊。

因“信用证诈骗”再度入狱

1996 年 8 月，公安机关在对湖北省轻工业品进出口公司“骗开信用证套汇”的问题进行调查时发现，南德集团所用的资金与该案有着千丝万缕的联系。原来，当时南德集团为了紧急融资，参与了何君与湖北轻工共同策划的一起“虚构进口货物、骗开信用证，非法占有国家资金”的行为。牟其中作为决策人之一，被认定构成了信用证诈骗罪。1999 年 1 月 7 日，牟其中在北京被刑事拘留，同年 2 月 8 日被逮捕。1999 年 10 月 12 日，武汉市人民检察院正式以涉嫌“信用证诈骗罪”起诉南德集团。

1999 年 11 月 1 日，武汉市中级人民法院公开开庭审理。庭审为期仅一天便匆匆结束，并宣布择日宣判。然而，该案直至 2000 年 5 月 30 日才正式宣判。

法院判处南德集团犯信用证诈骗罪，判处罚金 500 万元；被告人牟其中犯信用证诈骗罪，判处无期徒刑，剥夺政治权利终身。一审判决之后，南德集团及牟其中均不服判决，提出上诉，湖北省高级人民法院于 2000 年 8 月 22 日做出终审裁定：驳回上诉，维持原判。

2000 年 9 月 1 日，牟其中进入湖北洪山监狱服刑。第三次入狱，时年已经 59 岁的牟其中并没有放弃。他一边锻炼身体、阅读书籍，一边寻求申诉的机会。2003 年前后，媒体上开始出现一些牟其中狱中现状的采访。

眼下，牟其中仍然在湖北洪山监狱服刑。无期徒刑也被减至了 18 年有期徒刑。到现在，他已经坐监 14 年。这位曾经的中国首富，至今仍犹如困兽，积蓄着力量与野心。他有很多宏伟的计划，但他与这些宏伟计划之间，仍然有着不可逾越的铁窗。

看见历史

南德神话与中国民企想象力

田飞龙

牟其中无疑是中国改革史中最具想象力的企业家，尽管他只有半年大专"学历"，但他自学成才，对商业、财富、政治与人性有着超乎常人的洞察和运用。他的想象力太过超拔，不时刺穿了体制与社会的容忍限度，其数度身陷囹圄，成为民营企业史上的"悲剧英雄"。

第一次是 1974 年的"反革命集团罪"。在"文革"动荡岁月中，他埋首苦读，与同道组织马克思主义研究会并撰写了《中国向何处去》的纲领性文章，同时自撰《社会主义由科学向空想的倒退》以及《从文化革命到武化革命》，提出建立社会主义商品生产体系的主张。

同期的著名经济思想家顾准也在思考同样的问题。没有证据表明他们有影响关系，这更凸显出牟其中的反思品质与创造力。内定的"死刑"未被执行，他"活"入了改革春天。

第二次是 1983 年的"投机倒把罪"。20 世纪 80 年代初期，牟其中通过"中德商店"证明了私营企业的商业优势。但当时的改革环境并不稳定，也不宽松。

首先是登记注册难，当时的法律并没有对私营企业予以明确保障，甚至是否可起字号、刻印章之类的基本经营权利也模糊不清。

其次是 1979 年刑法中高悬着"投机倒把罪"的达摩克利斯之剑，而那个时代的非公经济如果不"投机倒把"，几乎无法生存。他被符号化为"走资派"，企图"与社会主义较量"。他很灵活，在狱中一边提出入党申请，一边上书中央直陈改革利害，终获释放。

第三次是信用证诈骗罪，最致命的一次。时已进入 20 世纪 90 年代，牟其中通过"飞机易货"的经典案例将"南德神话"高高竖起，后转入国际卫星合作经营业务，获得巨利，但在资金链上也始终从紧。这起将南德集团卷入并最终毁掉南德神话的信用证纠纷，分为民事部分和刑事部分。刑事部分于 1999 年宣判，后经二审维持原判，牟其中罪名成立，获无期徒刑。

这就是牟其中的"三起三落"。"起"者，其才思敏捷，不拘常规，想象力惊人。"落"者，特立独行，傲视体制与社会，超前开拔，与环境的张力突破了相互容忍的临界值。

"南德神话"有很多面向，但其内核是牟其中作为改革企业家的想象力。在 20 世纪 90 年代，牟其中的"南德神话"为其赢得了一大堆"第一""十佳"之类的称号。牟心中有着一个清晰的"南德商业帝国"理想，即使在狱中亦不忘完善这一毕生梦想。

"南德神话"与牟其中个人的商业哲学与风险意识是分不开的。他的经济理论常有过人之处：第一，"最后 1 度"理论，即市场是经济成功的最后一步，市场盘活，全盘皆活；第二，股份合作理论，即作为企业激励员工的制度手段，股权奖励是一个有效的激励机制；第三，智慧文明时代理论，即超越工业文明，建立智慧文明经济的新游戏规则，开"知识经济"先河；第四，对称理论，可雅解为辩证法，可俗解为"三十年河东，三十年河西"。这些理论不是学院化产品，而是牟其中玻璃厂苦读和商战体验的真切结果。

他一直拒绝保外就医和假释，确信自身"无罪"。曾追随牟其中的冯仑等已自立门户，创造佳绩。但近 20 年的狱中生活将其与中国市场经济的"黄金时代"无情隔离，加之老之将至，身体欠佳，"牟其中时代"和"南德商业帝国"恐在 1999 年已黯然落幕。

20 年，市场经济滚滚向前，大国崛起步履矫健，但法律秩序对经济自由的保护与促进仍有空间。牟其中对体制改良和市场进步依然乐观。测度改革成功的一个重要指标必然是体制不与企业家想象力为敌。

缺少法治关怀的"原罪"

宋学鹏

牟其中至今已经在监狱服刑 14 年。他在狱中从没放弃申诉,并坚持自己无罪。

不同于他前两次的入狱,他最后一次在狱中的十几年里,中国社会变化一日千里,法律秩序对经济自由的保护虽不尽善,却已比他开始创业时改善很多。今天回过头来看,这位最有个性、最富争议的民营企业家,给人们留下很多值得思考的问题。为此,法治周末记者采访了杭州师范大学公法与法理研究所副所长刘练军,探讨牟其中那一代民营企业家所处的法治环境与创业史的复杂关系。

法治周末:1983 年,牟其中因涉嫌"投机倒把罪"入狱。在中国企业家所犯的罪名中,"投机倒把罪"是比较有时代特色的一个。你怎么评价"投机倒把罪"从出台到废除的过程?

刘练军:投机倒把曾一直是我国严厉打击的对象。1964 年中央在批转《关于"五反"运动中对贪污盗窃、投机倒把问题的处理意见的报告》中把投机倒把界定为"以牟取暴利为目的,套取国家和集体的物资,进行投机倒卖、长途贩运、组织地下企业以及其他商业活动的行为",这一概念一度把在计划经济之外的一些民间商业活动视为违法犯罪行为。20 世纪 70 年代以前,国家确定的投机倒把行为种类不超过 8 种,1981 年增至 12 种。1985 年 7 月最高人民法院、最高人民检察院的司法解释中列举了 8 种;1987 年 9 月国务院界定了 11 种,加上单行刑事法规和其他司法解释规定的种类,合计 17 种。这让"投机倒把罪"成为外延庞杂、界限模糊的罪名,随之而来的问题是理论上众说纷纭,实践中难于操作,由此引发了"投机倒把罪"的存废之争。

1993 年宪法修正案第七条规定"国家实行社会主义市场经济",吹响了埋葬"投机倒把罪"的号角。以前被视为投机倒把的行为变为正常的社会主义市场经济行为。于是，1997 年刑法修订时废除了"投机倒把罪"罪名。但国务院 1987 年制定的《投机倒把行政处罚暂行条例》，直到 2008 年 1 月才由国务院废除。

"投机倒把罪"的确立过程相当简单，靠的就是一纸红头文件，但其废除却经历了漫长的争议过程。在这个过程中有相当多的市场弄潮儿因"投机倒把罪"而被判刑入狱。其中，就有当年的市场经济先锋牟其中。"投机倒把罪"从确立到废除所经历的漫长思想斗争，折射的是奠基于计划经济基础之上的社会主义国家对市场经济的艰难探索历程。

法治周末：2000 年，武汉中院以信用证诈骗罪判处牟其中无期徒刑，剥夺政治权利终身。这是 1997 年刑法新增信用证诈骗罪后的第一案，你如何评价对牟其中以信用证诈骗罪定罪？

刘练军：本案一开始是由中行湖北分行作原告的有关信用证垫款及担保的民事纠纷案件。作为被告之一的牟其中被判无期徒刑的判决结果出来之后，原告声称刑事审判与中行无关，且此案审结后民事诉讼还在依法进行。以上两个简单事实表明此案相当复杂。

信用证诈骗罪见于我国刑法第 195 条。它是指以非法占有为目的，利用信用证进行诈骗活动，数额较大的行为。惩治信用证诈骗罪对重塑社会信用具有十分重要的现实意义。

信用证诈骗罪属于行为犯罪。当前我国此类诈骗表现为骗取信用证项下贷款，骗取信用证项下货物，信用证套汇融资，用假合同假仓单骗取代理人对外付款再取回国内使用等。牟其中究竟在何种商业交易中对谁实施了信用证诈骗罪，从原告中行湖北分行有关人士的陈述中我们难以知晓。

法治周末：你觉得牟其中一案对之后的关于信用证诈骗罪司法解释的出台有什么影响？

刘练军：1996 年 12 月，最高人民法院《关于审理诈骗案件具体应用法律的若干问题的解释》第 6 条就对信用证诈骗罪有所涉及，但此时信用证诈骗罪尚未进入刑法。2001 年《全国法院审理金融犯罪案件工作座谈会纪要》中对信用证诈骗罪有所涉及。2005 年 10 月最高法院出台了《关于审理信用证纠纷案件若干问题的规定》，对信用证欺诈的构成要件和法院受理此类案件的条件做出了明确规定，为此后的信用证纠纷案件立案和裁判的规范化提供了法规基础。

由于牟其中案是国内第一起受到社会各界广泛关注的信用证犯罪案件，因而该案对此则信用证纠纷案件的司法解释的出台无疑起到了驱动和催化作用。

法治周末：从牟其中的发家史到最后的身陷囹圄，他走过的是中国民营企业家最常见的道路：白手起家、委托加工、假冒生产、迅速致富，陷入质疑，这也是一直以来被热烈讨论的民营资本"原罪问题"。你觉得民营资本的"原罪"与中国法治的发展状态有怎样的关联？

刘练军：如果在改革大潮中，我国的各项社会经济、政治立法都能够紧跟时代的剧变步伐，如果我国的法治发展程度不是明显落后于经济发展程度，那么民营资本就不会有如今这么多的"原罪问题"。

严格来说，民营资本的"原罪问题"不是法治所能解决的问题，因为它在很大程度上不是法律问题，而是政策问题、经济问题和社会问题。

过去的属于死神，在 21 世纪的今天我们没有必要纠结于民营资本的"原罪问题"。从速完善各项经济立法，使社会主义市场经济能够彻底在法治的轨道上前进，才是沧桑正道，第一代民营企业家为其"原罪"付出的种种沉重代价才"值得"。

禹作敏：这个村支书有些强更有些横

渤海边的草莽英雄

邓学平

禹作敏，家喻户晓的中国第一代农民企业家。在他的带领下，偏居渤海一隅的大邱庄摆脱了百年贫困的帽子，走出了一条依靠工业集体化致富的路子。

然而无知和局限，让他在法盲的歧路上越走越远，以至无可挽回。禹作敏的离去，对于大邱庄的经济发展无疑是个损失，但对于矫正当地严重越轨的治理秩序则是件好事。

改革者无畏

1930 年 4 月 3 日，禹作敏出生在天津市静海县一个世代农耕家庭。这里滨邻渤海，土地盐碱、地势低洼、沥涝频繁，居民长期面临温饱的挑战，生活十分困苦。禹作敏所在的大邱庄破烂零散，道路坑洼不平，而且是清一色的无砖无瓦的土坯房。

1974 年，仅有 3 年私塾文化，当过马车夫、会计的禹作敏开始担任蔡公庄乡大邱庄大队党支部书记。彼时，"全国农业学大寨"正值高潮。禹作敏被铺天盖地的红色革命热情所鼓舞，曾四度前往山西大寨参观学习。1974 年冬，禹作敏迈出了改造大邱庄面貌的最为原始的一步。他身先士卒、一马当先，带领大邱庄四千多名群众凭借土筐和铁锹，硬是把成片的盐碱地改造成为了肥田沃土，甚至还修了几十条能走马车和拖拉机的公路。然而，这等战天斗地的精神却未能从根本上改变大邱庄的贫困面貌，村民依然挣扎在温饱线上。

自然和地理条件的制约，让禹作敏意识到改变命运不能再单纯依靠农业。1978 年中共十一届三中全会实行改革开放政策后，禹作敏破釜沉舟、先人一步，决定直接发展乡镇企业及制造加工工业。禹作敏倔强地认为，"低头向钱看，抬头向前看。只有向钱看，才能向前看"。这是通俗版的"贫穷不是社会主义"，但了解历史的人都知道这种说辞在当时所面临的政治风险。禹作敏的人格魅力与过人胆识，在舆情混沌的重要关节初步展现，群众遂一呼百应。

变革，就这样出现了。大邱庄的第一桶金来源于兴办轧钢厂。大邱庄有一个村民曾经在天津一家冶炼厂当过工人，不仅熟悉冶炼技术，而且在天津的同行中有一批熟人。禹作敏委派他考察项目，了解到冷轧比热轧成本低，但质量相差无几。禹作敏当机立断，动员全村集资，公开承诺："富不起来，我爬着去给你们拜年。"

此外，禹作敏又从别的单位借来几万元，凑足 15 万元从天津买来废旧设备，办起冷轧带钢厂。出乎所有人意料的是，这个厂当年就赚到了 17 万元。这对于人均年收入只有不到 100 元的大邱庄村民无疑是一个天文数字。禹作敏凭着一股不服输的韧劲和埋头苦干的精神，让大邱庄的集体经济开始以原子裂变的速度暴涨。

天下第一庄

轧钢厂之后，大量工业企业开始在大邱庄扎堆出现。1981 年，大邱庄高频制管厂成立；1982 年，大邱庄印刷厂、大邱庄电器厂相继开工投产。1983 年，为扩大规模、便于管理，同时为享受政府对初创公司的税收优惠，禹作敏决定成立大邱庄农工商联合总公司，并将建立分厂的权力下放到各厂。

随着冷轧带钢厂、高频制管厂、印刷厂、电器厂盈利水平的不断提高，企业规模的不断发展壮大，各个工厂下辖的分厂以"滚雪球"的方式越滚越多、越滚越大。1987 年，禹作敏将上述 4 个总厂改制为四大公司。

1992年，他又将4个公司分别改名为尧舜、万全、津美、津海四大集团。同年，在禹作敏的主持策划下，大邱庄农工商联合总公司投资近10亿元，在村西北建立起"百亿元工业区"。是年底，大邱庄撤村建镇，共有工业企业二百余家，从业人员12342人，工业总产值402761万元，比1981年增长了835倍。

除了工业项目，禹作敏在农业生产上亦较早推行了"专业承包，联产计酬"的做法，鼓励有能力的农民系统、集中承包土地。禹作敏先后将大邱庄农业专业队改组为农场，在规模化耕种的基础上大力提高农业机械化水平。到了20世纪80年代末，整个大邱庄仅有不到10个人在从事农业生产，却拥有两千多台农业机械，而粮食产值也远超以往。大邱庄村民彻底告别了饥荒，脱去了贫困的帽子。

随着经济总量的不断翻番，大邱庄的村民福利待遇亦有了难以想象的改善提高。除了用电、用气、用电话不要钱，上学、住房也全部由集体承担。对于光棍汉，村里还主动帮助解决婚姻问题。

随着大邱庄医院、大邱庄生物技术研究所、天津理工学院大邱庄分院、大邱庄邮电大楼、香港街、百亿路以及纵横有序街道的渐次兴建，加之居民住宅楼的整齐划一、别墅群的井然分布，大邱庄成了名震海外的天下第一庄。《纽约时报》曾经以十分艳羡的口吻报道大邱庄的富裕程度："这个村有4400人，却有16辆奔驰轿车和100多辆进口的豪华小轿车。"

禹记大邱庄的毁灭

非凡的成就使得禹作敏被诸多光环笼罩。他先后获得天津市劳动模范、全国劳动模范、全国十佳农民企业家、全国乡镇企业优秀企业家等一系列荣誉称号，并担任第七届全国政协委员。在当时，他甚至拥有奔驰豪华型SL600防弹车。

众星捧月面前，禹作敏渐渐开始忘乎所以。他不仅不再把大邱庄的村民放在眼里，不把当地政府领导放在眼里，甚至不把人命和法律放在眼里。大邱庄已经成为禹作敏说一不二、一手遮天的独立王国。禹作敏私设公堂，雇佣很多保安，只要村民或者村企员工稍有闪失，轻则被罚，重则被打。一位香港记者曾经当面询问禹作敏是否是土皇帝，禹作敏则直言不讳地表示"我去了'土'字就是皇帝"。

助长禹作敏这种有恃无恐、目无法纪，敢于以言代法、以身试法胆识的，不仅有他本人亲身经历过的法纪不彰、权大于天的时代现实，而且有大邱庄官商一体、无往不能的运作模式。大邱庄住着工商、税务、公安、法院、银行等部门派驻的工作代表，他们在领取国家发放的正常的工资之外，还领受着大邱庄另行为他们开具的另一份不菲的"工资"。工商部门就地为他们办理营业执照，税务部门就地为他们减免税收，公安人员优先保护大邱庄村民，法院……禹作敏后来看似荒诞、过激的一系列行为，实际上已不难想象。

1990年3月的一天，大邱庄一位员工只因说了一句"禹书记为女儿出嫁，在县城盖小洋楼花了不少钱"，禹作敏知道后怒发冲冠，将这位员工严刑拷打，逼得他服毒，差点闹出人命。一个月后，禹作敏的一位叔伯侄女疑似被同村刘金会污辱以致精神失常。禹作敏立即纠集一群人将刘金会的父亲刘玉田当街活活打死。事后，禹作敏亲自主持召开全村职工大会，将刘氏三兄弟捆绑着押至台前，鼓动大家对其进行"揭发""声讨"。禹作敏还组织策动大邱庄近两千人大游行，大街上贴满了"打死人无罪""打死刘玉田活该"等大幅标语。调查此事的公安人员则配合着借故离开，仿佛什么都没发生。

上帝要毁灭一个人必先令其疯狂。"刘玉田案"虽然未能让禹作敏面对司法，但接下来的"危福合案"却让他最终跌落法网。1990年前往大邱庄打工并于1992年负责该村华大公司养殖场基建工作的河北青年危福合，在公司面临解体之际被人指称涉嫌"贪污公款"。禹作敏组织人员对他进行突击审讯未获承认后，指使多人在大邱庄公司保卫处将其殴打致死。

为了阻止政法民警进入大邱庄开展侦查，禹作敏命令各公司调集上万名手持钢棍的群众在各路口和总公司大楼周围昼夜把守，进村的各主要路口分别被卡车、油罐车封堵。早先进入大邱庄的数名调查人员被围攻扣押，甚至天津市检察院副检察长也被禹作敏非法扣留了两天。天津市公安机关派出近千名武警与之对峙数天后，无奈以撤退告终。

禹作敏扬言"打死个人算什么""党内的事情党内解决""任何人进入大邱庄都必须接受他的审查"。禹作敏的这些动作虽然对案件侦查起到了一定的干扰作用，但却更加坚定了有关部门执法到底的决心和意志。

1993 年 4 月 15 日，禹作敏接到天津市委书记要找他谈话的通知。禹作敏带上贴身保镖和 3 名随从与县委书记一道前往天津。行至指定的房间后，等待禹作敏的并不是市委书记，而是多名神色严峻、全副武装的警察。公安人员出示了拘留证，禹作敏束手就擒。半年后，法院以窝藏罪、妨碍公务罪、行贿罪、非法拘禁罪、非法管制罪等罪名合并判处禹作敏 20 年有期徒刑。1999 年，禹作敏在狱中吞食大量安眠药自杀身亡，享年 69 岁。

现如今，大邱庄的街道、楼群仍然沿袭了往日的风貌，百亿路周边依旧可见大大小小的钢铁企业不时腾起的浓烟。但经历过数轮改革和市场变迁之后，那些为大邱庄带来滚滚利润的企业要么转手易人，要么经营乏力。禹作敏时代早已经终结，人们还在等待大邱庄复兴时代的到来。

看见历史

法盲书记的悲剧

田飞龙

禹作敏一直生活在一个自我的精神世界之中。这个精神世界的要素来源十分复杂，既有敢闯敢干、集体致富的模范形象，也有占村为王、无法无天的"土皇帝"思想，更有私设刑堂、草菅人命却又江湖义气浓重的黑社会老大身影，唯独没有对生命与人格的尊重以及对法治的敬畏。

"禹记大邱庄"是改革春天里的一个突兀、短暂而悲怆的故事，就像身受无数荣誉的禹作敏一样，一朝服法，色彩尽褪。1993 年，禹作敏以窝藏罪、妨害公务罪、行贿罪、非法拘禁罪、非法管制罪数罪并罚，领刑 20 年，其时市场经济改革正式拉开帷幕。1999 年，禹作敏过量吞食安眠药致死，其时"依法治国"正式入宪。从市场经济到法治国家，中国改革进入规范发展阶段，禹作敏在这一新阶段的起点处跌落，并非偶然，他那复杂的精神世界与行为习惯已落伍于时代要求。

禹作敏是一个"弱规范"时代的农民企业家，是 20 世纪 80 年代成功了的那一批人。20 世纪 80 年代在精神气质上表现为两个颇具张力关系的层面：一是文化上的解禁欲望和人性躁动；二是经济领域的让权与放活，尽管经济管制依然严格，但只要有人脉、有胆识、有门路、敢闯敢干，改革逻辑以"结果"论英雄。

禹作敏与 20 世纪 80 年代的文化逻辑无关，却深深镶嵌进了这一时代的经济逻辑之中。他是农民企业家中的英雄，他得到了一个农民可想与不可想的荣誉，甚至还上了 1989 年的春晚。然而，20 世纪 90 年代开启了中国改革逐步规范化的新阶段，实用主义尽管依然重要，但符合规范的实用创新才是最佳形态。

农民企业家禹作敏在 20 世纪 80 年代打造了"天下第一庄"——大邱庄，使一个农业村庄在十年时间内成长为一个工业集团，全民进厂，全村致富。这种经济奇迹对禹作敏的精神世界必然产生了极大的影响，更是确立了他在大邱庄一言九鼎的绝对权威。大邱庄逐步形成了一个"政治与秩序"的小气候。

在外部关系上，禹书记以其无数国家级荣誉和改革企业家身份足以摆平一切干扰。内部关系上，禹作敏长期担任党支部书记和村工业集团董事长，掌握绝对权力。这是一个在法治不健全、市场经济不规范的改革大潮中成长起来的"禹记王国"，他是绝对的集劳模、书记、董事长、共同富裕领路人、村庄秩序奠基人等多重身份于一身的"土皇帝"，无人可以挑战其权威。

至于党内民主规范、村民自治规范、企业治理规范等常规的规范系统在遭遇"魅力型领袖"时统统失效。1993 年，这是禹书记和大邱庄的巅峰，也是陡然跌落的开始。

这一秩序崩溃的导火索是 1992 年年底的大邱庄华大公司职工危福合被殴打致死案。实际上在该案之前，禹作敏的"私人法庭"早已开张，只要不出人命就好摆平。在他的"私人法庭"里，有录音、录像设备、电警棍和皮鞭等，更有一班铁杆拥趸，充当打手，刑讯逼供，以此摆平一切。

禹作敏的"私人法庭"不仅针对与其存在利益冲突的内部人员，还针对与其家属系统有冲突的人甚至外来考察学习的干部与学生，实在是无法无天。在大邱庄，几乎所有人都认为甚至认同：这里没有法律，只有禹书记的指示。大邱庄的"人治"绝对超越"法治"。

1992 年年底的危福合案是禹作敏亲自报案的，他似乎自信于这一次依然可以蒙混过关。为此他一方面私自补偿死者家属以封口，另一方面则伪造假现场和假材料以欺骗办案民警。伪造的现场在民警勘查时出了漏洞，案发风险升级。

禹作敏一不做，二不休，一方面安排嫌犯外逃，后又在本村藏匿，另一方面则煽动群众堵截办案民警，掀起警民冲突。禹作敏甚至发动了强大的舆论攻势，将警方的正常办案建构成对"天下第一庄"大邱庄、改革事业以及他本人的"非法行动"，煽动群众抗命。

禹书记这一次犯了人生最大的错误，这种法盲意识下的违法抗命就是对抗执法。当法律遭受大邱庄严重挑战时，后者的政治与法律命运其实已经注定。

十余年的禹氏权威未受挑战，不是因为公权力没有能力规制，而是因为禹作敏的改革作为及其内部治理尚未出现严重的挑战党纪国法的典型事件。再进一步，当危福合案由一起普通的刑事案件升级后，禹作敏的行为性质已经发生变化，不再是单纯的基于江湖义气对"拥趸"的无限庇护，而是以"独立王国"姿态对政府公权力的公然挑战。

从此，禹作敏从农民企业家代表和改革先进沦为身负多重罪责的阶下囚。法盲书记进监狱，对于习惯了禹书记"指示"和"专政"的大邱庄而言，一时颇为不适。没有了禹作敏的大邱庄，将要从"天下第一庄"的迷梦秩序中醒来，逐步适应一个市场经济与法治日益规范的改革新时代。禹作敏的倒掉是大邱庄的新生。

禹作敏对自身的负罪倒也供认不讳。对自己的犯罪根源，他总结道："有思想上的，也有历史的。大邱庄发展起来了，我的脑袋膨胀了，忘掉了法律，忘掉了精神文明。一直到被逮捕时，我还是糊里糊涂的，我没有认识到自己的所作所为是严重的犯罪。"法治条件下，不存在"无知者无罪"，也没有什么"法不责众"，人不能以不知法作为抗辩理由，也不能期望从"众人违法"中逃脱罪责。

重要的可能并非禹作敏不知法，作为大邱庄一号人物，作为20世纪80年代改革风云人物，他的交往和视野肯定是开阔的，他对党纪国法的知晓肯定是充分的，只是"知法"未必"守法"，他的"脑袋膨胀"和"糊里糊涂"实际上是对旧有精神世界的留恋和对新时代法治精神的不敏感。他为此晚节不保，身陷囹圄，不得善终。

禹作敏的跌倒、服法与远去，具有某种特别的时代变迁象征意味，一个以执政党政治决断、改革实用理性、宪法法律规范精神与市场经济有序发展为基调的"规范世界"已经到来。

时至今日，十八届四中全会的法治突破与制度规划，更是权威而系统地总结了这一"规范世界"的经验与教训，继续坚定法治取向。禹作敏的大邱庄只能是一种法治改革的"前史"，是那个偏离规范的"实力世界"的一抹残阳，永远地走进了改革的"背景"深处，成为历史的碎片，亦警示后人。

仰融：把官司打到国际的金融大案

"金融英雄"仰融的滑铁卢

林 海

年过半百的仰融，有时会想起 34 岁那年推动华晨汽车 (华晨汽车集团控股有限公司) 登陆纽交所的意气风发——那时他用对了汽车行业与国资背景的"红顶子"。而在十余年后，这份浓厚的红色背景，或许又成了他败走美国的重要底色。

22 年前，仰融率领华晨汽车登陆美国纽交所，成就"中国国企海外上市"第一单。紧接着，他又凭借资本运作，成功打造出包括至少 4 家上市公司及大量非上市公司、资产一度达到 300 亿元的"华晨迷宫"。然而，这位"天生的投行人"最终没能跨越金融与实业的鸿沟，在"水太深"的汽车制造业举步维艰，在与国资的纠葛中最终跌下神坛，并被辽宁警方通缉至今。

遭遇金杯

仰融生于 1957 年，原名仰勇。据说在投身金融之后，因为崇尚金融家的冒险与谋略特意改了名。他籍贯安徽，出生在江苏省江阴市北国镇，家中共有兄弟 4 人。仰融初中毕业后，先是做过厨师，后来承包小商店，后又到江阴市外贸公司工作。20 世纪 80 年代初，他去了深圳，几经周折，才慢慢走上资本运作之路。

初入资本一行时，仰融很"寒酸"。他在香港注册了一家叫华博财务的公司。当时公司员工只有五六个，主要业务是拆借资金，兼做债券和股票交易。当时主要的业务模式还是"成天拎个包，里面装好多身份证和图章飞来飞去，和企业管理绝不沾边，什么是合法的，什么是违规的，说不清楚"的状态。假如没有遭遇"金杯"，仰融和他的华博财务或许至今仍在香港中环数千家财务公司中沉浮。用今天的视角来看，仰融的事业可谓"成也金杯，败也金杯"。

1991年3月，仰融结识了沈阳金杯车辆制造公司总经理赵希友。沈阳金杯的前身是沈阳汽车工业公司，赵希友是一个实干改革家，早在1988年，他就率先把沈阳金杯的股票卖向全国。但是，当时股票仍然是新生事物，人们的接受程度很有限。卖了近3年，一亿流通股中还剩下好多根本卖不出去。这个时候，赵希友和仰融接触后一拍即合——既然在国内股票卖不动，为什么不能拿到国外去卖呢？

"海外上市"这件今天看来很普通的事，在二十多年前却是天方夜谭。仰融曾和赵希友探讨过，能不能把"金杯"整个拿出去，但发现国有企业有很多"半社会"的东西（从幼儿园到养老所），海外接受不了。进而，仰融开始考虑"切块精华出来"到海外上市。赵希友告诉仰融，沈阳金杯下面还有个沈阳轿车厂，当时从丰田引进了海狮第四代技术，模具设备都订了货，但缺乏资金，特别是外汇支付受到管制。赵希友对这个项目极为看好，提出将这块优质业务包装，然后在海外上市。

于是，仰融很快在百慕大群岛注册成立了华晨控股公司。这就是后来响誉天下的华晨系的雏形。华晨控股和沈阳金杯合作，成立了名为沈阳金杯客车制造有限公司（沈阳金客）的合资企业。其中，华晨控股拥有25%的股权（后来增持至40%），共计4600万股记账式股票。当时，股票还是纸质的，仰融将4600万股股票放在20个纸盒箱里，从沈阳空运到上海，存到华晨控股的地库里，他还专门请人看守。又用了半个多月的时间，他从中国金融学院、上海财大找了一些学生一张一张地在股票上填上人名，完成过户。

登陆纽交所第一人

尽管合资企业已经诞生，但登陆美国仍然前路渺茫。但是，仰融坚信20世纪80年代末之后，困难的时局会渐渐好转，事实印证了仰融的判断。1991年，署名"皇甫平"的文章《做改革开放的"带头羊"》，从上海《解放日报》一出来，仰融立即飞赴美国，在华尔街找人讨论上市的可行性。邓小平南行讲话发表后，仰融立即在纽约正式启动沈阳金客上市的工作。他还给政府写了一个报告，说，"既然国内有了A股，那么还应该推荐一个公司到纽约股票交易所，表示中国企业要国际化，以此说明改革开放路线不变"。这个报告果然得到了高层的重视。用赵希友的话说，仰融带着大家"夜行军"。

为了进一步争取支持，仰融决定给予即将赴美上市的企业设计一个"国企"身份。1992年5月，"中国金融教育基金会"由中国人民银行教育司、华晨、中国金融学院、华银信托共同注资成立。一个月后，该基金会在百慕大注册成立"华晨中国汽车控股有限公司"（简称华晨汽车），持有"华晨控股"手中"沈阳金客"40%的股权。同时，国资局向基金会发函："我局为了探索境外国有资产管理模式的需要，现正式委托贵会代表我局投资于华晨中国汽车控股有限公司，金额为1530万美元。资金由我局支付，贵会作为代理人，不承担此项投资的所有风险，也不享有此项投资的所有权益，'华晨'的所有股权及股票收益均归我局所有。"这意味着，名义上为公益组织的基金会将1530万美元股权毫无代价地捐给了国家。

随后，在赵希友的配合下，仰融在"华晨控股"和沈阳金杯之间安排换股，最终华晨汽车共计持股51%，股权结构清晰，可以准备在纽交所上市。当时，国内还没有"路演"这一说，仰融和赵希友在外资投行的要求下，用36天走了美国17个城市、发表了32场演讲。1992年9月18日，美国证券交易委员会批准华晨汽车上市。10月9日，华晨汽车正式挂牌纽约交易所。这是社会主义国家在纽约交易所挂牌的第一只股票。股价一日之内上升25%，是当日纽约交易所交易最活跃的股票。

对此，仰融至今难掩得意之情："不管这个公司有多大，它有一种不可磨灭的象征意义，引发了全世界对中国的再度关注，是中国继续走改革开放路线的信号。"华晨汽车上市 3 天后，中共十四大召开。

尽管"夜行抢滩"美国成功，但仰融的麻烦却刚刚开始。当时的说法是，仰融还根本不懂什么是汽车，就带着一个轻型客车厂上了纽约证交所。然后又折返过来从头开始搞汽车的生产管理，以至于轿车、发动机的研究开发。而在仰融看来，当时汽车行业的"八旗子弟"这么多年始终搞不好的一个重要障碍，就是专家治厂、国企思维，缺乏从资本市场调动资本的意识和能力，更罕见对成本利润的精确计算——在制造业全球化下，只能结结实实地沦为他人的大车间和棋子，在价值链的底端仰赖最微薄的利润生存，进一步丧失前进的机能。双方的分歧渐渐显现。

金融家仰融的滑铁卢

金融与实业的冲突，与其说是利润分配和经营策略上的，不如说是基本思维理念上的。仰融并没有把所有的汽车项目放在沈阳，如金杯客车的发动机主要由四川绵阳提供，其他配件则由浙江宁波生产。然而沈阳方面则希望仰融能把资金和所有业务都留在沈阳。汽车工业是一个资金密集型和劳动密集型相结合的产业，对于经济发展和就业会产生很大的拉动作用。而在产业链中，汽车零配件的利润大多好于整车，把零配件放在沈阳以外的地方，等于是"肥水流了外人田"。但是，在仰融的汽车战略里，要搞的是像美国通用、日本丰田那样全球配套的汽车工业，要用最低的成本造最经济的车，这就与沈阳国资公司产生了明显的分歧。

为了摆脱国资的束缚，仰融再次施展腾挪资本的手段，准备另起炉灶——这给他日后涉嫌"侵吞国资犯罪"埋下了隐患。仰融一方面变现资产，一方面又开始寻找新的投资方向。他在宁波成立了宁波正通汽车工业投资有限公司，该公司主要生产发动机。紧接着，他通过一系列的股权安排，让台商秦荣华成了华晨控股（此时已经改名为申华控股）的实际控制人。沈阳市政府显然不希望看到这一很好的融资平台被仰融剥离出华晨系。

辽宁方面的还击是强有力的。先是利用中国金融教育发展基金会的国有资产背景，通过中央财政将资产和权益划拨到辽宁省国资系统，从而确认了华晨的国有性质。这样，仰融充其量只是个国有资产经营人，随时可以被开除出局。在仰融与辽宁省政府的多次讨价还价之后，双方很难达成分配的共识，并最终撕破了脸面。

2002年6月，上市公司华晨中国宣布，依照主要股东要求，经董事会决议解除仰融的董事会主席和行政总裁的职务。仰融则通过其担任董事长的香港华博财务有限公司向内地司法机构起诉中国金融教育发展基金会的侵权行为。这一诉讼虽然由北京市高级人民法院经济庭立案受理，但却由于辽宁方面启动了刑事诉讼程序，控诉仰融涉嫌侵占国有资产罪而被无限期中止。2002年10月，辽宁省公安厅发出一纸通缉令，让身处美国的仰融再也无法踏入国境半步。

不认输的仰融选择了向美国法院起诉中国地方政府这一手段，这再次创造了一项"第一"。2003年8月，美国联邦法院哥伦比亚特区分庭，就仰融等起诉辽宁省政府非法侵占财产一案，正式向辽宁省政府发出民事案传票。

收到美方通过外交途径转递的传票后，辽宁省政府积极出庭应诉，请求美法院驳回仰融的诉讼请求。美国哥伦比亚地区法院审理后认为，辽宁省政府征收华晨中国的股份是主权行为，辽宁省政府享有豁免权。地区法院根据美国《联邦民事诉讼规则》在2005年做出判决，驳回了仰融的起诉。

无论境内、境外的诉讼，一代投资大腕仰融均失败了。他曾靠汽车概念玩转了资本，还留下了"汽车是手段，金融才是目的"的冲击性名言，但或许仰融的悲剧亦正在此。他忽略了汽车产业的政治和社会意义，仅凭资本本能和商业规则捕捉商机，导致了他事业的滑铁卢。

看见历史

金融与实业的华晨轮回
田飞龙

仰融，这个名字曾被解为"仰视金融"，由此写照曾经的资本金融大鳄仰融非常贴切。仰融是中国改革企业史中的金融英雄，在其与国有资本合作的近十年中曾为中国汽车业发展做出了贡献，对此，官方和华晨系并未明确否认。所谓成也萧何，败也萧何。他信奉的商道哲学"以汽车为手段，金融为目的"成就了华晨系庞大的商业帝国，使华晨汽车于1992年成为中国第一家在纽交所上市的国企概念股。

然而，过于偏重"金融"而忽视"实业"且多头投资的经营安排，在其个人商业哲学看来天经地义，但在国企领导层看来却可能有害于汽车业的实际发展。加之20世纪90年代双方合作过程的某些法律缺陷，终于导致2002年的"仰融事件"及连绵不断的国际国内法律诉讼。

仰融运作的华晨中国上市融资成功，但合作双方对于具体权益划分并未形成共识，也没有具体的协议。随着华晨系的壮大，仰融认为他的华博公司与个人管理投入应折算为具体股权，甚至认为从"谁投资、谁受益"的公司法原则出发，华晨系虽名为国企，实际上就是其个人资产。

然而，官方和华晨系领导者并非如此认定：第一，涉及纠纷资产的所有正式法律文件（包括上市文件）均没有明确记载华博公司及仰融个人的股权比例，国有资产属性在法律形式上可以成立；第二，官方认定中国金融教育基金会是非营利的社团法人，而不是企业法人，仰融的资金投入只能视为"捐赠"而不能视为"投资"，从而不能转换为"股权"；第三，在股权之争公开化之前双方曾就对仰融个人贡献的股权折价进行沟通谈判，但没有结果；第四，仰融的"金融中心主义"及个人的经营决策专断作风可能危及华晨系实业发展与整体利益。

在此背景下，财政部发出国有资产确认函，确定华晨系主要资产为国有资产并划归辽宁省政府管理。双方各自开展法律行动，仰融在北京起诉中国金融教育发展基金会，要求确认股权，而辽宁省检察院则以经济犯罪（侵吞国有资产）为由发出逮捕令。北京法院按照"先刑事后民事"的管辖规则中止了民事诉讼，国内法律诉讼转入辽宁地方的刑事程序。

国内法律救济无望且面临牢狱之灾的仰融避走美国，但并未偃旗息鼓，而是发起了更具影响的海外法律诉讼：第一，在项目公司注册地百慕大法院提起禁止令诉讼，请求法院禁止辽宁省政府组建的"新华晨"对

"华晨中国"的强制股权收购，未获支持；第二，在美国华盛顿哥伦比亚特区法院以个人名义提出诉讼，请求确认被告辽宁省政府侵权成立并予以赔偿。

美国诉讼是中国省级政府海外涉诉的第一案。但诉讼结果不利于仰融，哥伦比亚地区法院经审理以辽宁省政府行为属于主权行为为由，确认自身无管辖权，裁定驳回起诉。仰融的海内外法律诉讼接连失败，不仅全部"资产"追索无望，最初内部谈判中的折合资产也无法获得。没有仰融的华晨进入了新的发展阶段，新董事会全面颠覆了仰融的商业哲学，调整为"以汽车为目的，以金融为手段"，全力推进汽车实业发展。如今，接连败诉后的仰融也没有闲着，身在美国但仍然控制着香港两家企业的他重新规划着在中国和美国同时构筑新的世界汽车帝国体系，主打新能源汽车概念，无疑又是"金融中心主义"。

有趣的是，仰融的国内资产并未被扣押、没收，而他也没有因为避居美国而忘却中国汽车市场，他的"汽车金融项目"正在寻求与中国地方政府尤其是辽宁省政府的合作。若有可能，今日的合作当是在更为规范的外商投资与公司法律体系下运作。

法律如何保护金融精神
林　海

"仰融神话"在今天看来，具有许多里程碑式的意义。仰融第一次让社会主义国家的股票在纽约证券交易所成功挂牌，也曾是 300 亿元资产的"主人"。他曾居 2001 年度《福布斯》中国富豪榜第三位，也曾自称财产受到不当征收而将辽宁省政府告上法庭。仰融案的始末缘由，直到今天仍然扑朔迷离，并给我们提出了许多难以解答的疑问——其中一个便是，法律应当如何看待金融与实业之间的关系。就此，法治周末专访了中国人民大学法学院教授、商业研究所所长刘俊海。

法治周末：一直以来，都有金融业掏空实业经济的说法。你如何看这个观点？

刘俊海：金融业掏空实业经济这个说法是不恰当的。的确现实中，有很多资金流向金融行业，金融业获得利润也比较高。但是对于实业经济是不是构成掏空，恐怕不能简单而论。

一方面，只要通过法律规定的途径，金融业提供投资融资服务，帮助实业获得更好的发展和利益，那么这样的金融工作显然是有益的。我们希望实业家们也能好好学习金融规则，利用法律保护好自己。

另一方面，现在人们对于金融业确实有所不满，认为金融业没能充分提供投资渠道和融资途径。这实际是金融不发达的表现，应当进一步发展金融行业，满足实业经济的需求。

当然，金融行业中确实也存在一失信行为，甚至有披着金融活动的外衣，侵害金融消费者和金融投资者权益的行为。对于这些行为要严格监管，完善制度短板，切实保护金融消费者和金融投资者的利益。

法治周末：在仰融案中，法律对于金融行业是否也存在保护不够的地方？

刘俊海：法律保护的是多重价值。从仰融案来看，或许确实存在着保护不健全的地方。但是，从另外一些涉外融资案件中，法律也面临着国有资产保护等其他方面的要求，因而发展出了复杂的法律体系来平衡各方面的需要。

此外，还要注意的是，对于金融活动的保护，既有行政保护、司法保护，更有通过遏制政府权力实现的体制化的保护。如李克强总理所提到的，政府未经授权即不可为，人民未经禁止即可为。要遏制政府过多地干预经济，比如一些行政许可，完全可以改为事后备案的方式。要保护金融精神，根子还是要将政府从监管型转向服务型，彻底转变理念。

总体上，要鼓励和保护金融创新。法律在这个过程中，应当扮演起更重要的角色。做到规范与发展并举，公平与效率并举，便捷与安全并重。

法治周末： 对于仰融案这样的跨境发行上市的金融活动，法律应当如何做好保护和监管？

刘俊海： 过去二十多年，有许多企业到境外发行上市，其中不乏一些好企业，但也有因为达不到境内发行新股的要求，只能到境外发行上市的企业。此外，国家对于新闻、网络、通讯等行业，有安全和政策方面的考虑，不允许外资进入。因而许多企业只能选择用 VIE(协议控制) 等绕行方式到境外融资。但是这些融资方式，在境内法律上始终是得不到保护的。比如，一些企业在跨境发行的时候，不注意股权质押协议，在发生纠纷时才发现控制权被外资掌握，境内的法律也无法保护他们的利益。

未来对于跨境发行上市的金融活动，建议法律采取新老划断的方式。过去已经到境外发行上市的企业，要逐步回到境内法律的监管和保护框架。鼓励好的企业直接在境内上市，让境内投资者分享好企业的成长回报。如果企业想到境外上市，则应当杜绝 VIE 等方式。可以允许外资以优先股等方式入资，这样既可以融到资，又不会导致国有资产流失。

总之，法律应当对金融有包容精神，允许不同的盈利模式。理解金融家的价值观和资本运作的逻辑，鼓励金融创新。金融业规范发展了，才能更好地服务实体经济。

李经纬：是谁杀了"健力宝"

改制阵痛中的李经纬

俞 飞

2013 年 4 月 28 日，叱咤风云的健力宝前掌门人李经纬的追悼会在佛山举行，家乡父老、生前好友及体育明星等数百人为之送行。

这位 20 世纪 80 年代崛起的"中国神水"之父，人生大起大落。风光无限，攀上事业巅峰的他，睥睨天下，尽显一代企业家的荣耀与梦想。晚年锒铛入狱，饱受病痛折磨，但把尊严看得比生命还宝贵的他，从不与人诉说苦衷。

李经纬，更能消几番风雨，功过留与身后评……

开启中国营销新时代

1939 年，生于广东省佛山市三水区的他，是个遗腹子。他少年丧母，在广州东山区孤儿院里长大。后来，他给人擦过皮鞋，做过印刷工人，在戏院给有钱人打过扇，没进过一天学堂。其身世之惨，为国内大企业家之仅见。

天无绝人之路，他凭借自身的能力，当上当时三水县的体委副主任。1973 年，他被发配到一个毫无起色、只有几口酒缸的米酒厂。正是在这里，他的人生迎来命运的转折点。他力主上马"强力"牌啤酒，只身三次往返江浙寻找啤酒花和麦芽，让奄奄一息的酒厂满血复活。

1983 年，他出差广州，买下平生第一罐可口可乐。饮料下肚，灵光乍现。好家伙，同样是卖水的，自己干吗不生产饮料，要像可口可乐一样风光，他心里想。

这时，广东体育科学研究所研究员欧阳孝正好研发出一种"能让运动员迅速恢复体力，普通人也能喝"的饮料。只是滋味如同药水难以下咽，乏人问津，没有厂家愿意生产。得知消息的他，登门拜访，最终拿下这项研究成果。历经128次的反复试验，一种橙黄色饮料横空出世，这就是后来享誉全球的健力宝。

接下来，就是李经纬超前营销意识和品牌塑造能力的表演。尽管工厂年产值才90余万元，纯利润不足5万元，他却敢做大梦。1984年洛杉矶奥运会成为李经纬事业腾飞的基石，他豪掷25万元赞助12支国家队，后人赞誉他"有眼光、有魄力"。

所有的好运都落到了李经纬头上，8月7日奥运女排决赛，中国女排击败美国队，实现"三连冠"，举国沸腾。女排姑娘手中的健力宝引发国际媒体关注。一时间，"东方魔女喝中国魔水"，健力宝美名不胫而走，全国疯传，根本还没有市场销量的健力宝一夜成名，一炮走红！

没有幸运女神的眷顾，健力宝也只能卓立于凡尘，而不能登堂入室，跻身中国民族品牌的神殿。抓住历史性机遇的李经纬，趁热打铁，妙招迭出。1984年，健力宝销售额345万元，第二年1650万元，第三年飞升到1.3亿元，其后更以势不可当的速度占据了国内饮料龙头地位，风头正劲，一时无双。

山到绝顶我为峰

李经纬步入人生的黄金时代。他打出"民族饮料品牌"，力拼可口可乐和百事可乐，赢得政府和民众鼎力支持。继之，他抢下六运会和亚运会指定饮料名号。仅北京亚运会，财大气粗的他，狂撒1600万元赞助费，让人咋舌。

1991年，他策划"拉环有奖"的促销创意，消费者拉到印有特别图案的拉环，就可以得到5万元奖金。健力宝每年投入巨资，在中国城乡获得出人意料的成功，电影《疯狂的石头》中易拉罐行骗细节，每每让观众笑得前仰后合。

1992 年，他再出奇招，策划了参与美国总统大选的克林顿的夫人希拉里与副总统候选人夫人一起畅饮健力宝的新闻事件。摄影师拍下两位夫人一起喝健力宝的照片，引起轰动。次年底，他又把健力宝摆上了联合国安理会圆形会议桌。

1994 年，健力宝创业 10 周年，李经纬豪情万丈，定下"双百"目标——到 2000 年，实现销量 100 万吨，销售收入 100 亿元；挥师进军可口可乐的老家——美国市场。他在纽约开设办事处，在帝国大厦买下一层办公楼。他踌躇满志地宣称，健力宝在中国的销量是可口可乐与百事可乐的总和。同年，国际小行星命名委员会把一颗小行星命名为"三水健力宝星"，这是全球第一颗以企业产品名称命名的星星。

18 年时间，健力宝从一家"南国"小酒厂，华丽转身为中国民族饮料业的一面大旗。随着健力宝的巨大成功，李经纬在三水的地位日益突出。地方官员对外这样解释"三水"：水稻、水泥和魔水。市文联还专门写过一个对子："三水流三水，盛产水稻水泥与魔水；龙人传龙人，选出人类人萃侪强人。""强人"指的就是李经纬。20 世纪 90 年初期，健力宝鼎盛时期的税收占到三水市整个财政收入的 80%，更何况，没有健力宝，三水这个地方恐怕到现在也没人知道。

生于市场死于体制

抓住稍纵即逝的机遇，李经纬打造了健力宝品牌，造就了健力宝集团。但健力宝却不属于他个人。他不过是健力宝集团这家国有企业任劳任怨的保姆而已。"生于市场，死于体制"，他用一生演绎了这 8 个汉字。

20 世纪 90 年代中期，健力宝诸多隐患陆续浮现。大举进军美国市场，雷声大、雨点小，美国超市里根本看不见健力宝的身影；效法可口可乐、百事可乐和麦当劳、肯德基结盟的战略，进军中式快餐业，不惜一掷千金，寄予厚望的"力宝饭"惨败收场。此外，健力宝在房地产方面分散了许多精力。

1997 年，是中国民族饮料产业集体下行的分水岭。健力宝销量开始以每年七八万吨的速度持续下降。到 1998 年，"两乐"（可口可乐、百事可乐）

占据中国碳酸饮料市场半壁江山；2001 年，更抢下 70% 市场，而健力宝的市场占有率暴跌到 3%。

面对财政来源大户急剧衰退，三水市政府忧心李经纬把健力宝搬到广州去，开始施加诸多钳制。1998 年，李经纬策划香港上市，希望一劳永逸解决企业的产权问题，但地方政府喊停管理层收购，他一怒之下放弃上市。

1999 年，李经纬提出管理层筹资 4.5 亿元买下健力宝，再次遭拒。

健力宝转制过程，一波三折，远远超出李经纬的控制。三水市政府下定决心，搬开这块拦路石，独自进行转制。但无论李经纬如何抗争，失败的命运早已注定。2001 年新加坡一家公司与三水市政府草签协议，政府作价 3.8 亿元，将健力宝全数出售。

李经纬破釜沉舟，全面抵制，拒不交出相关商业资料。依靠多年积累的媒体关系，举起"民族品牌"大旗，他痛斥政府将健力宝品牌贱卖给外资。此招一出，市政府陷于被动。李经纬又成功劝退虎视眈眈的娃哈哈集团总裁宗庆后。

所有潜在买家退场，市长同意给他 7 天时间筹款 4.5 亿元买下健力宝。商场如战场，就在第六天，李经纬被叫到市政府，最后方案如晴天霹雳：健力宝被卖给神秘的资本运作高手张海，价格 3.38 亿元。

健力宝国企改制剧情上演惊天大逆转。木已成舟，谁能挽回？ 2002 年 1 月，"弃子"李经纬在签约仪式上抬头问天、泪光闪烁的照片被各家媒体频繁转载。次日，他因脑溢血突发住院。10 月，他因涉嫌贪污被免去全国人大代表，监视居住。他的 4 个老部下也命运多舛，张海许诺给管理层的 20% 股份，自然不能给一个"犯罪嫌疑人"。

2009 年 9 月，李经纬出庭受审。2011 年 11 月佛山中院一审宣判，李经纬获刑 15 年，没收个人财产 15 万元。罪名是"伙同他人利用职务之便，以购买人寿保险的形式，侵吞国有财产 331.88 万元，其行为构成贪污罪"。

接盘的张海，下场如何？ 2005 年 3 月，张海涉嫌以做假账、虚假投资、虚增库存、虚增销售等方式挪用、抽走、转移、侵吞健力宝资金，职务侵占罪与挪用资金罪两罪并罚，获刑 10 年。但 2011 年他"神奇"地提前出狱，远遁国外。

地方政府、健力宝与李经纬，三方皆是输家。"中国失去一家知名大企业，消费者失去一个选择，地方失去重要企业与税收来源。这也是产权不清时代、财富得不到保障时代必然产生的悲剧。一个悲剧的时代，却找不到罪犯。"财经评论员叶檀一针见血。

"生于市场，死于体制"，李经纬的悲剧性落幕，仿佛无言诉说历史的无情和无奈。健力宝的陨落，究竟谁之过？转型期中国企业家的悲剧，还会继续上演吗？

看见历史

一代企业家的集体阵痛

田飞龙

健力宝和李经纬的悲剧是中国国企改制史的一个典型缩影，生动再现了国企管理体制上激励与约束的双重缺失以及国企改制中的管理层收购困境。管理层收购曾经被作为国企改制的样本模式，直到2004年"郎顾之争"发生，才引起较为严重的关切和反思。郎咸平称这一过程为管理层的"掠夺盛宴"。

李经纬的成功来源于两大优势：体育因素和营销因素。他的前半生历经磨难，乏善可陈，但在改革大潮中却突然爆发。首先是体育因素，个人体育爱好和表现使得其进入体育系统，其商业成功更是与"运动饮料""体育服装"密不可分。其次是营销因素，由于他的策划运作，名不见经传的"健力宝"饮料可以在很短时间内亮相奥运会，后续产品营销也颇多亮点。当然，这不纯粹是营销，而是建立在产品比较优势的实体基础之上。

在20世纪80年代初，李经纬和欧阳孝的资本、科研合作可谓一时佳话，推动了国内软体饮料从"简单舒缓型"向"运动保健型"的转变，打造了民族饮料第一品牌，市场估价最高时竟达到60亿元。李经纬与李宁合作开展的运动服装项目也是商业成功的经典案例。这些成功逐步构筑完成了李经纬作为经理人在企业改制中的剩余索取权基础，而其中的对抗、冲突及悲剧也由此酿成。

整个20世纪90年代，健力宝管理层都陷入了企业控制权和改制股权之争。健力宝的股东本来是广东省三水市政府，但管理层是以李经纬为首的少数骨干。由于改革时代对国企的政策放松倾向、放权让利安排、经理人对企业竞争决策的职业化、灵敏度与实际控制力等因素，健力宝名义上由政府控制，实际上由李经纬等少数骨干控制。

1993年，健力宝被列为广东省第一批上市企业，本可就势做大，然而李经纬以企业内部资产与运作不规范为由拒绝上市。而这种不规范又与管理层某些自利行为有关，管理层私利阻碍了企业正常上市。

1998年，李经纬决定企业在H股上市，在多方准备和政府支持均已就绪后，上市方案被他的几个副手否决，理由是他们不是香港永久居民，无法认购港股。管理层的私利再次捆绑企业发展。迟迟上市未果的健力宝终于遭遇了财务危机和市场下滑，政府方面决定加速改制。

政府主导的改制，实质是将政府控制的75%国有股权转让，但转让决策及有关方案却没有让李经纬等参与。李经纬的改制逻辑是：管理层是健力宝品牌和财富的实际创造者，政府不过是"甩手东家"，改制必须在股权安排上满足"掌柜"(管理层)的需要，这既是对管理层贡献的实际肯定，也是企业保持稳定发展的制度基础。循着这一思路，李经纬带领管理层与政府方面展开了改制博弈，提出了4.5亿元3年分期付款的收购方案，与后来郎咸平批评的"空手套白狼"模式惊人相似。政府方面的改制逻辑是：健力宝管理层多次阻挠企业正常上市，内部管理混乱，必须实现管理层机制改革和股权结构"换血"，才能保证改制成功。

健力宝改制既显示了国企中"东家"与"掌柜"的不同利益关切和权利主张，也显示了中国特色政商关系在改制个案中的具体形态。博弈结果是引入作为第三方的外来收购者。然而，改制后的健力宝依然困难重重，管理并未得到改善。

早在2002年，即健力宝改制后半年，李经纬即被指控以公款购买私人商业保险，数额达数百万元。2011年，李经纬被判贪污罪成立，获刑

15 年，没收个人财产 15 万元。2013 年，李经纬因病去世。据调查，李经纬时代的健力宝有着大量的海外公司资产，这些资产在改制清算中并未完全清理出来，这是否也属于"非法转移国有资产"？转移的动机无非是给退休后的自己以必要保障，而这些保障尽管在法律形式上不成立，但却符合李经纬的"内心正义"。

李经纬经历的是中国国企改制扭曲的正义。扭曲是双方的：一方面，国企管理制度上没有成熟的激励与监督机制，不仅给能干的经理人留下了"激励"上的空白，也给后者留下了"私吞"的便利；另一方面，国企经理人尽管有企业实际控制权，但对于国有资产并无法律上的剩余索取权，其实际索取行为最终将遭到法律的清算。而所谓的管理层收购，出让一方固然有公共利益的考量，但毫不顾及管理层的改制方案肯定会阻力重重，也必然引发管理层对企业资产的掏空冲动，而在受让一方，则基于自身利益最大化的简单经济理性，必然导致企业资产被人为低估，导致一场针对国有资产的"掠夺盛宴"。

凡此种种必然酿成国企改制中的政商悲剧，既往的经理人贡献和双方的合作默契被一笔勾销，留下的是纯粹的利益博弈，而等待企业家的则是最终以承担刑事责任的方式来为自身"无拘无束"的内部人控制行为埋单。

改制是中国改革一代企业家的集体阵痛，经此阵痛，国企管理制度看齐现代企业治理制度的改革方向已更加清晰，企业的激励和监督机制也将更加完善。包括李经纬这些在改革史中功绩卓著而又锒铛入狱的企业家，其成败荣辱有个人原因，也有体制原因，他们也应当算作改革的"奠基者"。

李案：政商关系破裂的产物？
王永茜

健力宝在李经纬的经营下创造了风靡一时的神话。然而，在后期的巨变中，李经纬和健力宝双双走向寒冬，联想当时其他国企老总的相似经历，有人说李经纬案是政商关系破裂的产物。那么，从法律上看，这究竟有几分可信度呢？就此，法治周末采访了中国人民公安大学法律系教授莫开勤，对此进行一次专业的剖析。

法治周末：有观点认为，"李经纬入狱，是中国改革史上的一个遗憾"。您怎么看？

莫开勤：从经济发展上看，李经纬对于健力宝集团的发展壮大功不可没，而且离开了李经纬的健力宝集团很快就由鼎盛时期下滑到二线、三线企业，这中间确实有些遗憾的成分。但从法律上看，法院的判决依然是正确的。李经纬是健力宝集团的掌舵者、并非拥有者；李经纬虽然担任中外合资企业的董事长，但其受全民所有制企业的委派到该企业任职，其身份符合刑法第 93 条第 2 款的规定，属于国家工作人员。

法治周末：您刚才提到了李经纬的身份，认为他属于国家工作人员。此案引发无数争议的焦点之一就在于李经纬的身份：他究竟是企业老板，还是国家工作人员？您认为在这一点上具有模糊性吗？

莫开勤：在社会一般人看来，李经纬的身份确实具有一定程度的模糊性，这是由当时的历史背景决定的。20 世纪 90 年代，我国正处于从计划经济向市场经济转轨的时期，因为产权不清、身份不明，许多国有企业的高管在档案和身份的管理上都具有一定程度的混乱。

但是，在法律规定上，行为人是否具有国家工作人员身份是非常明确的。在李经纬案中，做出一审判决的佛山中院专门就李经纬的身份做了说明。李经纬案的同案犯（杨仕明、黎庆元等人）向广东省高级人民法院提起了上诉，广东省高院也查实了大量证据，证实李经纬、杨仕明等人"先后受全民所有制企业广东健力宝饮料厂的委派，分别在中外合资经营企业广东健力宝集团有限公司与广东健力宝饮料有限公司中担任董事长、董事、总经理、副总经理等职务……其身份符合刑法第 93 条第 2 款的规定，应认定为受国有公司、企业委派到非国有公司、企业从事公务的国家工作人员，可以成为我国刑法规定的贪污罪主体"。所以，我认为在李经纬的身份问题上不存在法律的模糊性。

法治周末：李经纬的辩护律师为其做的是无罪辩护，社会一般舆论也有不少人认为李经纬的行为"有错，但不是犯罪"。对此您怎么看？

莫开勤：舆论对于案件的看法很容易受案外因素（如情感）左右。毋庸置疑，李经纬等人在经营上违规操作的行为肯定"有错"，作为公司高管，他们任意决定用下属公司的职工福利资金为自身购买个人商业保险，这种行为有违公司法的规定。

但从专业的角度分析，李经纬等人的行为又进一步触犯了刑事犯罪，理由是：根据法院的调查取证，涉案公司的职工福利资金的使用应按照公司《职工福利奖励分配方案》进行，其对象应该包括在原健力宝饮料厂工作的多名在册员工，因此涉案的职工福利基金属于公共财产，李经纬等人将此财产据为己有的行为构成贪污罪。

法治周末：李经纬案被贴上了一个标签，被认为是我国"企业产权变更过程中政商关系破裂的产物"，您认为李经纬案有这种标杆作用吗？

莫开勤：从当时案发的背景来看，李经纬案之所以发生，也是因为健力宝集团发展壮大之后，与其国有资产的股东之间出现了明晰产权的一系列纠纷，这些纠纷在当时没有得到正确的处理，从而诱发了李经纬等高管的犯罪行为，在这个意义上，李经纬案能够部分地体现企业产权变更过程中的一些典型问题。但要说李经纬本人是制度的受害者，对此我并不敢苟同。

在刑法上，法律面前人人平等。李经纬等人利用其职务之便，剥夺了其他职工的合法权益，贪污了其他职工的福利资金，就必须为自己的犯罪行为付出必要的代价。应该说，李经纬案对于其他国有企业的高管不是一个标杆，而是一个警醒，提醒企业高管依照公司法的规定、按照公司组织章程依法运作和治理。

杨斌：从荷兰花卉商到朝鲜新义州特首

福布斯黑马的跌宕人生

林　海

2001 年 7 月，荷籍华人杨斌凭借欧亚农业在港上市，成功融资 7 亿港币。同年 10 月，他以福布斯中国内地富豪排行榜第二名的"黑马"身份一夜成名。然而，不到 24 个月后，他又如流星般滑落深渊——2003 年 9 月，他因虚报注册资本罪、非法占用农用地罪等，被判处有期徒刑 18 年。

他跌宕起伏的商海历程——一手打造的花卉帝国、在境内外资本市场上的浮沉以及胎死腹中的朝鲜商业计划，在今天看来都值得反复玩味。

将荷兰现代农业搬到中国

1963 年，杨斌生于江苏南京。按他自己的说法，他 18 岁以前什么苦都吃过。18 岁时他高中毕业，开始参加工作。1982 年，他当兵入伍，一年半后，他在部队考入海军第二炮兵学院(现为海军航空工程学院)。1988 年，他转业回南京后，到南京大学进修英语。当时，正值中国掀起出国留学大潮，他也萌发了出国留学的念头。1989 年，杨斌赴荷兰留学。

杨斌的第一桶金正来自于此时流行的"国际贸易"。1990 年，杨斌在荷兰创立了欧亚国际贸易有限公司，但业务并不多。直到 1995 年，杨斌回国才找到商机。他用自己在荷兰打工积累的两万多美元，在江苏乡镇企业购买价廉物美的服装、日用品，"倒手"到波兰等东欧国家销售。

杨斌自己承认："那时从江苏买的 T 恤衫，每件只有 5 元钱，在波兰可以卖到 4 美元至 5 美元。"短短的两年，他赚了两千万美元。然而，"国际倒爷"终究不是长久之计。不久，大量的中国商贩开始向东欧和俄罗斯等出口廉价商品，竞争越发激烈。在竞争中，杨斌的生意受到了重大影响，资产缩水近半。杨斌决定结束东欧的贸易生意，将力量转移回荷兰寻找新的商机。

这一次，他将目光投向了农业。在荷兰留学的几年，他发现这个以风车和水坝闻名于世的国家，因为擅长温室和冷藏这两项"改变温度"的技术而成为"欧洲的菜篮子"。杨斌嗅到了商机，他决定将荷兰农业模式引入中国。

当时的中国城镇居民生活水平已经显著提高，国内各大城市的花卉批发市场十分火爆。但是，国内的花卉温室设备十分简陋，不能提供充足的货源。杨斌于 1996 年至 1997 年收购了两家荷兰公司，一家是有七十多年历史的温室企业，另一家则是拥有独立专利的冷藏公司。这是他将荷兰农业引入中国的第一步。

这两家公司成为此后杨斌成立的欧亚集团生产高端花卉、种苗、种子的重要力量。这一阶段，杨斌穿梭于欧亚两地之间，与北京、上海、大连、广州、成都等地的批发商签订供销合同，再连夜飞回荷兰，亲自组织货源。几天后，价值上千万美元的荷兰花卉、种苗、种子就陆续运往客户手中，并被抢购一空。

转型"资本家"埋下隐患

据杨斌当年的同事石军回忆："当时，中国各省都在搞现代化高科技农业示范区。那时，来洽谈业务、项目的客户几乎排队，工作节奏十分紧张。"一时间，全国各地举行的"荷兰郁金香展"以及许多大型会议都指名要欧洲进口的高档花卉，让杨斌公司的业务发展非常迅速。1997 年，欧亚集团相继在北京、上海、武汉、成都等地建立了 14 家分公司。根据中国花卉行业协会的统计，当时中国花卉市场 70% 的荷兰鲜花都是由欧亚集团引进的。

此时的杨斌并没有志得意满。他对下属分析，自己的"荷兰农业模式"此时已经拥有了 5 个关键性环节中的 4 个：市场、温室技术、运输中的冷藏、科学管理。但是，他还缺乏资本的支持，他必须有强大的资金链才能实现"将荷兰农业搬到中国"的梦想。就这样，杨斌将脚踏入了资本市场这个风险莫测的领域，在走上一夜暴富之路的同时，也为欧亚集团以及自己的人生埋下了隐患。

1997 年，杨斌开始研究在国内 A 股市场"买壳上市"的可能性。就在此时，他遇上了广州英豪学校的创始人陈忠联。在他的帮助下，杨斌开始了从"实业家"向"资本家"的转型。

杨斌与陈忠联在 A 股市场上看上的"壳"是广华化纤股份有限公司，他们很快完成了一场不算复杂的"买壳游戏"。1998 年 10 月，广华化纤更名为"四川欧亚农业股份有限公司"。随后，公司旗下的广汉欧亚花卉有限公司投资引进荷兰花卉、蔬菜等高科技农业项目，连续亏损的广华化纤也由此成为当时证券市场上"收购重组的楷模"。

不久，杨斌决定启动他酝酿已久的荷兰村项目，他看中的是位于沈阳西北郊的小韩屯。借着建立"荷兰式现代农业基地"之名，杨斌以 1.5 亿元的价格，圈下 3300 亩土地。他将这块土地改名为荷兰村。

1999 年年初，荷兰村动工兴建。初期投资预算 18 亿元，主要资金来源为银行融资。按照杨斌的规划，荷兰村内的项目包括了农业、旅游和房地产三大部分。而一直到 2003 年杨斌受审时，农业项目仍旧进展缓慢，而房地产项目却已基本完成。2000 多幢荷兰式别墅已竣工验收，当时估价已近 50 亿元。

18 天的新义州特首

2001 年 7 月 19 日，在香港工商东亚、里昂证券等 8 家券商和投资机构的保荐下，以荷兰村农业项目为主要资产的欧亚农业控股有限公司在香港主板上市。公开发行价为 1.48 元港币，首次发行 46000 万股，共筹资近 7 亿港元。随着其后数月欧亚农业股价的上涨，杨斌所持有的上市公司总市值不断攀升。也正是在这一年，福布斯中国富豪排行榜将杨斌送上了"中国第二富豪"的宝座。

　　然而，资本市场有其残酷的逻辑。顺利时可以吸来巨资，但只要出现一点质疑，投资者就毫不犹豫地离开。2002 年 7 月初，《国际金融报》上一则"中国二号富豪失踪"的消息引发欧亚农业股票大跌。

　　"失踪"的说法并不准确，此时杨斌正陪同阿根廷等地客商在朝鲜考察，他计划在平壤郊外投资奶牛养殖基地和奶粉加工厂，并准备在朝鲜这块神秘的土地大展拳脚。然而，这篇报道也并非空穴来风，报道中提到杨斌"涉嫌偷漏税遭调查"确有其事。据后来法庭审判认定，1998 年 4 月至 2001 年 7 月，杨斌在申请办理沈阳欧亚实业有限公司有关注册资本登记过程中，使用伪造的国家机关完税证明等虚假证明文件，采取"借资空转"等欺诈手段，先后虚报注册资本共计两亿多元。2001 年 4 月至 2002 年 6 月，杨斌还授意采取伪造金融票证的手段造假账。这些作假手段的目的只有一个，营造富有生机的荷兰村形象，以获得银行贷款和股市融资。

　　7 月 11 日，正在平壤的杨斌获知《国际金融报》的报道使香港欧亚农业股票大跌的消息。他急返沈阳，因为基金经理们当晚即飞抵沈阳。他们与杨斌的会谈最终不欢而散，欧亚农业的股价应声再跌。而杨斌涉嫌非法使用土地及偷漏税的消息也传播开来，并最终引起有关部门的调查。

　　此时的杨斌或许还没有意识到事态的严重。他仍然在推进自己在朝鲜的"乌托邦实验"。在他的推动下，朝鲜方面先是于 2002 年 9 月 23 日通过了特区基本法，而后任命杨斌为新义州特别行政区首届"特首"。在新义州，杨斌决定复制他在农业和房地产业的成功。然而，他的"特首"梦只做了不到 18 天，便仓促收场。因为同年 10 月，他在沈阳被捕。与此同时，荷兰村违法占用土地、税款拖欠、伪造证明文件等犯罪事实都已逐步浮出了水面。

　　2003 年 7 月 14 日，沈阳市中级人民法院做出一审判决，认定杨斌犯虚报注册资本罪、非法占用农用地罪、合同诈骗罪、对单位行贿罪、单位行贿罪、伪造金融票证罪 6 项罪名，数罪并罚判处有期徒刑 18 年，罚款 230 万元。杨斌不服提起上诉，但是，辽宁省高级人民法院维持了原判。

　　与此同时，他在朝鲜的布局自然难以为继，变成了一场闹剧。而他在"荷兰村"引入的荷兰式农业计划在杨斌入狱后也搁浅破产。除刑事责任外，香港证监会也发出公告，宣布欧亚农业涉嫌做假账一事，并随后追究欧亚农业的民事赔偿责任。

等待杨斌这位曾经的中国第二富豪、新义州首届"特首"的，除了18年的牢狱之灾，还有高达数亿元的索赔。而他的故事留供世人品味的，有他传奇般的商业运作，有一度被视为"东北亚和平之匙"的朝鲜商业计划，还有资本市场聚集财富的高效与人走茶凉的残酷。

看见历史

荷兰村的金融神话

田飞龙

杨斌的故事又是一个"金融与实业"关系倒置的个案。他是一个历经苦难的人，也是一个勤奋、大胆和富有想象力的人，更是一个改革史中充满传奇色彩、腾挪跌宕于金融圈的人。

他的被明显夸大的商业信用体系并非完全来自于个人的高超骗术和中国地方政府的无知，还来自于国际顶级评价机构的好评支持，比如福布斯、摩根士丹利等。2001年前后，他的个人成就达到顶峰，位列福布斯中国内地富豪榜第二，个人资产达数十亿。

杨斌的成功在于高超的学习能力和商机把握能力。他的第一桶金赚取于东欧剧变之后，通过在中国与波兰之间倒卖廉价日用品大获其利，赚取了两千万美元。这成为其以外资身份进入中国农业投资市场的资本基础。

再加上他在荷兰留学期间对荷兰高科技农业模式的经验积累。资本基础、外籍身份和高科技农业，这三个核心价值要素是在其回国投资前就具备的。这一点不是那个时代的任何一个留学生都能做到的。

杨斌面对国内市场和国际金融舞台打的第一副牌是"荷兰欧亚集团"，但仅仅这样是不够的，他抓准了20世纪90年代中国内地此起彼伏的招商引资潮，最终与沈阳市政府合作，落地建设荷兰村高科技农业基地。荷兰村成了其日后开拓"农业金融"之路"概念股"的基础与后盾。

没有荷兰村，就没有杨斌的金融神话。作为外商的杨斌以其对荷兰村的概念规划和理想蓝图不仅征服了沈阳市政府，而且征服了内地主要银行系统和香港股市。杨斌在国内的主体公司为"欧亚实业"，而在海外注册、在香港主板市场上市的"欧亚农业"则成为其控股的、纯粹的融资工具。

杨斌以荷兰村为基地，以"欧亚实业"为银行贷款平台，以"欧亚农业"为股市融资平台，通过银行和股市双重融资，翻转腾挪的资金在数十亿之巨。他利用巨额融资对荷兰村进行了大手笔的投资，兴建住宅、别墅、旅游观光设施等。而"高科技农业"只是一个供炒作的概念，在荷兰村投资结构中居于偏位。杨斌融资与投资的大手笔与其对地方政府的"项目欺诈"（偏离土地划拨用途）、对失地农民补偿金的拖欠、对建筑工程款的拖欠以及对相关税费的逃避操作形成巨大反差，构成其神话破灭和银铛入狱的前奏。

2001 年开始，杨斌在其"农业金融"体系如日中天之时，开始遭遇商业人生的滑铁卢，前期操作的各种政策性和技术性风险开始相互叠加并反馈发作。首先是沈阳政局的变动，时任沈阳市市长慕绥新因腐败下台，新任领导班子开始清查土地税款问题，荷兰村成为整治重点；其次是瑞银华宝中国研究部主管张化桥的质疑和揭发，对杨斌的"农业金融"神话几乎有颠覆之虞，甚至危及其在香港股市融资平台的稳定，后通过积极公关短暂保全；再次是香港股市监管的反弹，以信息披露不合格为由多次停牌，损及其海外融资平台的系统性稳定，更殃及内地企业在香港股市的信用度和融资操作。这些风险已经部分折射出杨斌"农业金融"操作的不当和缺漏。

由于"金融"和"实业"的倒挂，荷兰村早已偏离实体农业正轨，这将导致合作方沈阳市政府采取积极法律行动维护自身权益。杨斌的"六宗罪"就是这一政府追责的结果。杨斌忘记了，他的外籍身份、高超骗术和苦心经营的地方政商关系网都不是牢不可破的护身符，面对日益健全的内地法治环境与荷兰村项目中明显受损的地方政府与农民群体，他的失败和入狱几乎是注定的。

当然，如果没有朝鲜"新义州"项目，他也许不会入狱那么早。这一项目是其被捕前的最后一个"大手笔"。杨斌以其外籍身份和荷兰村农业金融体系为基础，竟然打开了封闭已久的朝鲜投资市场，筹建"平壤 – 欧亚合营会社"，其核心仍然是建设农业示范基地，吸引更大外资进入，形成"东北亚经济中心"。

杨斌的项目对政治保守但对经济改革有所期待的朝鲜当局很有吸引力。杨斌也因此被朝方委任为"新义州"特区行政长官。这为杨斌的人生增加了最具传奇色彩的一笔。杨斌的"农业金融学"转换成了"政治经济学"。

朝鲜投资的故事发生于 2002 年，其时杨斌在内地以及香港股市早已深陷金融泥潭和法律风险之中。也许是信息过度不对称，朝鲜好像并不知情。就在杨斌就任新义州特首之后不久，中国司法机关即对其采取了刑事诉讼的强制措施。2003 年，杨斌被以虚报注册资本罪、非法占用农用地罪等"六宗罪"被判处有期徒刑 18 年。

如果没有这一积极的司法介入，杨斌的"特首"生涯可能演变成另一个荷兰村故事。但这一切，如荷兰村一般，已烟消云散，淹没红尘。

资本市场是发现真相的透视镜

林　海

杨斌神话的幻灭可以从不同角度来进行理解。他的"第一桶金"来自于贱买贵卖的外贸生意。而他真正发家，靠的是著名的荷兰村项目。凭借这个项目他从银行贷款近十亿元，生意越做越大。紧接着，他又从股市融资成功。

然而，资本市场成就了杨斌，也将杨斌的资产帝国放到了阳光之下，让他的虚账假账无处遁形。基金经理们通过多方打听、敏锐判断，纷纷撤资离场，而这也成了杨斌神话破灭的直接导火索。在法治环境和金融形势发生改变的今天，杨斌融资神话或许难以出现，但杨案仍值得在新形势下审视。结合杨案，就当下融资趋势，法治周末专访了中国人民大学法学院副院长杨东教授。

法治周末：同样是融资，为何银行贷款不如资本市场融资更能发现猫儿腻呢？

杨东：银行贷款是一种间接融资，中间是一个巨大的银行。银行吸取存款，再贷款给企业。银行肩负着进行资源配置的作用，还需要负责进行尽职调查。主观上因为不是自己的钱，没有办法那么尽职尽责；客观上没有那么多精力进行尽职调查。更重要的是，就算进行了贷款时的尽职调查，贷完之后如果企业发生了变化，往往也跟踪不过来，没有办法进行调整。这也是会出现那么多呆坏账，并最终导致金融消费者利益受到侵害的原因。

法治周末：那么通过资本市场融资，能够从哪些方面避免这一弊端？

杨东：资本市场的出现，是金融的第一次脱媒——脱离了作为中介的银行，不再需要通过中间方来进行存款和贷款。这样的脱媒，能够让投资人摆脱信息不对称的局面。

与银行贷款相比，资本市场的逻辑是逆向的，想融资就一定要先信息披露。披露得不充分就不能发行证券融到钱，或者披露得不真实，就构成了欺诈，要承担法律责任。这样对于投资者来说，也是一种有力的保护。

法治周末：在直接融资特别是股权融资中，投资是进行股权投资，比起存款在银行有着比较大的风险。怎么看这二者在金融风险上的差异？

杨东：直接融资确实存在着高风险、高收益的特点。这是投资，不是借贷。这对投资者也提出了比较高的要求。与此同时，也要求融资方充分履行信息披露义务。所以说，这是真正的金融脱媒，让投资者真正参与到金融中来。

另一方面，直接融资对国家的金融风险来说，是件好事。间接融资模式会将风险集中在银行。一旦发生金融危机，就会导致银行倒闭，出现经济和社会危机。而直接融资将风险分散到每一个企业和每一个投资者。美国在那么严重的次贷危机中，虽然几家大投行倒闭了，但是商业银行没有受到根本打击，不会出现系统性风险，也很容易就从危机中恢复过来了。

法治周末：杨斌在融资时，打的是用金融支持农业的牌子。金融如何才能真正支持现代农业的发展？

杨东：资本市场的出现是金融史上的第一次脱媒。在我看来，当下流行的互联网金融则是第二次脱媒。传统以交易所为基础的资本市场，还需要交易所提供有形的市场，对于中小微企业来说，成本较高。互联网金融和普惠金融，则是直接通过互联网，去交易所化，实现一个扁平化、网络化的融资平台。

对于现代农业来说，这样的扁平化的金融结构，更有助于实现创新型农业的项目得以孵化，获得资金支持。随着移动互联技术的发展，从银行、农村信用社很难贷到款的农户，都可能通过手机发起融资，获得便捷的金融服务。而投资方也可以通过大数据等方式，随时保持对农户的了解、跟踪，随时确保了解他们所投资的农地耕种、农作物收成的情况。

当然，这不但需要技术上的进步，还需要金融理念的贯彻，更需要监管层在风险把控方面下足功夫。脱媒，意味着更多的人更容易享受金融服务，也意味着人类更多地依赖金融——农业也不再是过去的经营方式，或许将迎来一个全新的时代。

吴志剑：任性文人的赌徒生涯

儒商的末路

林　海

　　曾经有人这样评论吴志剑："他是个文人型企业家，不太懂也不太在意商业管理和业务流程。这类企业家喜谈战略而不懂战术，乐于塑造人格魅力而轻视企业形象，厌恶精确的企业知识而崇拜神秘的意志力图腾。"

　　曾经的湖南首富吴志剑眼下仍因合同诈骗罪等数罪身陷囹圄。而他的失败，实际也给那些迷信个人魅力、轻视流程规则的企业家们敲了警钟。

从知青、公安民警到商人

　　假如没有从商，吴志剑现在应该是位著名剧作家。他 1960 年出生于湖南临澧一个知识分子家庭。他的外祖父吴铁铮曾是"五四运动"的干将之一。后吴铁铮入黄埔军校，与聂荣臻结成至交。解放战争时，他只身说服湖南常德华容、南县、安乡三县守军，实现三县兵不血刃和平解放。

　　吴志剑的母亲诗书画俱精，父亲才华出众，曾担任县文化馆馆长，还是中国曲艺家协会的会员。"文革"时，他的家人都被打成"牛鬼蛇神"。年仅 6 岁的吴志剑和外祖母相依为命，一度还在大街上捡烟蒂，换糊口的米粉。

　　20 世纪 70 年代末，吴志剑开始了上山下乡的生活。他在繁重的农务之余，贪婪地阅读能找到的中国古典名著与世界名著。幸运的是，不久他就赶上了征兵。在"二百选一"的严格挑选条件中，吴志剑以"忠诚老实，正直积极，吃苦耐劳，有上进心"的表现，被送到梅州军分区入伍。

在部队，吴志剑的才华很快显露出来。他写的通讯报道开始见诸《解放军报》。不久，更是创作出一部反映部队老干部生活的剧本，并在广州军区话剧团上演，获得了全军优秀作品奖。吴志剑个人也荣立三等功。

复员之后，吴志剑被分配到湖南常德市公安局，主要负责宣传工作。他写了大量反映公安战线生活的新闻报道，并利用闲暇时间创作了电视剧本《白金杯》《黑影》。这两部作品后来还都被拍成了电视剧，由唐国强等著名演员出演。假如没有下海，他或许在公安战线上做出贡献，或许成为一位剧作家。

然而，吴志剑却听从了自己血液里的冒险基因，投笔从商，辞官下海。1984 年，举国上下最热门的话题是"商品经济""市场调节"以及"让一部分人先富起来"。吴志剑经过反复考量，于 1985 年 2 月辞去公职，开始了商海闯荡。

下海初期，吴志剑拿出全部积蓄 2000 元，选择办养鸡场，但是一场意外的鸡瘟让他所有的梦想"鸡飞蛋打"。后来，他又另寻出路，与临澧县广播局协商，办起一家广播开发公司，结果因对方中途退出，也只好半途而废。此后，吴志剑还创办过一家文化俱乐部——其性质和歌舞厅相似。这次倒是在生意上获得了成功，但是，在当时的环境下，文化俱乐部还不算是一个正当的行业，来自"黑白两道"的麻烦事旋即而至，俱乐部在内外交困中关门大吉。

跟随深圳奇迹起飞

"交了学费"的吴志剑已经没有退路。他和几个同伴凑了 800 元钱，去改革开放的前沿深圳淘金。最初的时候，他们靠捡易拉罐不但填饱了肚子，还成了各大酒店的"易拉罐业务专业户"。

1986 年，一个偶然机会，吴志剑得知深圳市市政物资公司一个濒临破产的商场准备承包出去的消息。没有机会可选的吴志剑，当即扑了上去。经过努力争取，吴志剑揽下了承包权，自己动手装饰后开始营业。他最初的经营模式是，先折价处理一批商场积压的服装，收回一笔资金。紧接着因掌握了内地需要大批彩电、冰箱等电器的消息，吴志剑和同伴连续做成了几笔电器批发的"大生意"，他终于淘到了来深圳的"第一桶金"。

时来运转的吴志剑在这一年，还受常德市政府的委任，与深圳市市政物资公司联营，办起了政华公司，并出任总经理，从此拉开了他真正意义上的从商事业。然而，他的第二笔"学费"很快就来了。政华公司挂牌营业后，业务量大增，然而因为用人失当，公司不久便被从广州招聘来的一个业务员拐走了巨款；祸不单行，在处理台胞过境的二十多种家用电器时，因不了解有关政策被罚款一百多万元。公司被通报批评，从利润看涨到负债累累，很快便有了面临倒闭的气象。当年和他一起来深圳，一块睡过公厕、靠捡易拉罐为生的朋友，有的携款远走，有的回到家乡，还有的投入他人门下。

吴志剑没有气馁。他开始思考实业与贸易的关系，带领政华公司不断扩大投资领域。从1987年至1992年，吴志剑的业务领域不断扩大，从房地产到工业、商贸、现代农业都有他投资的身影。如今看来，吴志剑采取的一系列商业布局，单从战略上来讲，依然值得借鉴：投资1亿多元买下深圳黄金地段高达48层嘉宾大厦的发展权益；在上海成立了长寿旅游小汽车服务公司；在深圳建了28层高的政华大厦，作为公司总部专用；在湖南出资500万元，成立了长沙政华计程车有限公司；等等。

不久，吴志剑组建政华集团。自成立之日起，政华集团就遵循多元化发展的原则，涉足的领域从所谓的高科技产业、商业、金融、贸易、房地产到交通、轻工、食品等，几乎无所不包。因此，1994年，吴志剑还获得"全国杰出青年企业家"称号。1995年，政华集团在所谓的发展顶峰时期，号称拥有100多家下属公司，资产28亿元，在中国香港、新加坡以及美国等地拥有数十家实业公司。

在"一片大好"的形势下，心高气傲的吴志剑感到了新的巨大的不满足，因为他看到20世纪90年代评出的"世界100位企业家"中没有一个中国人。他深感遗憾和不服气的同时，将成为"世界级"的企业家，作为他新的梦想。

压垮吴志剑的最后一根稻草

吴志剑的人生分水岭出现在 1996 年。政华旗下的 4 家出租车公司陆续接到深圳各级法院出具的《民事判决书》和《民事调解书》共 29 份，判决 4 家公司还款 1.31 亿元人民币、470 万美元和 2900 万元港币，作为抵押物的车牌也被法院全部扣押。

原来，从 1992 年起，政华集团就用车牌作押，共贷款 11 笔，总计本金 4 亿多元。而所属的 4 家出租车公司也用车牌为他人担保、抵押，总金额 1 亿多元，用于抵押的车牌总数达到 785 张，远远超出实际拥有量。由于这些车牌不少又辗转出租、出让，许多港人和当地人花几十万元接手，结果受骗上当。从此，政华集团开始官司缠身。此前政华集团的产业也大多被扣押，或被银行收抵偿还贷款。

1999 年 3 月 25 日，深圳市中级人民法院发布公告，对长期拒不履行偿还债务的深圳市政华集团有限公司及其法人代表吴志剑公开曝光。吴志剑很快潜逃，公安部对其进行悬赏通缉。2002 年国庆前夕，北京市公安局接到举报，称"失踪"两年多的吴志剑正在北京活动。10 月 9 日，被公安部通缉的逃犯吴志剑被抓获。2003 年，吴志剑被判 17 年有期徒刑。然而入狱不久，吴志剑"身体出现了问题"，遂"保外就医"。

如果吴志剑此时能退隐江湖，也许他的晚年将不那么悲惨。但是，他又一次开始了冒险，"紧跟时代"开始了二次创业。他在深圳最多时曾经注册 20 多家子公司，玩"空手套白狼"的把戏。2007 年，吴志剑以多家公司的名义组成"神舟集团"，在未经国家证券监督管理部门批准的情况下，发行所谓的内部原始股票，获得资金六千多万元。

案件很快告破。2009 年 2 月，吴志剑再次走上被告席。头发花白的吴志剑作为第一被告在福田法院出庭受审时表现得很从容。在法庭上，吴志剑先是表示认罪，然后说："2006 年 9 月 11 日，我获得保外就医出来后，看到以前政华集团的老员工都过得很落魄，就想帮帮大家，和大伙重新创业。"然而实际上，将吴志剑告上法庭的正是他的老员工们。原来，吴志剑宣称公司即将在香港上市，员工们多次购股后，才知道股票未经国家证券监督管理部门批准。

　　一审判决后，吴志剑被判有期徒刑 14 年。他随后上诉到深圳市中级人民法院，法院二审维持原判。这个曾经的"将门之后"、文艺兵、公安民警、湖南首富，停止了自己的商业冒险和闯荡。有人评论说，吴志剑的悲剧在于他的文人出身，想象力超越行动力。当他的现金流出现困难时，他不得不走上靠银行借贷维持现金流这条不归路，不得不陷入无休止的资本游戏中去，最终铤而走险，跳进了自己掘的墓穴。

看见历史

有胆无识的"赌商"人生

田飞龙

　　吴志剑是个商业赌徒。

　　根据《科学投资》杂志的归类，吴志剑属于企业家中的热血型或冲动型，"赌性"是其商业人生的底色。从其发迹史来看，他是不折不扣的"赌商"，没有实业基础，没有扎实投资，以"出租车金融"和证券倒卖支撑其商业帝国，甚至对其内部职工进行"合同诈骗"，突破企业家伦理底线。他两次被判入狱，但"赌性"不改。"赌商"之谓，名副其实，一则言其在"情商""智商""胆商"之外凸显出"赌性"，二则言其"因赌成商"之道。

　　商战博弈，本为常情。单纯就商战"赌法"而言，吴志剑可谓"有胆"。首先，他有着良好的文学禀赋和想象力，当过兵，做过公安宣教员，写过电视剧本，文学世界的浪漫"转移"成了商业世界的"豪赌"。其次，他有着丰富复杂的早期创业史，以各种中低行业的"倒卖"起步，经营技法和抗压能力获得重要提升。再次，"出租车金融"有声有色，成为政华集团核心资产和融资模式，将银行、企业职工和外部投资者一起"整合编组"为"出租车金融"的买家。最后，神舟集团二度创业，非法经营证券业务，牟取暴利。"赌商"技法一度带来了巨大的商业成功，个人资产过亿，企业估值数十亿，入选福布斯富豪榜和内地"十大富豪榜"，获得改革企业家各种荣誉称号。

然而，几乎就是在其领导的政华集团"高歌猛进"之时，商业帝国已然危机四伏，风雨飘摇，根本原因同样在于其"赌性"导致的"重融资，轻实业"的偏执商道，在"有胆"之外暴露出"无识"的一面。

作为企业核心支柱的"出租车金融"涉嫌民事欺诈和刑事诈骗。民事欺诈的对象主要是各家贷款银行，"重复抵押""重复担保"放大了银行贷款风险，而政华集团的高负债、资金链断裂又导致偿还能力崩溃，引发债权方群体诉讼，待执行的《民事判决书》《民事调解书》一度高达 29 份，涉案金额 1 亿多元。

刑事诈骗的对象却是其控制的 4 家出租车公司的普通职工，以"无权处分"的形式诱骗职工签约，获利上亿元。对内部职工的诈骗违背了企业家基本的职业伦理。当然，如此大规模的在"无权处分"基础上的内部融资得以完成，也暴露了当时的合同监督制度不完善，产权登记与管理制度有漏洞。"出租车金融"的破产也意味着政华集团商业帝国的解体。

由于一直奉行"重融资、轻实业"的发展模式，政华集团始终未能发展出核心实体业务，没有形成企业的核心竞争力，以至于一旦融资失败，企业便归于崩溃。崩溃前夜，作为操盘手的吴志剑还以"无权处分"的形式对内部职工进行了一次"洗劫"，挖空了政华集团的核心伦理。这些"失足"点都是中国改革企业家需要严肃反思和记取的。

2003 年吴志剑被判刑入狱后，他并未就此退出中国商界。他很快以"保外就医"的形式出狱并继续从事"赌商"式的商业投机。"保外就医"往往成为中国式的"政商"出狱绿色通道。笔者这里不去探寻这一细节，而是关注出狱后的吴志剑如何反思和调整。结果是，他"赌性"依旧。在新一轮商业豪赌中，甚至连香港知名艺人陈百祥也成了受害者。2009 年，吴志剑被以非法经营罪判处有期徒刑 14 年。

第二次被判入狱，宣告了吴志剑"赌商"人生的终结。该案可以引发我们对中国企业家中"赌商"一族的深刻反思，他们"胆有余而识不足"，最终导致商业失败，昙花一现。"赌性"是商人天性，但"赌"亦有道，吴志剑属于"道行深"但"道德浅"的一类人，是无法取得可持续的商业成功的。

他留给我们的教训至少包括：第一，遵纪守法意识，他的连续犯罪不是体制和法律不完善的结果，而是漠视法制、以身试法的必然下场；第二，企业家的实业精神，他过分偏重"企业无形资产"的泡沫式放大，无心扎实从事实业积累，最终又无法管控企业债务风险，根源在于"实业精神"的匮乏；第三，诈骗突破企业伦理底线，典型表现为以"无权处分"形式对内部职工进行合同诈骗；第四，国际化战略缺乏实业基础和健全财务制度，无法进入管理规范的世界融资与竞争体系；第五，慈善与企业社会责任虎头蛇尾，回报家乡的诸多公益与商业项目成"镜花水月"。

总之，"赌商"吴志剑文采飞扬，赌性高涨，在改革开放的市场大潮中摸爬滚打，其融资操作登峰造极，但所形成的只是一个外表华丽的"负债商业帝国"。他在聚敛"第一桶金"之后未能顺利完成实业转型，也未能真正在企业内部建立现代管理制度，而是将企业作为自身"融资豪赌"的更大平台，承载其违法犯罪的市场风险和法律成本。

在国内市场法治化水平不断提升、与国际接轨日益深化的新世纪，吴志剑作为改革企业家终于落伍，其"赌商"气质、技法和操作已不适应规范市场经济的竞争要求，更无法见容于现代法治框架。

合法财富才能造福社会
王永茜

但看前半生，吴志剑的经商历程，充满了励志与激情。然而在那个激荡的年代这是不够的。吴志剑能够成功的最大原因在于他身上的赌徒气质。正是这种赌徒气质，使得吴志剑成就了个人的神话，但也正是这种赌徒心理使得他不循规蹈矩，漠视法规，最终走进了监狱。法治周末专门采访了北京师范大学法学院教授刘德良，对吴案做一次深刻的专业点评。

法治周末：前政华集团总裁吴志剑曾两次被判刑入狱，至今仍在狱中服刑。这是又一个企业家从富豪沦为阶下囚的典型案例，您对此案有何看法？

刘德良：吴志剑曾被评为全国优秀（杰出）青年企业家，也是《福布斯》杂志 2000 年中国内地富豪榜第 26 位的人物。他早在 20 世纪 80 年代就通过开展国际贸易活动获得了企业的大发展，如果他遵纪守法、依法经营的话，他掌舵的政华集团可能会取得长足发展。但他却因合同诈骗罪和伪造国家机关证件罪被判入狱，这不得不让人思考企业家的责任问题。

法治周末：说到企业家的责任问题，吴志剑曾多次公开表示他的企业家信条是"要做一个有责任感的企业家，要用他的财富来造福社会"。从逻辑上看，用财富来造福社会的企业家就是一个有责任感的企业家，您认为这个逻辑成立吗？

刘德良：这个逻辑表面上看没有什么问题，但在法律上经不起仔细地推敲。毋庸置疑，用财富来造福社会是一个正当的"目的"。但要做到这一点，企业家首先必须要通过合法经营来取得财富，唯有通过正当"手段"取得的财富，才能真正实现造福社会的正当"目的"。

因此，一个有责任感的企业家，他的财富积累必须是合法的，此处的合法尤其是指不能触犯刑法的规定。吴志剑在一定时期内迅速积累了财富，但他主要是通过伪造出租车经营权证、利用伪造的虚假产权证骗取出租车承租款的手段来积累财富的，这种通过非法手段积累财富的行为必须受到法律的严惩。

法治周末：吴志剑案还有一个特别之处，在政华集团内部，与吴志剑同案的被告人多达 10 名，这些被告人大多辩称自己的涉案行为属于单位犯罪（犯罪的主体是政华集团），因此自然人不成立犯罪，您认为这个辩护理由成立吗？

刘德良：这一点的确是吴志剑案的特殊之处。我国刑法第 30 条规定，公司、企业、事业单位、机关、团体实施的危害社会的行为，法律规定为单位犯罪的，应当负刑事责任。而我国刑法第 244 条并未将单位规定为合同诈骗罪的犯罪主体。这就意味着，如果政华集团的工作人员能够将相关责任全部推卸给单位的话，就会产生两个方面的法律后果：一方面，因为行为主体是单位，所以除直接负责的主管人员和其他直接责任人员外，公司的其他自然人就不构成犯罪了；另一方面，因为法律未明文规定单位是合同诈骗罪的主体，所以法院不能将单位实施的合同诈骗行为认定为犯罪，否则将有违罪刑法定主义。

这种辩护理由潜藏的逻辑结论推导出的结局是：自然人主体和单位主体最终都不需要对合同诈骗行为负责。但在吴志剑案中，虽然在行为人实施合同诈骗行为时，政华集团下属公司一直被作为与出租车司机签订承租合同的相对方，但该行为并非单位行为，而是自然人利用单位实施的犯罪行为，因此上述辩护理由并不成立。

法治周末：现在回过头来看吴志剑案，你觉得它带来那些影响？给我们什么启示？

刘德良：可以说，正是在有关机关监管不严、中介机构虚假证明、出租车司机盲目信赖等多种因素的共同作用下，吴志剑等人才能在没有履行合同能力的情况下，使用虚假的印章、虚假的出租小汽车产权证，与承租者大肆签订出租小汽车承包合同，骗取承租款。

2009年，最高人民法院和最高人民检察院先后做出了《关于公证员出具公证书有重大失实行为如何适用法律问题的批复》《关于办理妨害信用卡管理刑事案件具体应用法律若干问题的解释》等司法解释，加强了对于中介组织人员提供证明文件行为的刑法规范，可以说，"两高"之所以加强对于中介组织人员的监管正是因为受到了吴志剑案这类典型案件的影响。

孙大午：虽败犹荣 农民企业家的"大同"梦

可喜可贺可悲可叹

俞　飞

今年 6 月，孙大午静静迎来 60 岁生日。曾几何时，这位出身农村，当过兵扛过枪，从华北大地上走出来的企业家，事业蒸蒸日上，声名鹊起。一个亿万富翁，办起免费的农民技校和赔钱的大午中学，外界掌声一片。

但 2003 年，那场轰动一时的"非法集资风波"却让他误触法网，官司缠身，人生顿时从彩色变黑白……

冲到企业家第一方阵

1954 年 6 月，孙大午生于河北徐水县郎五庄。"半年曲菜半年糠，有女不嫁郎五庄。"田园生活没有骚人墨客笔下的诗情画意，孙大午出生的地方只有贫穷、野蛮和苦难。回忆童年，孙大午最深的印象莫过于饥肠辘辘的鸣响和梦中的白面馍馍。迫不得已的父亲，用大簸箕摇摇晃晃地挑着他的姐姐和他，出外讨饭。

父亲给他准备的练习本，是厕所中城里人用过的厕纸——剪下边缘干净部分，装订成册。儿时的他，梦想之一就是"长大以后，要多印一些钱，坐在飞机上往下撒"！他八九岁学做小买卖，每晚挎一篮子瓜子和烟卷去卖；十三四岁的时候，跟着别人徒步到 100 公里外的北京倒卖自行车。

外面的世界很精彩，他立志逃出郎五庄。1970 年，16 岁的孙大午初中毕业参军入伍，在山西当了一名工程兵。在《参军日记》里，他写道：

"永远忘不了，我们一行 8 人走出村子，奔往县城的路上，我最后遥望渐渐远去的村庄，那千般滋味、万种情怀！是幸福、伤痛、屈辱和欢畅交织的苦辣酸甜……"当兵两年孙大午入党，参加军中干部培训班，拿下唯一的优等生名额。

1978 年，孙大午离开部队，在当地一家信用社任主任。1985 年开始，孙大午的妻子承包了村边的一片地，以 1000 只鸡与 50 头猪开始尝试养殖业。3 年后，孙大午也正式辞职下海，夫妻俩开始了共同创业。他们逐渐从养殖发展到开饲料厂，掘得人生第一桶金，后创办大午农牧集团有限公司。

1995 年，大午集团已经成为中国五百大私营企业之一，孙大午也获选为保定市人大代表。如今大午集团有 1500 多名员工，固定资产和年产值双双过亿，成为集养殖、种植、加工、教育和旅游为一体的企业集团。

但创业路上，一路艰辛。"有个村干部，他就想入股，我不答应他。他就放火、剪电话线、毁机器。最严重的就是 1989 年，说我支持动乱。后来，县公安局和纪检委来人，公安局长都出面了。这是政治上的报复。至于侮辱啊、造谣啊就别说了。"孙大午回忆道。

"什么是勇敢？勇敢就是门难进，你能进；脸难看，你能看；话难听，你能听；事难办，你把它办成。"孙大午告诫手下。凭着这股精气神，孙大午一路冲到中国民营企业家的第一方阵。

不同凡响的亿万富翁

孙大午是一个亿万富翁，却过着苦行僧一般的生活，他当了董事长还帮工人淘粪。他本该以追逐利润为第一要务，却办免费的农民技校、不指望赚钱的中学、极便宜的合作医疗等。这是当地人眼中的孙大午。

"他深知商场潜规则，手中毫无政治资源可依仗，却不肯和光同尘，梗直倔强。他在事业高峰时曾评论自己：看似可喜可贺，其实是可悲可叹的人物。几乎一语成谶。"一家媒体报道中的寥寥一段话，描绘出这位农民企业家的性格。

"可喜可贺""可悲可叹"，孙大午对自己的这一认识，个中滋味难有人知。

性格决定命运。他开办免费的农民技校，培训养殖户 3000 多人；他办医院，让职工和村民每月只花 1 元钱就能享受合作医疗，10 元钱就做一次包括 B 超、验血等在内的全套检查；他出资办中学，投资 3000 多万元，校园建得比大午集团办公楼还漂亮……有亿万家产的他，没有别墅，没有专车，住在集体宿舍里；他生活简朴，爱吃玉米饼子、大葱蘸酱；他出差去外地，只坐硬座火车。

更特殊的是，人很傲的孙大午，不屑与官员打交道，与地方政府关系闹得非常僵。世人眼中，做生意有黄道、黑道和正道之分。黄道是和官员勾结，送回扣、行贿赂；黑道是生产假冒伪劣，坑蒙拐骗，逃税漏税。孙大午主张走正道：正道看起来最笨，但清清白白，虽艰险但终上坦途。他不像别的老板那样民不与官斗，低声下气与"大人物"喝酒摆平，遇到不公事，他选择法庭上见。

曾经，他所在的镇土地所认定他的公司违法占地，罚款 1 万元。他觉得委屈，没理这个茬。闹到县里，罚款升到 5 万元。再闹到市里，市土地局追加到 10 万元。他就是不服："土地法 1987 年生效，我是 1985 年承包的地，怎么会是非法占地呢？"倔强的他，一纸诉状告上法庭。

当地税务局曾限定大午集团 3 天内纳税一百多万元。"自己一直守法经营，没有偷漏税，凭什么？"回答却是："你先纳了税再说。"孙大午不买账，但公司账号被冻结。官司再起，一打就是 5 年，从县里打到省高级法院。最后，经有关部门调解，官司撤了。但一算账，公司前后损失 100多万元。

而最终让他锒铛入狱的融资问题，事出有因。1993 年，大午集团还是一家小型饲料厂，想投资 100 多万元购买一套现代化生产设备。孙大午求助银行，被拒。1995 年，他申请了 50 万元贷款办农民技校，还是贷不到款。求贷无门，大午大怒，与银行一刀两断。

银行从此是路人。万般无奈，他转而向公司职工和周围农户借款，他还给这种融资模式起了个名字，叫作"金融互助社"。让他万万没想到的是，民间借贷让自己背上"非法吸收公众存款"罪名。大午踏上地雷阵，集团也如五雷轰顶。

"我无罪，但我服法"

2003 年 5 月 27 日，孙大午被警方抓捕，多位公司高管也相继被抓。孙大午被捕消息传出，轰动全国。

检察机关查实：大午集团设有 30 多个存款代办点，案发时共吸收存款余额 3526 万元。自 1993 年以来，大午集团累计吸收公众存款 1.8 亿元。

长子孙萌劝说孙大午认罪，给对方一个台阶下。他一口回绝，生气地说："我无罪！无罪怎么认罪！"相关领导到看守所与他见面不下十余次，他终于"认罪"。在庭审现场，他只说了一句话："我无罪，但我服法。"

学界与媒体联手声援，让原本"从严从重从速"的孙大午案，意外迎来"从宽从轻再从缓"的戏剧性结局。10 月，孙大午被判有期徒刑 3 年、缓刑 4 年，罚款 10 万元；大午集团处以罚金 30 万元。但在孙大午失去自由的 158 天中，大午集团经济损失超过两千万元。

重获自由的他，自嘲："可彰而不可学，没有代表性，只是个死里逃生者。"今天的大午集团门口，自拟的那副对联："安得淳风化淋雨，遍沐人间共和年"，不正是他的夫子自道吗？

有人称赞："孙大午最吸引人的地方，来自他身上散发出来的那种强烈的道德意识，这令他与当下许多社会现实形成了鲜明的对比。""潜规则盛行，一定是明规则有问题。"孙大午感叹，"我确实爱做梦，做过噩梦，也做过美梦。母亲曾经告诉我，做了噩梦要在吃饭前讲出来，讲了以后就消解了；做了美梦一定要在饭后讲，这样才能美梦成真。现在我可能是吃饱饭了，讲出了自己的美梦。"

看见历史

孙大午变法

田飞龙

　　大午集团是"中国民营农业家族企业"，这一特定的企业要素组合以及该集团所处的改革制度背景，都决定了这将是一个极富故事性和时代特征的企业。孙大午曾将自身的企业管理思想来源界定为：传统儒家思想、当代法制思想和社会主义共同富裕思想。这是企业界的"通三统"，孙大午的"君主立宪"式企业变法即与此有关。

　　2003年的"孙大午事件"轰动全国，涉及民营企业独特的融资难问题，也涉及对孙大午自身"法制思想"的评估问题。孙大午因自1993年以来未经中国人民银行批准"非法吸收公众存款"获罪。在10年之内，大午集团通过如下操作"吸收"公众存款上亿元：第一，设定高于银行同期利率的借贷利率，不收利息税；第二，大量印制集团统一的借款凭据，加盖财务专用章；第三，由集团财务处及下设代办点实际负责管理借贷业务；第四，公开面向企业内部职工和外部群众进行借贷。

　　在20世纪90年代中前期，大午集团因业绩优良获得过中国农业银行的两笔贷款，但随后即很难获取贷款，进入民营企业"融资"瓶颈期。而彼时的大午集团正处于"集团化"发展的关键时期，资金缺口成为企业发展的最大限制性因素。与此同时，民企面向社会"融资"，在改革开放后的十余年间愈演愈烈，引起国家管制体系的正式回应。

　　1995年，商业银行法首次采用了"非法吸收公众存款"的概念，1997年刑法建构了针对"民间金融"的立体规制体系。大午集团的"民间融资"行为遭遇到了更严格的国家刑事规制，所以当年孙大午获罪在"法治预期"之中。孙大午放弃上诉，接受法院判决，表明其在"法制思想"上能够区分合法性与合理性，在合理行为直接触犯国家法律时并不过度申辩或逃避责任。

　　当然，"民间金融"本应是中国传统经济样式和现代市场经济体系的可容纳成分，甚至是市场经济的重要构成。尽管其有冲击国家金融秩序的面向，但也有补充国家金融服务不足、有效调节民间资金与企业经营需求对接的积极作用，故今日来看它已有逐步合法化和规范监管之必要，实践中也在起步探索。

大午集团对中国企业史的贡献远不在于对"民间金融"的早期试水，而在于内部发生的"君主立宪"式的改制变法。家族企业的可持续发展是一个普遍的企业管理难题，西方的经验是引入"股份制"改革，以"产权多元化"重建企业的权力框架与运营体系。但是孙大午进行的却是一种"反股份制"的改革，希望在保全家族"产权"垄断的前提下进行管理层面的"分权改革"，可以概括为"搁置产权，规范管理"。

内部变法的直接诱导因素是孙大午在获罪期间对企业长远发展的忧虑和构思。其时，按照家族企业惯例，孙大午由于不能直接视事而由其子接任集团董事长职位。但其子大学刚毕业，经验不足，能力有限，不堪大用。这引起了孙大午对家族企业世袭制不能"选贤与能"的深刻忧虑，他开始构思如何在家族控制和企业管理间寻求平衡与中道。孙大午的企业变法命题是一个典型的英国式君主立宪或者中国式"增量改革"的命题，需要在不触动根本体制的前提下进行积极有效甚至结构性的制度变革。

孙大午的企业变法可以大致概括为：第一，三权分立制，将企业全部权力划分为所有权、决策权和经营权，其中所有权归属孙大午夫妇并可以家族继承，通过集团监事会形式行使，决策权归董事会，经营权归总经理领导的理事会；第二，管理层民主制，除监事会外，董事会和理事会主要领导（董事长和总经理）实行民选，由企业职工代表大会选举产生，其罢免权亦保留给职代会；第三，三权制衡原则，即孙大午夫妇为企业法人代表，通过监事会监督董事会和理事会，但不得直接任命或罢免后者主要领导，董事会享有重大投资决策权但不享有企业核心资产处分权，也不得任命或罢免总经理，而理事会负责执行重大决策，但不受董事会直接节制；第四，产权所有者自我节制原则，即家族继承人的权力受到"大午宪法"的严格限制，不得随意侵犯董事会和理事会的职权，只能在监事会范围内享有监督权，属于"立宪君主"。

需要注意的是，大午集团的民主化改革绝对不是普遍的直接民主，而是有着重要限制性条件的间接民主。所以，孙大午的企业变法并非单纯依赖企业民主原理，而是其"通三统"管理哲学的具体运用。

孙大午企业变法引起了国内经济学界、管理学界和法学界的高度重视，他本人再次成为焦点人物。应该说，孙大午作为"中国民营农业家族企业"的掌门人，其诸多复合背景、经验和独特思考决定了他的改革不可能机械地模仿任何一种既有模式。这也决定了孙大午及其企业不是"一飞冲天"、暴发暴跌的高风险企业，而是濡染着儒商智慧、立宪原理与社会企业定位的中国企业，其制度创制意义高于具体的经济绩效意义。

当然，因为这是一场独特的中国企业管理哲学创新，是中西融合的企业试验，自然存在对西方公司规范治理的种种偏离，存在家族企业基因的种种遗留。而且由于其采取的是一种高度依赖掌门人德性状况、非公司法的内部改制，其创制的稳定性和可持续性依然存疑。如果其后继者根据公司法的产权管理原则"收回"对外授权，则"大午宪法"可能瞬间解体，均衡架构自然瓦解。

所以，"君主立宪"式的"大午宪法"仍然需要依赖创制者孙大午的德性传承，如果没有这种德性，单纯依赖"制度"显属不足。这仍然是横亘于中国家族企业"制度突围"命题上的魔咒。

民间融资的罪与罚
邬 蕾

民营企业民间融资在三十多年的改革开放过程中，一直是一个富有争议的问题。从孙大午案到吴英案，皆可看出企业民间融资的问题之繁杂。而民间融资的困境与出路也成为当下改革中的一个重要话题。结合孙大午案，就这一话题法治周末记者采访了北京理工大学徐昕教授。

法治周末：前不久，备受关注的吴英案传出最新消息，吴英从死缓减刑至无期徒刑。孙大午案与吴英案，这两个案子的相似点有哪些？

徐昕： 吴英案和孙大午案有一些相似之处，例如：两人均为民营企业家，均存在吸收公众存款的行为，吸收公众存款均由周转资金不足引起，均因资金链断裂而事发，一定意义上均属于民营企业面临融资困难而出现的问题。

法治周末： 同是向民间吸纳存款，吴英所犯集资诈骗罪与孙大午所犯非法吸收公共存款罪在犯罪内容和判罚上有哪些区别？

徐昕： 非法吸收公众存款罪指非法或变相吸收公众存款，集资诈骗罪指以非法占有为目的，使用诈骗方法进行非法集资。两者的主要区别有二：一是主观目的不同，集资诈骗罪的主观目的是非法占有，非法吸收公共存款罪主观上没有非法占有的目的，通常是为了生产经营；二是客观行为不同，集资诈骗罪使用了诈骗的手段，非法吸收公众存款罪没有使用诈骗手段。

此处的诈骗，是指行为人本不打算归还借款，却隐瞒非法所有的真相，虚构投资项目、具有还款能力与意愿等假象，使受害人信以为真，从而骗取、募集资金的手法。非法吸收公众存款罪也可能存在一些假象，比如通过基金会等非法定金融机构变相吸收公众存款，不免存在受害人的误认乃至行为人的误导，但行为人的目的并非非法占有，本质上不属于诈骗。

法治周末： 如果孙大午案放在今天，会不会产生不同的判决结果？

徐昕： 完全有可能不构成犯罪。因为孙大午案本质上是企业的融资行为，是民营企业无法通过正常渠道融资的情况下的无奈之举，通过缓解企业资金困难，维持企业正常生产经营乃至扩大再生产，客观上为国家创造了就业机会和税收。

此案之后，社会各界特别是经济学家大力呼吁放松对民间金融的管制。十多年后的今天，政府严厉管制金融的立场有所松动，例如，吴英案之后在浙江尝试搞试点，探索民营金融进入金融市场。最新的进展是，民营资本试水互联网金融，且风生水起——各类"宝宝"们一度抢了金融业的风头。

法治周末：孙大午虽然触犯了法律，但他却被外界称为"为中国农民的前途命运忧心忡忡的思想者"。可见，他迎合了农村、农民发展变革的需求。那么，怎么在合法合理的前提下，整合民间资本促进农业发展？

徐昕：一方面是民营企业普遍融资困难，另一方面是城乡居民储蓄额居高不下，大量资金找不到出口，供需双方彼此隔断；一方面是国家金融机构可望不可及，另一方面是民间高利贷请君入瓮，民营企业要么"停火断炊"，要么"饮鸩止渴"。堵不如疏，国家应逐步、适度开放金融行业，放开民营金融机构的设立，允许其进入金融市场，允许民间借贷的合理存在。

在农村，可以通过农民互助会、农村基金会等形式，促进农民的自助与互助。前些年，农村基金会曾兴盛一时，对农村经济发展起到了积极作用，惜乎规范不足、监管滞后，出了一些问题。但不能因此因噎废食，应总结经验教训，促进规范发展。在国家大力推进城镇化建设，努力消除城乡差别的今天，农村民间金融的发展有重要意义。

法治周末：孙大午也搞股份制改革，但他的企业被称作"家族企业的乌托邦"。你如何看待中国家族企业发展所面临的问题？

徐昕：家族企业是世界范围内企业发展的普遍特征，转型面临困难亦属正常。让市场去调节吧。如果真正想做大做强，引入现代企业制度和具有现代企业管理经营经验的管理人员，是必须的选择。

郑俊怀：触礁MBO的乳业教父

乳业教父郑俊怀的谢幕
邓学平

伊利股份从一家默默无闻的回民奶品加工厂发展到家喻户晓、员工达数万人的大型乳制品企业集团，郑俊怀功不可没。某种程度上甚至可以说，没有郑俊怀就没有后来的伊利实业集团股份有限公司。然而，最终郑俊怀却因为违法动用公司资金进行 MBO（企业管理层收购）而黯然落马。

在 20 世纪 90 年代中后期开启的国企产权改革中，由于没有制度上的保障和规范，几乎每个国企掌门人都面临着一场巨大的考验与冒险。是与非、合法与非法之间的界线晦暗不清，企业家的命运很容易变得凶险莫测。多年之后，郑俊怀的命运依然让人唏嘘不已。

临危受命

1950 年 9 月，郑俊怀出生于内蒙古自治区呼和浩特市土默特左旗。由于父亲早亡，一家全靠母亲做针线活维持生计。母亲的勤俭和坚韧给了他很深的影响，即便在他已经贵为上市公司董事长以后，仍然能香喷喷地吃着泡面、穿着几十元钱的衣服。

贫寒的家境令郑俊怀自幼发奋读书。1972 年，他以优异的成绩考入内蒙古师范大学汉语言文学系，毕业后被分配到呼和浩特市农业局工作，当了一名政工科科员。1976 年 12 月，26 岁的郑俊怀因为工作出色被提拔为呼和浩特市国营畜禽场副书记、副场长。4 年不到，他又出任呼和浩特市奶牛公司招待所所长。在这里，他展现出了最初的"企业家精神"。

在有心人眼里，处处皆是机会。经过一番调查，郑俊怀决定在招待所开早点铺，每月花70元的"高薪"请当地有名的老师傅在店里炸油条，经营起吃油条喝鲜奶的生意。这个小小的早点摊从第三天开始，居然排起了长队，一个月下来挣了两万多块。这在当时计划经济体制下是个不小的奇迹。

很快，郑俊怀的经营能力引起了上级部门的注意。1983年1月，郑俊怀临危受命，赴任呼和浩特市回民奶食品加工厂厂长一职。那时的奶食品厂是呼和浩特市远近闻名的"烂厂"，两间布满蜘蛛网的车间、一个狭小的门面和七十多个无精打采的工人。工厂的主营业务就是生产一毛钱一根的冰棍。当目睹到整个工厂的荒凉景象后，郑俊怀并没有气馁。他决心改变眼前的一切，使回民奶食品加工厂起死回生。

郑俊怀果然给这个"烂厂"带来了新变化。严格管理、考察市场、引进技术设备、公开招聘等一系列的手段使得奶品厂的经营逐渐步上正轨，工厂面貌也随之焕然一新。不少员工至今还记得郑俊怀上任不久，泪流满面地讲述自己的母亲在贫困中如何支撑一个家庭，号召职工艰苦创业的场景。

奶食品加工厂有起色，只是第一步。接下来，郑俊怀在呼和浩特市率先搞起了承包制。大锅饭被打破，人们的工作积极性和创造热情被充分的激发了出来。工厂当年就打了一个翻身仗，实现扭亏为盈。两年后，回民奶食品加工厂在呼和浩特市食品行业中脱颖而出，成为乳制品企业的领头羊。

伊利岁月

1992年，改革开放的春风再度吹拂大江南北。身居北部边陲的郑俊怀也感受到了时局的变迁，决定着手对回民奶食品加工厂进行股份制改造。然而在当时，这一想法还太过超前，人们在背后议论纷纷。面对重重困难，郑俊怀破釜沉舟，展现出了极大的战略勇气。他毅然放弃了在政府部门副处级的兼职，横下心来"为企业寻找一条真正的出路"。这在"官本位"思想十分严重的当年，实属罕见。此外，他还发动领导班子集体表态："如果同意改组股份制我们就继续干下去，如果不同意改，我们就集体辞职。"

精诚所至，金石为开。呼和浩特市市政府于 1993 年 2 月 14 日，批准回民奶食品加工厂改组为股份制企业。同年，内蒙古伊利实业集团股份有限公司正式组建完成。与股份制改组前相比，企业的净资产总额增长了 118 倍，销售收入增长了 79 倍。

股改成功后，郑俊怀马不停蹄、乘胜追击，推动伊利股份在 1996 年登陆上海证交所，成为全国乳品行业的第一家上市公司。此后，伊利股票凭借良好的经营业绩，入选上海证交所"30"指数样板股。伊利股份还连续 5 年被《中国证券报》评选为"中国最具发展潜力上市公司 50 强"。伊利集团农业产业化的道路带动了周边地区两万多农户、10 万余人脱贫致富，直接或间接为社会创造了数十万个就业岗位。

就在此时，一腔热血的郑俊怀为伊利定下了新的发展目标：2010 年进入世界乳业 20 强。

触礁MBO

对于郑俊怀的功绩，集团内部甚至有员工评说，伊利无异于郑俊怀养大的"儿子"。当光环包围着郑俊怀之时，危险也在暗暗靠近。或许，这位二十年如一日把伊利扶持壮大的企业家，真的错把伊利当成了自己的"儿子"，至少想把它变成自己的"儿子"。

眼看企业一天天壮大，特别是昔日副手牛根生创办的蒙牛乳业势头惊人，郑俊怀对伊利的控制欲望越来越强烈。对于国企高管而言，他的心态具有普遍性。彼时的郑俊怀五十岁上下，这个年龄对于企业家来说十分微妙。他渴望延续但又害怕失去，"拿得起却放不下"的心理往往会主导他的决策。

正在此时，一场席卷全国的国企股权改制浪潮正如火如荼地在各地铺开。郑俊怀认为他的机会终于到了，这一次他想让伊利再一次脱胎换骨。

1999 年年底，郑俊怀提出成立几家公司用于收购伊利股份的社会法人股。他们的第一个目标是成立呼和浩特立鑫实业开发公司，后者很快成为伊利集团第二大股东，持有总股本的 2.68%。当年 12 月 30 日，郑俊怀与其他三名伊利高管以个人名义注册成立了华世商贸有限公司，专司收购伊利集团的股票。与众多的 MBO 一样，郑俊怀也面临着资金匮乏的难题。郑俊怀想出的法宝就是乾坤大挪移，套用伊利集团的资金收购伊利集团的股份。

在这个过程中，伊利公司托管的呼和浩特市八拜奶牛场充当了"白手套"和中转站的作用。郑俊怀要求奶牛场负责人郭顺喜出面，以八拜奶牛场的名义向银行贷款 1500 万元，供华世商贸用于收购。其后，华世商贸以所购买的伊利股份作为抵押，从银行贷款 1500 万元，归还了八拜奶牛场。而华世商贸归还银行贷款则依靠伊利股份的丰厚分红。

与此同时，郑俊怀还打造了其他的隐性 MBO 通道。及至 2004 年 6 月 30 日，华世商贸持有境内法人股 2.16%，为伊利集团第四大股东；郑俊怀担任法人代表的内蒙古启元有限公司持有境内法人股 4.38%，成为第二大股东。

郑俊怀 MBO 的第三条通道是金信信托有限公司。2003 年 7 月，呼和浩特市财政局将手中所持 14.33% 的国有股份卖给了名不见经传的金信信托，后者一跃成为伊利第一大股东。业内普遍相信，金信信托不过是郑俊怀曲线 MBO 的过桥工具。通过这三种途径，以郑俊怀为核心的数位高管拥有了伊利高达 20.87% 的法人股股权。

正当郑俊怀顺风如意地成为伊利股份的幕后控制人之时，利益受损的其他高管也酝酿着前所未有的反弹。以俞伯伟为代表的独立董事准备聘请相关机构对公司部分投资进行审计未果，却被突然免职。闹得沸沸扬扬的"伊利独董风波"导致郑俊怀挪用公款事件进入监管机构的视线。

2005 年 12 月 31 日，包头市中级人民法院认定郑俊怀等人挪用伊利股份 1650 万元资金进行 MBO，以挪用公款罪判处郑俊怀 6 年有期徒刑。后经两次减刑，郑俊怀于 2008 年 9 月刑满释放。

没有正当的资金来源，是引发郑俊怀挪用公款悲剧的直接原因。但这并非全部原因。在一波又一波的国企股权改制中，有的人平安着陆，有的人则身陷囹圄。不管结局如何，郑俊怀的MBO之殇所折射的国有资产保值、企业家定价等问题，对于推进新一轮的国企混合所有制改革仍具有现实的警示意义。

曾经的乳业教父没有被这一变故击倒，郑俊怀出狱后积极筹措资金，"借壳"再上市。然而，郑俊怀因属刑满释放人员，其出任乳企高管受到公司法限制，同时其所投奔的牡丹江红星集团由其旧部秦和平执掌，郑既未入股，亦无法实质获取决策权，只能担任"特邀顾问"。教父似已谢幕，新人茁壮成长。

看见历史

乳业教父的MBO之殇

田飞龙

郑俊怀的故事是中国国企管理的一个典范案例，涉及国企经理人股权激励机制、法人治理结构和金融监管等一系列机制建设与法律监督问题。郑俊怀成功于改革大潮中的"大胆闯，弱监管"阶段，这一阶段造就了一大批成名企业家，但随着他们的商业成功和企业领导权的巩固，经理人的道德风险以及监管漏洞下的法律风险并发，终于酿成这些成功企业家的人生悲剧。郑俊怀的悲剧是中国国企MBO的悲剧。

没有郑俊怀，就没有伊利集团。他是当之无愧的中国乳业教父，其成功并非偶然：第一，"招待所精神"，即早期担任招待所所长时以"三月不回家"之毅力一举扭转亏损业绩，崭露商战勇毅和谋略；第二，改制推手，在其接手伊利前身呼和浩特回民奶食品厂后经过多次改制于1993年完成股份制改造，使奶业小厂发展为内蒙古奶业巨型集团；第三，管理层垄断，即排挤牛根生等管理者，完成企业决策权集中，使得后者另辟"蒙牛乳业"分庭抗礼；第四，资本市场操作，即推动伊利集团于1996年上市，连创股市绩优表现，为集团发展筹集巨资。

在2000年前后，正当伊利集团和郑俊怀本人如日中天之际，中国国企管理的"经理人激励难题"出现了，即贡献巨大的经理人无法正当获取国资委的"股权"激励。这是改革经济史中国企经理人共同的困惑，很多人因此铤而走险，锒铛入狱，郑俊怀便是其中一个。

这里存在一个形式正义和实质正义的区分问题。严格按照政策法律规定，郑俊怀只能获得有限的管理岗位工资，始终是"掌柜"，无权对倾力创造的企业剩余行使索取权，更无权正当获取企业股权激励。"东家"是控股的国资委，经理人只是打工仔。然而，执掌伊利二十余年的郑俊怀无法理解和接受这样一种集体本位的奉献主义机制，不认同自我牺牲式的形式正义观。他需要获得一种与其管理投入相称职的实质股权激励，追求一种僭越的实质正义。

郑俊怀走上了国企 MBO 的不归路。这条路是国企不公正的分配激励机制与经理人过分突出的管理业绩和索取要求对比失衡的产物，许多改革史中鼎鼎大名的企业家都栽倒在这条路上。郑俊怀的 MBO 操作不是按照合法程序公开进行的，不是国资委的一种改制议程，而是"悄悄地进村，打枪的不要"。

他的操作手法是：第一，利用企业薪酬决策权大幅提高高管薪酬和年度派现规模，变相索取企业剩余，适度降低企业净资产，同时为个人 MBO 积累基础资金；第二，利用伊利关联性国企银行贷款，进行秘密拆借，用于成立和运作股份代持公司；第三，利用管理便利购买巨量国债，获取回扣，用于实质支撑 MBO 操作；第四，成立三大定向股份代持公司，通过秘密关联交易实现管理层持股；第五，利用内幕信息为关联公司股份收购提供便利和优惠。最终，郑俊怀成功收购控制伊利集团股份高达 20.87%，变相实现了他自身追求的实质正义。然而，这一正义的基础是浮动的。

郑俊怀习惯了企业集团内的"老板"光环，对于上市带来的公司法人治理结构、独立董事制度以及中小股东利益对其决策权的制度性限制毫不敏感，还停留在 2000 年之前的"大胆闯，弱监管"的自由王国迷梦之中。郑在伊利集团内部是高度集权和独裁的，一身兼三任：党委书记、董事长和总裁。实质性权威与管理便利是其违法违规进行 MBO 的心理和制度基础。

但是，上市之后的伊利集团毕竟不同于奶业小厂，因此，尽管郑仍然一言九鼎，但内部的独立董事监督和外部的国资委监管仍然是有效存在并可能随时介入的监督性机制和力量。结果表明，郑就是在"独立董事事件"中开始败露和落马的。

某种意义上，伊利集团独立董事俞伯伟是郑俊怀商业人生和 MBO 操作的终结者。郑的 MBO 系列操作不仅违法违规，而且违反了公司董事会决策制度。作为独立董事，俞伯伟在掌握大量证据和信息的条件下根据职责要求联合其他两位独立董事对郑俊怀提出企业股份信息质询以及要求对企业巨额国债交易进行审计。郑俊怀通过种种操作最终罢免了俞伯伟的独立董事职务。俞伯伟则指责郑俊怀违法 MBO 和侵害中小股民利益，声称提起诉讼。

"独立董事事件"不是偶然的企业内部管理层纠纷，而是国企"一言堂"的经理人主权模式与现代公司治理结构中的监督模式之间的体制之争，其意义在于更新了我国包括国企在内的管理文化，排除了惯例性的"经理人主权"，宣扬并推进了具有现代意义和国际性的公司优良治理结构模式。要实现伊利的国际 20 强目标，郑俊怀的视野、能力和责任心已不足以支撑，新伊利需要的是公司法和现代企业制度下的现代集团。

"独立董事事件"引发国资委介入调查，郑俊怀系列违法违规操作浮出水面。2004 年年底，郑俊怀被以挪用公款罪逮捕，于 2005 年年底被以同名罪状判刑 6 年。

郑俊怀的故事非常典型，启示颇多：第一，国企管理必须建立中长期股权激励机制，才能有效防范和化解"经理人道德风险"，保障企业资本安全和发展前景；第二，国企管理必须顺应公司法要求建立完备的现代企业治理结构，实行股东会、董事会、监事会、经理层有效分工和相互制约，建立"企业宪法"，尤其是积极保障和发挥独立董事的监督作用；第三，MBO 本身具有企业改制的合理性，不必然导致国有资产流失和经理人侵害公司权益，关键是建立有效的流程监管和公正评估机制；第四，改革企业家一代，无论是民企还是国企，其个人胆商、创新能力与商业战绩无可置疑，但团队合作精神、公平分享观念与守法合规伦理有待完善和提高，否则牢狱之灾就没有反思新生意义，复出操作也难有佳绩；第五，改革企业家一代通过在不同行业的"奇迹般"崛起，前赴后继，培育了大量的管理骨干和经营人才，完成了中国企业家的人才储备和代际更替，使后者以更开阔视野和更合规意识引领中国市场经济，无论第一代企业家如何身世浮沉，大起大落，这也是他们在客观意义上的历史贡献。

法律性认知的缺乏

朱闪闪　邬蕾

内蒙古伊利实业集团股份有限公司原董事长郑俊怀因为动用公司资金进行 MBO 而获罪。MBO 是什么？在怎样的环境中会出现？而它又触犯了法律上的哪些规定？带着这些问题，法治周末记者采访了中国政法大学教授王涌。

法治周末：郑俊怀因挪用巨额公款进行 MBO 获罪，MBO 在政策法规上能否找到合理存在的依据？

王涌：MBO 就是 Management By Object，即企业管理层收购。在改革开放早期，MBO 是有政策依据的，是允许的。这项政策主要是国务院关于国有企业改制方面的规定。

在国有企业改制的时候国家抓大放小，大的国有企业，国家留下来，小的国有企业有的卖给民营企业，有的卖给社会资本，有的甚至卖给外国资本，还有的是卖给了国有企业的高管。从法律层面来看的话，公司法不需要对这么具体的事情作规定。在公司法中规定，高管是完全有资格持有本公司股份的，只要他付出对价就行了。

法治周末：伊利集团 1996 年上市以来，作为现代公司制度的核心——完善的法人治理结构在该集团一直是"形具而神散"。伊利集团为什么会出现这种状况？完善的法人治理结构在现代企业管理中有何重要意义？

王涌：伊利集团的这个情况出现在国有企业改制时期，这种情况还是非常多的。从治理结构来看，主要是需要加强对高管的监管。国有企业虽然在现在通过改制变成了公司法意义上的公司，但内部的权力制衡，对高管权力的制约、监督，还是欠缺的。

法治周末：2004 年，郑俊怀被举报"侵吞国有资产"，在法庭之上，郑俊怀称："所为一切均是为了解决管理层持股的来源问题，至今不明白我的行为已经犯法。"作为企业高管，为什么郑俊怀没能认识到自己的错误？

王涌：因为第一，那个时候 MBO 是国家政策允许的，有一定的合法性基础；第二，当时进行 MBO 的公司高管购买股权缺乏资金，有的高管向外借贷，有的通过信托的方法，让信托公司去购买。像郑俊怀这种情况，他是近水楼台先得月，直接用国有企业的钱购买国有企业的股份。如果他经过相关的法律程序是可以的，但他的行为属于擅自挪用企业资金，就是犯法了。

上市公司的钱是属于公司的，属于公司全体股东的，股东对公司享有股权。公司法明确规定，不能滥用上市公司的钱。向公司借贷要经过股东同意。

法治周末：郑俊怀事件绝非个案，不少由国企转制的股份制企业都有不规范的操作，这方面该如何加强管理？相关法律是否需要完善？

王涌：MBO 主要针对国有企业，现在已经停掉，不存在这个问题了，但不能排除存在一些特殊的情况。

法治周末：郑俊怀案能给当下企业家什么启示？

王涌：郑俊怀这种情况是滥用自身权利，这是违法的。对于企业家来说，运作时不要想当然，脑海里要有法律意识。也可能是某一步，你认为是合理的，可实际上是违法的。就像很多政府官员，最后都坐牢了还没认识到自己违法。他们就是缺乏对自己行为的法律性认识。

陈久霖：代国坐牢的"打工皇帝"

陈久霖的黑白人生

俞 飞

中国航油（新加坡）股份有限公司（下称中航油）前总裁陈久霖，世人眼中毁誉参半。他，到底是仅用数年时间，将亏损到濒临破产边缘的大型央企，拉回盈利轨道的"神人"？还是利令智昏，涉足油品期权交易巨亏数亿美元，差点导致中航油破产，自己也锒铛入狱的"罪人"？

走过风风雨雨，经历大起大落，功过任人评说。陈久霖的黑白人生，堪称传奇。

寒门出贵子

1961 年 10 月，陈久霖生于湖北黄冈宝龙村。功成名就后的陈久霖，偶尔从武汉开车回家，也要不停询问才能找到返乡之路。

他曾在给儿子的信中，痛陈家史："有这么一个人：他出生于五口之家，母亲为了抚育三个孩子辞掉了小学代课老师的工作，全家仅靠父亲一人赚钱养家。"

寒门出贵子。陈久霖出身贫寒，憋着一口气考大学，苦心人天不负，1982 年，他考上北京大学，专业越南语。大学期间，他不忘学习英语，毕业后顺利进入国家民航管理局局长办公室，出任英语翻译，亲身经历了民航管理局一分为五的改革过程。

1993 年，他加盟中国航空油料集团公司，锦绣前程，就在眼前。当年在公司里人人打破头，抢着申请去集团在新加坡的中航油。毫无任何人际背景的陈久霖雀屏中选，笑到最后。

1997 年 7 月，陈久霖赴新加坡履新。到了星洲，初出茅庐的他，工作起来简直不要命，闯劲无人能敌。没有任何靠山，陈久霖披荆斩棘，杀出一条血路，从一个国企小职员，成功跻身国际上市公司 CEO。

成也新加坡

进入中航油时，陈久霖面临着一个烂摊子。中航油成立于 1993 年，公司创立 4 年，船务经纪业务毫无起色，两年没有任何业务，成了账户上剩下十几万美元和一名助理的"休克鱼"。

危中有机，在陈久霖看来，这正是证明自己的绝好机会。他纵观大势，看到航油进口业务，势必采用统一采购模式，以形成规模效应。他放手一搏，大胆将公司业务核心从石油运输转向石油贸易。他通过国际招标、批量采购等手段，短时间内实现公司扭亏为盈，让外界刮目相看。

不到 4 年时间，他纵横捭阖，将中国航空油料集团公司旗下分散的航空煤油采购权，集中到新加坡公司手中。"能够做到这一点，并且能够理顺母公司上下各种关系，确实展示了陈久霖的水平。"知情人士赞不绝口。

新加坡公司起死回生，中航油净资产由十几万美元增至 1.5 亿美元，市值超过 11 亿美元，是原始投资的五千多倍。陈久霖缔造了一个商业传奇，他因此也被誉为"航油大王"。

2001 年中航油成功上市，陈久霖仍不满足。他二次转型，推行以石油实业投资、国际石油贸易和中国进口航油采购三足鼎立的战略，开始挑战国际石油巨鳄的霸权地位。

陈久霖果断打出一张张好牌。2002 年，他拍板收购上海浦东国际机场航空油料公司 33% 的股权。2004 年，中航油收购华南蓝天公司 24.5% 的股权和广东水东油库 80% 的股权，并与阿联酋国家石油公司签署了在中东和新加坡投资石油仓储设施的合作备忘录。

中航油声名鹊起。"我在新加坡跟别人讲中航油是一家不知名的小公司，远不如中石油、中石化，没人相信的。"陈久霖说。但他领导下的中航油的发展却是迅速的。2001 年，中航油耗资 1500 万新币，在新加坡商业中心购买了豪华写字间，公司结束了多年居无定所的生涯。因为办公室 24 小时都有人在上班，中航油的办公楼也被外界称为"不夜城"。

去过陈久霖办公室的人士讲，屋内显著之处挂着他跟基辛格、李光耀等人的合影，一幅山水画的两侧挂有"瑞气云集、久旱甘霖"的对联。除此之外，就是摆满各类中外书籍的大书架——陈久霖竭力在这里展示出一个新儒商形象。

与此同时，深谙公关之道的陈久霖专门聘请新华社和中央电视台的记者到新加坡做宣传顾问。他在《联合早报》开设专栏，频繁出现在当地演讲台上。2002 年，媒体报道称他有 490 万新币 (两千多万人民币) 的年薪，陈久霖"打工皇帝"的美名也因此远扬。

然而，被胜利冲昏头脑的他从未意识到，乌云罩顶，一场灭顶之灾即将到来。

败也新加坡

中航油上市前两个月，考虑到投资者的顾虑，陈久霖匆忙着手布局公司风险控制体系。他找到一家会计师事务所，最后让两个没有什么经验的年轻人做了本《风险管理手册》。这个风险控制体系完全是做给投资者看的，装装样子而已。

"要争取在条件允许的情况下，把公司建设成为中国的第五个石油公司。如果我们收购了新加坡的国家石油公司，我们就可以自豪地说，我们就是中国的第五大石油公司。"2004 年 8 月，中航油签署收购新加坡国家石油公司 20.6% 普通股股权的协议。

这项收购付出溢价 4720 万元新币 (两亿多元人民币)，有业内人士大呼看不懂："中航油包括它的母公司都没有真正懂油的人才，不知道陈久霖的石油帝国如何建立。"

宣布签署收购协议的同一天，陈久霖成为中资企业 (新加坡) 协会第四任会长。他抛出改革协会入会费和年费制度平均主义的方案，"我一天就筹到了 24 万新币"。陈久霖颇为得意地说。会场之上，他跟身边人吹嘘：

"你看，这么多记者采访我。"这一切更使陈久霖认为自己无往而不胜。

登上事业巅峰的他，志得意满，抑制不住兴奋地对媒体宣称："自己和BP、壳牌、美孚这些国际石油大腕一个锅里吃饭。我们公司人均创利比通用电气高两倍。"

与此同时，陈久霖压根听不得逆耳忠言。一位证券分析师质疑中航油前景，他亲自打电话过去大发雷霆。中国银行对中资企业惜贷，他痛斥："我不要你的贷款，我有的是外国银行。"

中航油石油帝国的突然崩盘，与从事金融衍生交易的两名外籍交易员里格比和卡玛有着直接关系。两人凭借毛遂自荐的电邮，被陈久霖揽入麾下，重用不疑。他们两人3个月内未做报告，连续卖空石油期权200万桶，因油价持续走高，亏损580万美元。

根据中航油的《风险管理手册》，每名交易员亏损20万美元时，交易员要向风险管理委员会汇报；亏损达37.5万美元时，向CEO汇报；亏损至50万美元时，则必须斩仓。但当时在中航油发生的情况是，交易员没有报，交易员所在的部门没有报，风险管理部门也没有报，财务部也没有监管。这几个管理机制都失灵了。

要是陈久霖当机立断果断斩仓，那么不仅不会爆发轰动一时的"中航油事件"，而且此项亏损的责任就会落到两位外籍交易员以及公司风控人员身上。但得知亏损的当天，陈久霖召开紧急会议，讨论解决方案，却未及时做出决策。次日，风险管理委员会主任和交易员里格比前往陈久霖办公室，提出了令业内人士震惊的展期方案。

聪明一世，糊涂一时。陈久霖竟然鬼使神差地同意了这个方案。陈久霖信奉《易经》，《易经》不是讲"物极必反"吗？陈久霖认为国际石油价格再一次到了下跌的时候，中航油不仅没有斩仓，反而补仓。

"这是用野路子来对抗正常的商业思维。"同行一针见血地批判陈久霖的做法。以所谓《易经》的玄学来对抗期货交易的规则，只会导致窟窿越来越大。

谁人不知，玩期货甚至期权就像刀口舔血，最可怕的就是不知道设立止损点。能及时止损，输赢就不会太大。而做期权没有靠赌挣大钱的，除非是贿赂、欺诈或者信息不对称。

"赌可能是人的天性，我经常会赌一赌。"陈久霖经常如此对外宣讲。但对金融衍生交易缺乏基本的警觉，他孤注一掷，赌资就是盲目自信。2004 年 10 月，深陷漩涡的陈久霖向母公司报告石油期权交易巨亏及资金链断裂的情况，并请求最高 2.5 亿美元的资金支持。母公司将原定年底实施的减持股份行为提前，通过德意志银行将 15% 中航油股份进行配售，所获资金 1 亿多美元交中航油补仓。但油品期权交易导致巨额亏损，大错铸成，万难挽回。

由于大股东减持行为发生在亏损消息披露之前，尽管其动机是为了救助中航油，但依然构成了内幕交易。内幕交易是证券法下惩罚最严厉的违法行为，自此中航油陷入万劫不复的境地。

同年 11 月，中航油发布了一个令世界震惊的消息：因石油衍生品交易中损失 5.5 亿美元，向新加坡最高法院申请破产保护，召开债权人大会，重组债务，总裁陈久霖的职务也被暂停。

监狱内外

2005 年，陈久霖被新加坡检方提出多项控告，其中包括：制作虚假的 2004 年度年中财务报表；在 2004 年第三季度的财务报表中故意隐瞒巨额亏损；不向新加坡证券交易所汇报公司实际亏损；欺骗德意志银行；诱使母公司出售股票；等等。最终，2006 年，新加坡初等法院对陈久霖做出判决，他必须服刑 4 年零 3 个月。

陈久霖后来愤愤不平地回应道："我的刑期中，有 4 年是因为卖股票（欺骗德意志银行），这源于当时德意志银行高管问我的三个问题：中航油是否卖出的是国有股？之前中航油的股票交易是否存在问题？中航油近期是否存在经营异常？对三个问题，我的回答依次是 Yes、No、No，这一回答最终导致了该银行对中航油的系列决策。"

跌下神坛的陈久霖，走过人生低谷，作诗明志："墙倒众人推，既倒不怕推。日后垒铜墙，欢迎大家推。"在他眼中，为了团队的失误，自己甘愿一肩扛起，"如果这么做能够使别人得到解脱，我也值得这么去做。

我不下地狱谁下地狱"!

陈久霖在新加坡共服刑 1035 天。2010 年，他以一种曲线方式重新进入央企。时年，49 岁的陈久霖改名陈九霖，成为中国葛洲坝集团国际工程有限公司副总经理。陈九霖重回央企工作之事，引起了社会各界的争议和关注。然而这一切犹如死水微澜，很快归于平静。

看见历史

入罪复出的航油大王

田飞龙

几年前，陈久霖变身"陈九霖"出任中国葛洲坝集团国际工程有限公司副总经理，引起舆论和社会对这位集语言学学士、企业管理硕士、法学硕士和博士诸般身份要素于一体的国企经理人的高度关注和争议。有媒体质疑陈久霖的刑事案底和亏损业绩是其"复出"合法性的重大污点。然而，媒体的质疑并不能改变其所在企业"婆家"国资委对陈久霖经理人能力的肯定，也抹不去曾经的"航油大王"的辉煌业绩。

新加坡法院的刑事判决在国资委内部以及在其博士生导师马俊驹教授看来并非无懈可击，由陈久霖一人担责也有偏离"罪刑均衡"之嫌。正是上述重重因由，在新加坡跌倒"入罪"的陈久霖在国内"复出"并无特别障碍。

陈久霖有着辉煌的学术经历和经理人成就。勤奋好学、勇于进取、不畏失败，这些农村子弟身上的优秀品质在陈久霖身上格外突出。不甘平凡的他坚持求学历练，相继取得了语言学学士、国际私法硕士、企业管理硕士和民商法博士学位，这些学术经历使其储备了在海外经营极其关键的语言和专业知识。他由此成为中国企业海外拓展史中"知识型"经理人的代表。

中航油从小到大的发展，与陈久霖的个人贡献是分不开的。在陈久霖的努力下，中航油的发展相继取得了重要突破：第一，以批量采购、集中运输等方法实现国内航油进口业的经营集中与垄断，将企业资产从数十万美元拉高至上亿美元；第二，以中航油为基础平台开展海内外收购兼并活动，扩展中航油国际能源控制网络，同时为中国能源企业海外投资兼并探路；第三，企业发展转型，促使中航油从纯粹的石油贸易企业转型为集实业、工程与贸易于一体的多元化能源投资公司，其国际化经营架构与水平获得重大提升；第四，开展石油衍生品期权交易，涉足"石油金融"领域，尽管最终因巨额亏损承担刑责，却为中国能源企业的海外金融投资积累了经验。

陈久霖担任中航油新加坡公司的执行董事兼总裁，是新加坡公司最重要的职业经理人。该公司是新加坡的"外企"，对于中国国资委来说却是大型海外"国企"。陈久霖"入罪"是一系列期权交易不当行为的结果：第一，董事会批准进行石油衍生品期权交易，但却没有建立充分的风险防控机制；第二，外籍交易员的错误判断和不当操作（出售大量看涨期权）造成高达 5.5 亿美元巨额亏损；第三，母公司为弥补损失进行欺瞒公众和内幕交易操作，但责任却由新加坡公司承担；第四，作为经理人的陈久霖未及时向公众披露亏损信息，违背上市公司义务。

2005 年，新加坡检方指控陈久霖涉嫌诈欺、制造假讯息、未揭露中航油巨额亏损讯息、内幕交易等多项罪状。陈久霖部分认罪，同时请求辩诉交易。2006 年，新加坡初等法院最终判定陈久霖隐瞒亏损信息、内幕交易等罪名成立，配刑 4 年零 3 个月，罚 33.5 万新元。刑满后，陈久霖易名复出。

陈久霖的新加坡定罪以及国内复出的合法性，在社会上均存在一定的法律争议。

新加坡刑事定罪在法律上的争议并不很大，因为陈久霖本人部分认罪并请求辩诉交易。作为新加坡上市公司的主要负责人，陈久霖对于巨额亏损隐瞒不报，对于内幕交易知情配合，违反了新加坡刑法和公司法的相应规定。

争议主要在于，陈久霖本身是国资委委派的海外国企高管，企业核心决策权并不在本人手中，包括开展石油衍生品期权交易、补救时的母公司内幕交易、巨额亏损信息是否及时披露等，他有参与但并非最终决策者。如今，法律责任由陈久霖个人承担，是否合理存在疑问。当然，这里涉及公司犯罪的双罚制与单罚制问题。或许正是出于对陈久霖"单方"受罚的补偿，其"复出"才顺理成章。

关于国内复出的合法性，有人提出陈久霖有刑事案底和不良业绩，按照公司法和企业国有资产法有关规定，复出安排有违法之嫌。但是经过国内法律专家澄清，其复出合法性似可得到辩护：第一，刑事案底依据的是新加坡刑法，其判决在中国国内法上需要经过认定转换，不必然生效；第二，刑事案底所涉罪名不在公司法所谓的"贪污、贿赂、侵占财产、挪用财产或者破坏社会主义市场经济秩序"等列明罪状范围内；第三，不良业绩主要源自交易员错误操作和母公司法人集体决策，陈个人责任相对次要。

控制风险避免当冤大头
俞 飞

从 1997 年到 2004 年，7 年辉煌之后，陈久霖打造中航油石油帝国的梦想瞬间灰飞烟灭。2005 年，新加坡检方对中航油总裁陈久霖提出多项指控，2006 年，新加坡初等法院对陈久霖作出判决，陈久霖必须服刑 4 年零 3 个月，同时罚款 33.5 万新加坡元。

陈久霖是第一个因触犯国外法律而被判刑的中国在国外挂牌上市的公司总裁。同时在新加坡，陈久霖也成为第一个因内幕交易罪入狱的被告人。

陈久霖案再度暴露出国有企业管理体制的问题。这其中，中国企业在海外投资管理的话题也成为焦点。结合陈案，就中国企业走出国门如何规避法律风险的问题，法治周末采访了中国政法大学教授朱伟一。

法治周末：陈久霖一案，新加坡的定罪在国内引发的争议很多，您怎么看待新加坡对此案的判决？

朱伟一：对于此案，新加坡的处理没有什么值得称道的地方。新加坡是国际著名的离岸地，将成为取代瑞士的黑金隐藏地。

法治周末：中国企业涉足海外期权交易，如何防范可能带来的巨大风险？

朱伟一：2001年，证监会、对外贸易经济合作部、国家工商总局和外汇管理局联合发布了《国有企业境外期货套期保值业务管理办法》，证监会又发布了《国有企业境外期货套期保值业务制度指导意见》。应该说，严格按照该管理办法和指导意见办，应当能够避免大多数风险。

法治周末：中国企业走出国门，有哪些法律风险应该早作防范？

朱伟一：中国企业走出国门的风险之一是如何认识美国的资本市场和交易对手。资本市场是一个赌场，风险应当控制在可控范围。各国政府通常都禁止赌博，但有三种例外：在特殊的行政区允许赌博，如澳门；出售体育彩票；再就是资本市场的豪赌，美国金融危机是豪赌危害的典型例子。

华尔街银行之间通常有默契，凡事大家点到为止。即便是发生了金融危机之后，各大银行之间也并没有发生相互诉讼的问题。他们之间的纠纷都是幕后私了。中国企业登场则是来了新人，经常成为华尔街渔猎的对象。美国有一句行话，在下赌之前要先看一下在座的是否有冤大头，如果没有冤大头，那么你自己就是冤大头。

国际大银行是许多结算机构的大股东，他们可以通过结算机构清楚地了解各方下赌的信息。此外，国际大银行有许多理财业务和自营业务，可以调动巨额资金，控制交易的走向。所以他们经常是赢家。

唐万新："德隆"战车的无缰之旅

"悍庄"德隆之覆灭

林 海

　　无论何时，要评选中国股市发生的大事，2004 年"德隆帝国"的一夜崩溃都是不可不提及的一笔。然而此事件发生 8 年之后，"唐万新复出"的消息仍能激起千层浪。用中国人民银行前副行长吴晓灵的话说，"唐万新在实业上做得很好，但他是一个法盲"。

　　曾几何时，唐万新的创富神话成为一个时代的标本。其产业整合、金融混业的商业理想，被许多经济学家认为是资本经营的"最高境界"。现在回头看"德隆帝国"的溃败，或许关键症结就在掌门人唐万新的过分自信和目不识法。

新疆，梦开始的地方

　　1964 年，祖籍重庆万州的唐万新出生于新疆一个温馨之家。唐万新的父母善良、谦和，他们养育了在中国证券市场重组之风盛行时，横空出世的"德隆系"四兄弟：原中华全国工商联副主席唐万里、德隆帝国的"老战士"唐万平、唐万川和"舵手"唐万新，简称"万里平川一片新"。

　　1981 年 9 月，唐万新考入位于山东的原华东石油学院的石油地质系，对于唐万新来说，这与他"理论物理科学家"和"发明家"的理想实在是相去甚远。入校一年半后，唐万新即主动退学。他义无反顾地回到乌鲁木齐重考大学，这次，他的成绩达到了复旦大学物理系的分数线，但按当时的规定，已入学读书的大学生参加高考只能由原在读大学录取，但华东石油学院已录取完毕。最终，新疆石油学院接纳了唐万新，他的梦想又一次破灭了。

从新疆出去又回到新疆，不能不说是一种机缘。从唐万新后来的经历来看，新疆注定就是他梦开始的地方。1985年，唐万新21岁时即首度涉足企业管理。这一年，高校纷纷兴办校办工厂和农场，新疆石油学院也在吉木萨尔县创办了一个农场，但因管理混乱，亏损严重。唐万新满怀憧憬和冒险精神，积极自荐"打理"农场，但因为缺乏经验，农场的经营被"打理"得更加混乱。

1986年，唐万新又承包了乌鲁木齐市园林处知青社经营的彩扩业务，这成为他后来德隆帝国梦的起点。彩扩业务充分展示了唐万新的经营天才：他对外招工，许多在家待业的人都前来报名，唐万新要求先交押金。他用这些钱在商场租赁小彩扩柜台，在乌鲁木齐设点20处之多，此种独创的模式后来被许多人纷纷效仿。

在当时，扩印照片价格1元一张，唐万新对顾客承诺一个星期内交货。胶卷收上后，唐万新有时候亲自带胶卷到广州冲洗，或通过小恩小惠托去广州的乘客给冲洗。后来他买了台旧冲洗机，冲洗价格比市场价便宜，使其业务在乌鲁木齐的市场占有率达到80%。在短短的三四年时间，唐万新获利约60万元，这就是后来德隆系的第一桶金。

在"万元户"都极其稀罕的年代，年轻的唐万新已经身家几十万元。再加上他一趟又一趟的广州旅程，南方城市浓厚的市场经济氛围和民营经济的蓬勃朝气，都深深地感染了他。这更加激发了唐万新的想象力和斗志，他开始向更多领域进军。

成就"中国第一悍庄"

尽管唐万新在新疆积累了"第一桶金"，但是他真正开始构建其德隆帝国的"福地"却是西安和武汉。在西安经营的3年时间里，唐万新通过"一级半市场"（介于股票发行和流通中间环节的市场）倒卖多家企业的法人股，正式走进了资本市场。而1994年的武汉国债交易中心，唐万新向海南华银信托投资公司、中国农村信托投资公司融资3亿元，这笔钱在德隆迅速起家的过程中曾发挥重要作用。

1995年，唐万新成立了新疆德隆国际实业总公司，并在此基础上建构起以新疆德隆（集团）有限责任公司、德隆国际战略投资有限公司等为核心的德隆系集团（以下简称"德隆系"）。在他的领导之下，德隆系从一家地处西北边陲的小公司发展成为一个一度控制资产超过1200亿元的实业和金融帝国。

在实业方面，德隆系涉足行业之多令人称奇，从番茄酱、水泥到汽车零配件、电动工具、重型卡车，再到种子、矿业、零售等不一而足。而其通过各种直接间接手段控制的金融公司同样令人感叹，从信托、证券、租赁再到商业银行，所有的金融工具它几乎都一一囊括。

唐万新的梦想是，借助资本市场的杠杆之力，通过产业整合把实业做大。为此，唐氏团队在短短的几年中就控股和参股了多家证券公司、信托公司、城市商业银行、金融租赁公司、保险公司，完成了庞大金融帝国的布局，为其后来几年疯狂非法融资提供了渠道。1998年，德隆逐步发展出了被称为"接力棒"的"坐庄"模式。

所谓"接力棒"模式，是利用巨大的资金优势，操控上万个账户，砸盘造成股价大跌后再"洗盘""抄底"。将那些不堪被套的散户手中的股票收集到庄家手中后，再通过市场炒作或信息透露等方式，将股价推高数倍。例如，德隆完成"洗盘"后，其所操控的三只招牌股——湘火炬、新疆屯河、合金投资（被称作德隆系"老三股"）便是以滚雪球的模式完成上涨。

这种大刀阔斧式的跟庄和长庄，营造了德隆系品牌般的赚钱效应。德隆系也被称为"中国第一悍庄"。很多人心甘情愿地把资金交给德隆系，在委托理财业务盛行的那个年代，德隆系的名声比很多机构更有信誉。

这个时候的唐万新，在两个世界跳舞：一方面通过其控股的信托公司继续委托理财以获取资金；另一方面在股市上通吃流通筹码、炒股获利。在德隆系"老三股"股价节节上涨的几年内，唐万新内心充满了成就感。他在一封长信中称："至2000年，累计为客户赚取了三十多亿元利润。"

从出逃缅甸到回国领罪

然而，这种“接力棒”模式存在着根本性的软肋——必须有足够的源源不断的资金，在背后支持股价。随着委托理财资金的往来进出，股价和资金成本都逐渐被推高，靠德隆系自身来解决融入资金的收益根本就不可能。加上监管层开始全面打击做庄行为，德隆系开始逐步不堪资金重负。

今天回头来看，资本曾经帮助唐万新和他的德隆系帝国迅速膨胀扩张，但由资本构建的没有“地基”的金融帝国最终还是拖垮了德隆系。从 2000 年开始，德隆系每月的“护盘”及其他成本已达到上亿元，而漫长的熊市也让德隆系压力倍增，在用收购金融资产堵窟窿的方式死扛了 3 年之后，“中国第一悍庄”终于扛不住了。

2004 年 4 月 13 日，德隆系开始惊心动魄的跳水。到 2004 年 5 月 25 日，“老三股”的市值蒸发了 160 亿元。危机爆发后，唐氏兄弟四处出击，但均告失败。2004 年 5 月 28 日，唐万新、唐万川失踪。后者逃往加拿大，唐万新则逃往缅甸。

据吴晓灵回忆：“大家可能也从报纸上知道，唐万新能够回到国内，是我提的建议……如果回来了，该是什么错就是什么错，该领什么罪就领什么罪，当你受过罚还可以东山再起。”于是，2004 年 7 月 18 日，唐万新回到北京，随后在北京中苑宾馆被监视居住。唐万新的德隆帝国梦在 18 年后彻底被自己击碎。

2006 年 1 月，备受关注的德隆系大案在湖北省武汉市中级人民法院开庭审理。法庭审判中，公诉人控诉称，德隆系公司变相吸收公众存款 450 亿元，其中未兑付金额 172 亿元，涉嫌非法吸收公众存款罪；自 1997 年 3 月至 2004 年 4 月，德隆系公司使用 24705 个股东账号操纵新疆屯河、合金投资、湘火炬三只股票，累计盈利 98.61 亿元，涉嫌操纵证券交易价格罪。唐万新在自辩时认可起诉书中的大部分事实，在最后陈述里他表达了羞愧：“(我)负罪感强烈，完全服从法院的判决。”

2006年4月，在这起被称作是新中国成立以来最大的金融证券案件中，唐万新被武汉市中级人民法院以非法吸收公众存款罪、操纵证券交易价格罪，被判处有期徒刑8年，并处40万元罚款。德隆系三家核心企业则各被处以50亿元的巨额罚款。

2009年，唐万新获得假释，低调出狱。次年，被判罪定刑的德隆系旧部大多重获自由。而他们曾经叱咤风云的资本市场，仍然在风雨飘摇中前行。但是，他们大多不再回归投资行业，重建超级航母般的德隆帝国也已经不再可能。德隆系，已永远成为历史上畸形而妖艳的一页。

看见历史

资本江湖的合规生存

田飞龙

德隆系掌门人唐万新有句名言："但凡我们用生命去赌的，一定是最精彩的。"

这种"搏命"商道在实业领域多少有些不着调，但在金融领域则是最重要的心理素质，可称之为"胆商"。然而，任何游戏都有规则，任何博弈都有风险系数，唐万新将德隆系推上了"江湖第一庄"的宝座，自身荣膺"江湖第一庄主"，但这是一个当时的法律环境与民企常规融资能力无法支持的"金融帝国"。由于唐万新将金融博弈纳入了生命极峰体验和存在主义的范畴，其违规违法便成为必然选择。他是一个金融神话，也是一个金融教训。

神话者，他只手创建"江湖第一庄"的金融帝国，凝聚、培养、历练、储备了大量的金融管理与创新人才。德隆系成了中国民间的"金融学校"，各种高管和技术骨干成为中国金融市场深度发展的重要支柱。其中，"德隆"旧部多名高管出任港资背景的"梧桐资本"管理层，而保外就医的唐万新依然活跃于"德隆"遗产与新式资本合作的金融平台上，尽管只是"二线角色"，但影响力与金融博弈风格依旧。

教训者，他好大喜功，疯狂扩张，超常规融资与内部交易，在合规与风控上漏洞颇多。为了成为"江湖第一庄"，唐万新采取了"控盘坐庄"的"接力棒"模式，涉嫌操纵证券交易价格罪，基本技法是：第一，内部人决策操盘，滥用持股优势；第二，动用自有资金和部分委托理财资金形成资本优势；第三，动用超出法定限制的24705个股东账号"集束"式买进卖出；第四，在资本优势和持股优势下定向连续买卖、自买自卖"老三股"（新疆屯河、合金投资、湘火炬），造成股价异常波动和金融市场秩序振荡。

"控盘坐庄"越成功，护盘成本越高，终于导致"德隆系"护盘资金链趋紧，而其实业基础与常规融资能力又不足以支持。如果护盘失败，则"德隆系"金融帝国瞬间崩溃。为此，唐万新的另一宗罪开始出炉：非法吸收公众存款罪。"德隆系"本来就有常规的委托理财业务，此次护盘救急刺激"德隆系"将委托理财发展成"变相的吸收公众存款"，触犯了刑法。

从2001年到2004年，德隆系连续进行大规模的"吸收公众存款"操作。这种"变相吸收公众存款行为"正是1997刑法确立"非法吸收公众存款罪"要重点打击的对象。刑法保护的法益有二：一是国家的金融秩序与金融稳定；二是不特定公众的财产安全。德隆系的吸收存款行为未合法获得中国人民银行批准，其巨额未兑付资金造成公众利益巨大损失。

唐万新亲自打造起"江湖第一庄"的金融帝国，为护盘又私自建立了"吸收公众存款"风险融资体系。由于操盘过大，借债过多，德隆系最终于2004年惊险跳水，其"老三股"巨额萎缩，市值蒸发惊人。这是一个高风险的金融游戏，风险不仅来自于违法犯罪，还来自于金融市场自身的系统性风险。

唐万新在"以命相搏"的这场豪赌中日益被自己的冒险和创新技法套牢，陷入作茧自缚的困境。2004年，"德隆系"危机全面爆发，唐万新涉嫌非法吸收公众存款罪和操纵证券交易价格罪被逮捕起诉，于2006年获有罪认定，其麾下核心企业以"法人犯罪"被处以巨额罚金，遭受重创，唐氏金融帝国解体。2009年，唐万新保外就医，重入金融江湖，与德隆旧部会聚于"梧桐资本",但不再是掌门人和"庄主",而是幕后高参,在"合规"前提下发挥其金融创新余热。

唐万新与德隆系的资本江湖传奇给中国金融业界的最大启示是,金融创新必须具有充分的合规意识和风险控制机制,只有"合规生存"才是持久不败的金融商道。中国人民银行原副行长吴晓灵曾这样评价唐万新:有魄力,却是个法盲,对金融并不全懂。这一评价可谓中肯。

唐万新对"法治"和"金融国际"这样的现代事物没有充分的意识和准备,"德隆战车"在这一法律风险和金融市场风险交织的高风险系统中折戟沉沙,当不在意料之外。如今,中国的金融监管法律体系更加健全,而中国各大金融企业的合规部门和风险控制机制也逐渐成熟。

这种"后德隆"金融景象,既是"德隆教训"的反向调节的结果,也意味着与"德隆江湖时代"的告别。生活在中国金融新时代的唐万新,当有更恰当的自我反思过程和金融再创新成就。

企业家要有法商

邬蕾　朱闪闪

2004 年,随着法院的一纸判决,昔日由唐万新一手缔造的德隆系这一资本市场的泰坦尼克号沉没海底。

是什么原因使得德隆帝国置身于万劫不复之地?是民间融资的不畅通、还是企业风控法律知识的缺失,抑或是企业管理者自身法律意识的淡薄?针对这些问题,法治周末记者采访了中国人民大学法学院教授刘俊海。

法治周末:非法吸收公众存款罪是企业家容易涉足的危险地带,曾出现过的案子,比如民营企业家孙大午、资本市场大佬唐万新等。那么,该罪在罪与非罪间是否存在法律模糊的真空地带?

刘俊海:非法吸收公众存款罪在刑法上以及最高人民法院、最高人民检察院的追诉标准上都有规定。本罪在罪与非罪间没有模糊地带，法律本身没问题，但监管往往有漏洞，监管机构存在监管盲区。

法治周末：既然法律规定明确，那么这些企业家为什么还铤而走险？

刘俊海：因为民间企业得不到资金，只好走歪门邪道。因此，应该打通民间融资途径，修改证券法，扩大直接融资的比重，让企业在资本市场上通过发行股票获得融资。还应该放宽企业和企业之间的借贷，鼓励 P2P、众筹等融资方式，建立多元化、多层次的融资体系。

法治周末：德隆系全面控制"老三股"的手法，是一套集各种违规手法——内部交易、市场操纵等于一身的模式，这种模式也最终将德隆系及唐万新带入万劫不复之地。请你谈谈操纵证券交易价格罪（德隆系及唐万新被认定的另一个罪名）的入罪标准及与诱骗投资者买卖证券罪的区别。

刘俊海：诱骗投资者买卖证券是证券公司的行为，让股民多买股票，多收手续费。操纵证券交易价格不一定是证券公司的行为。往往是内部公司的大股东、内部知情人员的行为。这是两者最大的区别。

两者也有共同点，都对证券市场产生危害，都损害投资者的利益，都扰乱公开、公平、公正的市场秩序。所以这两类行为都要打击。特别是内部操纵交易价格，这些年一直在打击，但一直存在。这是因为违法收益过高，违法成本过低，收益高于成本，所以企业铤而走险，实施犯罪。所以在修改证券法的时候我们要降低违法收益。

法治周末：一年前，曾经有唐万新复出、德隆系复活的猜测疑云。同为昔日风光无限的资本大佬黄光裕在"垂帘听政"，虽然蛰伏牢笼，仍极大程度操纵着自己的商业帝国。你如何看待这种现象？

刘俊海：只要是法律不禁止，都可以。但是法律规定被追究刑事责任的人不能做企业高管。关键是，经过法律的再教育，吸取教训，他们既要树立诚信的商人思维，也要树立严谨合规的法律思维。我个人不反对这种事。

法治周末： 高质量有效的法务风险防控已成为现代企业存在发展的命门。你觉得现代企业该怎么从法务方面来健全和提升自己的实力？

刘俊海： 一个企业既要追求创新，也要诚信。既要追求发展，也要注意风控。这两个观念非常重要。对企业家来说，一定要信仰法制、敬畏法制。

这要求企业家一是要有法律风险风控的理念；二是要有严格的管理体制；三是要把理念和制度落实到实践。外国企业家谈判，左边是一个律师，代表法律，右边是一个会计，代表经济。所以当前还是要让企业家们内心深处敬畏法律、信仰法律，并对法律风险有清楚的认识。只有智商、情商，没有法商，企业早晚要像泰坦尼克号一样沉没。唐万新就是前车之鉴。

法治周末： 唐万新及德隆系代表了中国经济发展的一个阶段。这一样本给人们留下了哪些思考与借鉴？

刘俊海： 表面的繁荣如果以违法为底，一旦违法现象浮出水面，就危险了。一个企业，如果法律风控能力不行，企业就会沉没。德隆系的崩溃对当时的投资者造成很大的损失。这让很多企业珍惜投资机会，重视法律风控，对公共投资者带着感恩之心，重视公司治理。

企业不能着急，应遵循成长规律。企业做大后，不同板块、公司之间一定有相互关联交易，这些关联交易一定是对价公允的吗？一定是信息透明的吗？一定是程序严谨的吗？应记住公司发展扁平化的策略，不要建成七八代同堂的公司家族，否则尾大不掉。大家应总结出德隆系崩溃的原因，进一步捋顺公司的发展、内控、法律风险战略，把公司打造成可持续发展企业。

胡志标：独裁下短暂的营销神话

功夫有多好
邓学平

曾几何时，由功夫明星成龙出演的"爱多 VCD，好功夫！"的广告风靡一时。爱多 VCD 也因此红遍大江南北，成为中国家电行业最成功的品牌之一。一切的幕后推手就是爱多企业集团董事长胡志标。

这位一度被评为"20 世纪末中国商业历史永远不能被遗忘的商界奇才"在经历过短暂的辉煌之后，亦败倒在其独裁式的管理、法律意识和风险意识的缺乏之中，成为诸多商科教材的经典案例。

从爱多到爱多VCD

1969 年，胡志标出生在广东省中山市民众镇沙仔村。因为家徒四壁、经济拮据，胡志标早早就开始闯江湖、拜码头。改革大潮中的中山市，各种外来事物开始激荡着每个人的心智。胡志标很快就接触到了一些简单的电器，并且爱上了电器维修。为此，他专门到一所职业学校电器维修班学习，并在这里结识了他生命中最重要的合作伙伴之一，陈天南。

1986 年，17 岁的胡志标踌躇满志，在老家民众镇搞了个电器维修店。无奈彼时的电器十分稀缺，生意很快便难以为继。

万分失意的时候，胡志标想到了和他志趣相投的东升镇的陈天南。几番思量，胡志标提出和陈天南在东升镇一起办厂的计划。两人一拍即合，陈天南东借西凑，最终筹到了 4000 元。他与胡志标一起创办了升达电子配件厂，股份一人一半。

初创的升达电子厂瞄准市场上的所有机会，先后做过手柄游戏机、学习机和磁带播放机等。通过这个厂，胡志标第一次体会到了成功的滋味，赚到了人生的第一桶金。

然而年轻的胡志标雄心勃勃，根本不满足于眼下的这一切。终于，胡志标迎来了他的机会。1995 年的一天，在东升镇的一间小饭馆里，他听到一个消息：一种叫"数字压缩芯片"的技术正流入中国，用它生产出的播放机叫 VCD，用来看盗版碟片比正流行的 LD 好过百倍。"这个东西一定会卖疯"，这些话改变了胡志标的一生。

当年 6 月，升达厂就研制出了首台 VCD 样机。同年 7 月 20 日，胡志标 26 岁生日那天，他和陈天南共同投入 80 万元成立了一家新公司。那时张学友的《每天爱你多一点》刚刚登上流行歌曲的排行榜，爱唱卡拉 OK 的胡志标为他的产品命名时说："就是它了，爱多。"

商业造梦年代的疯狂

胡志标一出场就打了一场经典营销战。他的新产品上市第二个月就在《羊城晚报》上打广告，但广告词只有两个字"爱多"，既无产品说明，也无生产厂家。广告连登一个月，吊足了广东市民的胃口。

第二个月，胡志标将"爱多"变成"爱多 VCD"，谜底解开之时，它已经战胜广东无数的小作坊，成为品牌厂商。此后不久，"真心实意，爱多 VCD"的广告便在当地电视台上像模像样地播了出来。还是在这个月，胡志标把他千辛万苦贷到的几百万元——除留下一部分买原材料，剩下的一股脑儿地投进了中央电视台，买下体育新闻前的 5 秒标版。这成了当年中央电视台的第一条 VCD 广告。

命运的盒子一旦打开，就无法轻易合上。特别是在那个造梦的年代，更是如此。胡志标就此开启了他最为辉煌的商业生涯。

胡志标虽然读书不多，但聪敏过人，有着远远超出同龄人的见地和胆识。胡志标认为，要快速完成品牌战略的关键只有两个，一是找最有名的人拍广告，二是找最强势的媒体播出广告。于是，爱多找到了张艺谋和成龙。成龙开价450万元，这几乎是爱多当时的全部利润，但胡志标一咬牙，干了。

很快，一条由成龙出演的广告片拍出来了，广告词也十分简洁干脆："爱多VCD，好功夫！"1996年11月8日，揣着这条广告片和八千多万元经销商的集资款，胡志标走进了中央电视台梅地亚中心。爱多以8200万元的高价争得了天气预报后的一个5秒标版，夺得央视电子类产品广告的第一名。

20世纪90年代中后期，价格两三千元的VCD机对于千百万中国家庭而言意味着新的时尚标配，市场潜力可想而知。1996年这一年，随着爱多的崛起，国内一夜间冒出了上百家VCD制造工厂，每家都来势汹汹地想分一杯羹。伴随着销售量从1995年的60万台猛增到600万台，整个VCD行业颇有喷薄而出的感觉。

胡志标决定清除这些行业内的散兵游勇，而撒手锏则是价格战。就在梅地亚中标后的一个月，爱多突然宣布大降价，短期内将VCD的价格从每台近4000元降到每台两千多元，后借香港回归年之机再次将价格降到1997元。高达45%的降价幅度，令成百上千的中小VCD厂商纷纷倒闭，甚至连步步高、金正、新科、万利达等巨头都叫苦不迭。

然而，降价是一把双刃剑，在遏制对手的同时，也会伤及自身。爱多并未如愿以偿地挤掉所有竞争对手，但却为自己的利润率和现金流埋下了隐忧。不过，这还是后话，在当时，胡志标还沉醉在他的宏图愿景中，他还有更大的手笔要出。

1997年年底，胡志标赴荷兰飞利浦公司总部考察。这个老牌工业国家的电子业"巨人"以"私人飞机加红地毯"的最高规格接待了这位来自中国的年轻人。奇迹还在继续上演。当年，爱多的销售额从前一年的两亿元一跃而骤增至16亿元，赫然出现在中国电子50强的排行榜上。在这样的背景下，爱多史无前例地下注2.1亿元夺得中央电视台1998年的广告标王。

这是胡志标最疯狂的手笔，也直接引爆了他与陈天南之间早已存在的矛盾。同样作为爱多创始人和大股东的陈天南甚至在爱多成为标王3天以后才从其他管理人员口中知晓此事。胡志标的独断专行使爱多实际上已经任由他一人掌控，陈天南则被彻底边缘化。

尚未进入不惑之年的胡志标，得到了太多他这个年龄不该享有的权势、声名和财富。特别是成了中央电视台的标王以后，举国关注，胡志标的虚荣心迅速膨胀，心态急剧改变。而这，对于一个企业经营者却是非常危险而致命的。

从辉煌的顶点跌落

胡志标越发对陈天南坐享与自己同样的股东地位感到不满，除了在重大决策上大权独揽，甚至连公司财务也交由自己的妻子林莹掌管。这还不够，胡志标未经陈天南等股东的同意，挪用爱多集团巨额资金以及上游零部件的材料款和下游代理商的订货款，私自注册成立了中山市爱多数字视频设备有限公司、中山市爱多音响设备有限公司、广东爱多音像有限公司3家公司。而这些新注册成立的公司无一例外地没有陈天南的股份。

胡志标这样做不仅挪用了现金，掏空了爱多的利润，还滥用了爱多的品牌。陈天南终于被激怒了，在要求对公司财务进行审计未果后，正式提出了退股。这正是胡志标想要的，他几乎是立刻便答应了，将陈天南的股份折价5000万元。但由于资金链的紧张，在支付数百万元后再也未能支付余下的款项。

陈天南忍无可忍，于1999年4月17日直接以律师声明的形式在《羊城晚报》发表"股东授权声明"。爱多危机由此爆发、迅速失控，诸多代理商和供应商开始纷纷上门讨债。

与此同时，价格战使刚刚兴起的VCD行业利润迅速摊薄，销售额的增长并未带来利润的同步增长。摊子越铺越大，而胡志标可调动的资金却越来越紧张。市场营销上的大胆无畏使胡志标脱颖而出，而财务管理上的大胆无畏、缺乏法律意识和风险意识则让他犯下了无可挽回的错误。从上游零部件供应商的材料款，到下游代理商的订货款，胡志标都开始肆无忌惮地挪用。这些款项中的很大一部分被他挪用到私自成立的3家公司。而这些公司草创不久，投入的资金根本来不及变现。

胡志标一时间陷入了财政窘迫的危机，但他依旧做着最后的努力。爱多的产品当时并未明显积压，他希望能用时间化解这一切。为了让原材料商继续供货，他指使妻子林莹开出了12张金额共三亿多元的空头远期兑付支票。用尽一切手段去挽回，当支票到期后，胡志标却未能兑付。

1999年12月，中山市中级人民法院受理了申请爱多破产还债一案，爱多正式进入破产程序。此后，面对如雪片般飞来的讨债请求，胡志标只得变更联系方式，远走他乡，四处躲避。

2000年4月18日，胡志标在汕头被警方拘留。3年后，中山市中级人民法院以票据诈骗罪、挪用资金罪、虚报注册资本罪三罪并罚判处胡志标有期徒刑20年，罚款65万元。

2004年2月6日，广东省高级人民法院认为票据诈骗罪不成立，改判胡志标有期徒刑8年，并处罚金25万元。后因狱中表现良好，胡志标于2006年提前出狱。

如今，爱多的故事已经成为诸多商科教材的经典案例。胡志标失败的原因很多，比如缺乏核心技术、盲目扩张、财务管理混乱等。也许在那个狂躁的年代，人们都渴望一夜暴富、一夜成名。但成功的快，失败的也快。爱多从无到有、从小到大、从辉煌走向破灭，仅仅用了4年左右的时间。而等待胡志标的则是冰冷的手铐和一纸无情的法律判决。

看见历史

从独裁标王到民企之友

田飞龙

胡志标是财经作家吴晓波《大败局》中的人物之一。进入这个"局"并不容易，大多数创业者或者折戟沉沙，或者穷其一生仍然是无人知晓的"局外人"。这个"局"既是中国民企的财富创造史，也是其法制适应史。

胡志标以"标王"著称，是20世纪90年代中后期中国家电业营销之"爱多神话"的创造者。他27岁创造了27亿元产值的企业集团，以2.1亿元竞得央视广告"标王"，盛极一时。他大起大落的前半生恰是其姓名的完整诠释："胡"是超级营销与企业独裁化管理的基本风格；"志"是志存高远、豪赌博胜的"赌商"心理；"标"是标新立异、闻所未闻的商业创新。

这是一个典型的"独裁标王"，突出表现为其排挤核心合伙人与企业家族化的坚定操作。胡志标的"独裁化"是从1997年与陈天南交恶开始的。1997年之前的爱多集团以胡、陈二人的齿轮式关系为内核，胡志标主打市场营销，陈天南作为法人代表坐镇管理。

这一和谐共荣关系终于在胡志标式"营销"节节成功之际被打破：第一，胡志标以"营销"身份需要和集团整体利益为由逼使陈天南交权，自身成为法人代表；第二，违反包括陈天南在内的企业董事会决议，以超高价竞得央视广告"标王"，荣誉与影响尽收于己；第三，以资金紧张为由阻断陈天南负责的爱多工业城项目，将陈排挤出企业决策圈；第四，退股安排迟迟不予落实，使得陈天南进退维谷。同时，他于豪华婚礼之后安排其妻林莹掌管企业财政大权，导致企业进一步"家族化"。

内部独裁导致企业管理丧失了基本的理性制约结构，脆弱的民企治理体系已风雨飘摇。胡、陈分手是"爱多神话"崩溃的导火索。这是爱多版的"中国合伙人"故事，表明中国民企创业团队可"共苦"，不能"同甘"。连同爱多的"家族化"，这或许并非中国合伙人的独特缺陷，而是人性的普遍弱点，是人类商业史和商业文明血脉中的"不安"成分，源于人深层的"独占"心理。

"爱多神话"崛起迅速，衰落亦瞬间完成：第一，央视广告"标王"未能带来1∶10的产出预期，导致爱多亏损严重，资金更趋紧张；第二，陈天南1999年年初在《羊城晚报》发表律师声明，声称爱多若干子公司是违规设立，将爱多内部矛盾及资金紧张状况公开化，爱多的企业信用降至冰点；第三，胡志标长期拖欠供货商货款与经销商货品造成不良市场影响，加之陈天南声明，爱多遭遇产业两头"夹击"逼债，濒临破产。

而胡志标遭遇的是三宗罪：第一，票据诈骗罪，这源于爱多1999年与4家零部件供货商的41份购销合同，据称胡志标开出3.1亿元"空头支票"，涉嫌票据诈骗，一审获罪，二审经认定系财务困难而非故意诈骗而除罪；第二，挪用资金罪，指胡志标未经爱多董事会批准擅自挪用企业来自经销商的预付款和应支付的供货商货款成立新的子公司，而子公司之设立同样未经集团董事会批准，罪名成立；第三，虚报注册资本罪，主要涉及新成立的数家子公司在工商注册时的虚报注册资本行为，罪名成立。胡志标一审获刑 20 年，二审因"票据诈骗罪"除罪改判至 8 年，服刑期因表现良好获假释，于 2006 年出狱。时年不过 40 岁，商业人生刚过半。

2006 年还不完全是胡志标商业人生的分水岭，因为其出狱后还短暂复制过曾经的"爱多"营销模式，即在节能灯饰和液晶电视行业的复出实践。这两次"短促突击"均以失败告终，20 世纪 90 年代的"爱多神话"与"标王"式营销已无法见效于更趋理性化的市场。

痛定思痛，胡志标开始重要的人生转向。面对"40 岁再创业"的改革企业家现象，胡志标明确表示："我不做英雄，做英雄的服务员。"不过，真正能够使胡志标走出"大败局"的是融合了其独特营销经验与管理实践的管理咨询。

狱里狱外，胡志标并没有被中国商界遗忘，也无法遗忘，因为曾经的"爱多神话"是那么耀眼，当然赢得诸多企业家向出狱后"洗尽铅华"的他"淘宝"。一时之间，他以私人身份为诸多企业提供管理咨询和风险控制预案，并成立一家名号为"立于不败"的公司。狱中，他一定无数次扣心自问：如日中天的"爱多"到底因为什么而昙花一现？

这不是"爱多"的孤立现象，而是吴晓波《大败局》中企业家英雄榜的普遍现象。从外部来看，中国法治转型期的市场自由、民企平等待遇、产权保护、法律与政策风险均处于不确定和不完善之中，"大败局"不仅仅是企业家的败局，其记录的也是中国经济法制的演进史。从内部来看，"家族企业"难题和中国合伙人的团结难题以及企业家在"暴富"和"暴发"之际的人性弱点与独裁倾向，也是造成"大败局"的重要内因。

胡志标提升了自己的思考层次，立志成为中国的"民企之友"。总体上，胡志标的咨询机构充当了中国民企的"战略孵化器"。他要让更多年轻企业家成功，少走弯路，以中小企业为基础稳健孵化出新一代的中国民企方阵。

可以说，中国民企的"大败局"突围，不仅寄托于法治进步，亦寄托于商业文化的文明转向和企业家群体以"理性意志"驯服内在另一个"非理性反意志"的精神突围。

爱多神话的蜕变

邬蕾　陶依航

20世纪90年代末的标王、爱多VCD创始人、一代商业奇才胡志标一度身陷囹圄。从监狱出来后,他再三创业。人生浮浮沉沉,这之中是什么让他创造了商业神话?又是什么带他走入法律禁区?为此,法治周末记者采访了中国政法大学经济法学副教授吴景明。

法治周末:有人评价说胡志标是"20世纪末中国商业历史永远不能被遗忘的商界奇才",你怎么看?

吴景明:胡志标传奇之处在于他对于市场的预测和百姓从众心理的把握,其产业产值在1996年到1997年的一年之间翻了两番。他开创了中国第一例悬念营销、第一例招商巨型户外广告,实实在在在最短的时间缔造了"爱多神话",在最短的时间主导了"爱多"品牌,带动了中国家电行业营销模式的重大变革。

法治周末:胡志标的成功很大程度归功于他的营销战略。你是如何评价其营销战略以及他带动的家电业营销模式的重大变革?

吴景明:从胡志标的三次创业两次失败的过程来看,他的营销战略并不总是成功的,前两次失败的原因在于他卖空、买空、做空的营销方式。在市场经济初期,市场经济的发展与管理还不够完善,依靠做空的方式获得企业盈利,在短时期内能起一定作用。胡志标能借此将家电产业做大、名气打响,这种做法是符合当时市场状况的。

但当市场走向成熟以后,企业依靠做空的方式来作为营销战略,其结果必然是失败的,而且为了让做空的手段成功,他必然游走于法律的边缘，甚至于做出违法的行为。所以，胡志标前两次的失败都是貌似成功的营销方式而导致的结果。

法治周末：在胡志标案的审理过程中，法院二审认定其票据诈骗罪不成立，你怎么看这个判罚结果？

吴景明：票据诈骗罪，是指以非法占有为目的，利用金融票据进行诈骗活动。而胡志标虚假注册、成立多家公司，其目的是为了降低成本、扩大企业对市场的控制力度。也许有的企业看到爱多公司的虚假繁荣，而与之合作，但这不能表明胡志标有诈骗的行为，所以票据诈骗罪不成立。

法治周末：你如何评价胡志标获得假释后的东山再起？比如他转向家电电商平台，并提出只做名牌电器。

吴景明：胡志标此次吸取了前两次创业失败的经验教训，从实着手而不再是做空形式的弄虚作假，虽然形式上是通过虚拟网络销售，但是其商品的品牌、质量和进货渠道都和实体店一样，明显区别于之前做空的方式。

也正是胡志标通过三次创业的曲折，感受到天堂与地狱间巨大的落差，受到多次打击之后的闭门思过，才真正领悟到市场真正的需求。所以我认为胡志标已经完成思想的蜕变，成为一个成功的商人了。

法治周末：你觉得胡志标案给了人们什么样的启示？

吴景明：企业家需要遵守法律，不要尝试去钻法律的空子，更不要游走在法律的边缘。胡志标是一个非常有智慧的人，但有智慧的人在市场经济下一定要走在法治的道路上，才不至于使自己的创业归零。

戴国芳：宏观调控下的祭旗者

戛然而止的钢铁狂想曲
邓学平

经历大起大落之后，年逾五十的戴国芳或许更能洞彻他的天命所在。铁本的雄心壮志早已凋零殆尽，只有那无尽的蒿草仍在无所顾忌地疯长，似乎在做历史的见证，又似乎在做无尽的言说。

在中国企业家年谱中，戴国芳是无法跳过的一个名字。他出身贫寒，却实现了从一名普通泥瓦匠到中国富豪的蝶变。

他曾经雄心万丈，想晋升为中国新一代的钢铁大王。但不曾料到，一场巨浪将他吞噬。如今，戴国芳成了一面镜子，折射出中国民营企业家的命运和时代的变迁。

泥瓦匠出身的企业家

1964 年，戴国芳出生在江苏省常州市武进区东安镇安北村的一户农民家庭。这是一个从蒿草丛里长出来的苦孩子，他初中二年级便不得不辍学谋生，跟随父亲做起了泥瓦匠。

16 岁那年，他开始转行做废品收购生意。那时，常州一带办起了很多中小型制造企业，戴国芳就每天去工厂附近捡拾和收购废旧铜铁。尽管受教育程度不高，但是他似乎有着特别的商业禀赋和天分。稍稍积攒了一点钱，他就去买了一辆手扶拖拉机。这样一来，不仅他的收购半径扩大了很多，而且收购效率也成倍提升。尝到甜头后，他很快又买回一台压块机。

因为他发现，将碎铁压成铁块可以卖出更高的价钱。没过多久，他已经能将压出的铁块卖到无锡和上海的钢厂。

1984 年前后，戴国芳发现炼铁的利润要远远高于废铁买卖，便在自家老院子的旁边辟出一块地，挂牌办起了一家名叫三友轧辊厂的炼钢作坊，并一口气购进了 3 台小电炉。戴国芳也许不知道，从这一刻起，他的命运已经注定与炼钢捆在了一起。

由于小电炉电耗成本很高，戴国芳转而从上海等地的国有企业购买了几台淘汰下来的二手转炉和化铁炉，形成了简单的产业链。在积累了一定的炼钢经验之后，戴国芳又去承包了一些濒临倒闭的国有钢厂的车间。那是一个体制决定效率的年代，在国有企业厂长手上毫无生机的炼钢车间一旦转到了戴国芳的手中，顿时就成了赚钱的机器。最多的时候，他名下的承包车间有 5 家之多。

由于经营有方，戴国芳逐渐完成了他的原始积累。1996 年，他手头上的资金已经达到 6000 万元。这一年，戴国芳带着他的全部家当，在常州注册成立了江苏铁本钢铁有限公司，寓意以铁起家、不离本业。

富豪榜新秀

20 世纪 90 年代中后期，东南亚金融危机席卷全球。政府迅即启动了大规模的刺激政策，国内各种能源全面紧缺，钢铁和电力成为最紧俏的商品。在钢铁市场上，无论是线材还是板材，普通钢还是特种钢，价格普遍持续上涨，几乎到了"一天一价"的地步。那时铁本厂的门口，来自全国各地的大卡车每天排成长龙。

铁本的快速发展并没有让戴国芳沾沾自喜、夜郎自大。戴国芳比任何人都清楚，铁本工厂的规模还是偏小，技术水平仍然偏低，生产的都是轧辊、连铸坯等低技术含量的产品。为了让铁本跃上一个新台阶，戴国芳决定倾其所有上马高炉项目。

高炉建成之日，戴国芳当着数千工人面对高炉长跪不起，泪水与汗水交混而下，在场的人无不为之动容。这一年，铁本的钢产量猛增到 100 万吨，销售收入超过 25 亿元。在当年的《新财富》"中国 400 富人榜"上，他名列第 376 位，估算资产为 2.2 亿元。

2002 年的春天是一个草长莺飞的季节。38 岁的戴国芳在长江南岸的长堤边独自踱步，新建一个大钢铁厂的想法在他的脑中挥之不去。按戴国芳的估算，中国的这股钢铁热起码还可以延续 5 到 6 年，这是钢铁人一生难遇的大行情。戴国芳不想错过任何可能使铁本有更好发展的机会。

那一年，戴国芳从一个偶然的机会得知，常州市准备在长江沿岸附近辟出 3 万亩左右的土地作为产业基地。长江沿线号称中国的钢铁长廊，武汉钢铁、九江钢铁、马鞍山钢铁、南京钢铁、宝钢集团等钢铁巨人比肩而立、蔚为壮观。戴国芳决定将铁本建在这些国字号大佬们的身边，有意要一竞高下。

按照戴国芳当初的设想，新建设的工厂比现有产能大出一倍左右，它的主体建设是两座高炉和一个 14 米深的深水码头，占地 2000 亩，年产 260 万吨的宽厚板，总投资额为 10 亿元左右，主要以自有资金滚动投入。在与苏州、无锡的 GDP 竞赛中逐渐处于下风、亟需大的投资项目拉动增长的常州市政府在知道这一情况后，主动伸出了橄榄枝，出台了一系列扶持加码政策。

那时全国各地都在上马钢铁项目，常州市政府非常希望铁本的新厂能扩大规模和影响。在当地政府的热情推动下，铁本项目规划一改再改。短短 6 个月，规模从一开始的 200 万吨级，加码到 400 万吨级、600 万吨级，最后被确定在 840 万吨级，占地规模从 2000 亩攀升到 9379 亩，工程概算也从 10 亿元剧增为 106 亿元，产品定位则提升为船用板和螺纹钢等较高档次产品。

在那个时候，铁本的固定资产只有 12 亿元，净资产仅 6.7 亿元。以这样的资本规模要启动一个超百亿元的项目，没有金融机构的强力支持是无法想象的。在确认政府支持的信息后，当地银行大开绿灯，铁本几乎没费什么工夫就获得了近 44 亿元的银行授信。然而，成熟的规划、充足的资金配套只是基础，这种规模的投资项目按规定还必须得到国家发改委的批准。

当时急着上马工程的不仅有戴国芳，还有当地政府。铁本项目如果照实上报，不但审批流程旷日持久，而且获准的机会十分渺茫。于是，铁本的 840 万吨项目被拆分成 7 个子项目和 1 个码头项目分别上报，铁本相应成立了 7 家"中外合资公司"。同时，当地政府火速批准了所有的基建项目，甚至有些手续直接由政府代为办理妥当。

当地政府的鼎力支持，让戴国芳更加全身心地投入到新厂的建设上。据一位参与该项目的包工头回忆，戴国芳由于整天都想着新项目，每天差不多 7 点就开始上班，晚上 12 点的时候还要亲自到工地查看进度，常常工作到半夜一两点钟。由于精神高度紧张，戴国芳甚至要借助安眠药才能入睡。

那时戴国芳近乎玩命的工作只为了那句"3 年超过宝钢，5 年赶上浦项"的豪言壮语。在当时，几乎所有人都认为这只是呓语，只有戴国芳把它当成了真正的目标。

调控风暴引来牢狱之灾

就在戴国芳的铁本厂建设得如火如荼之时，一场猛烈的调控风暴不期而至。戴国芳和铁本厂的命运就此急转直下，其结局之惨痛超出了所有人的想象。

面对"全民炼钢"的热潮，国务院于 2003 年年底发文要求迅速遏制钢铁领域的盲目投资。2004 年 2 月，国务院组成 8 个督查组分赴各地清查钢铁、电解铝、水泥等行业中的"盲目投资行为"。就这样，戴国芳和他的铁本被卷入了一场始料未及的惊涛骇浪之中，悲剧性地成为那场宏观调控的"祭旗者"。

面对声势浩大的调查，从来没有应付过如此场面的戴国芳方寸大乱。于是，他向上级呈递了一份自查报告，供认自己虚开了近两亿元的发票，并且承诺尽快补缴所有的税款。然而，事态远比他想象中的要严重得多。正是这份自查报告在两年后成了检察机关指控其犯罪的最有力证据。

3 月 20 日，遭到巨大压力的常州市政府组成了铁本项目清理工作领导小组，紧急下达了停工令。4月初，一个由9部委组成的专项检查组赶赴常州，对铁本进行全面检查。4月19日，戴国芳和他的妻子、岳父等10人被警方带走。此后，新华社向全国播发通稿，《人民日报》也为此专门发表社论。铁本成为宏观调控的"第一案"，项目被迫全面下马。

然而单纯从司法角度，戴国芳的案件却充满争议。该案最初因"违法用地"而起，媒体列举了其5个方面的问题，但检方指控的却只有虚开增值税专用发票一个罪名。戴国芳被逮捕羁押超过两年后，才迎来首次开庭，羁押4年之后，法院一审还未判决。2009年4月，戴国芳最终被以"虚开用于抵扣税款发票罪"判处5年有期徒刑，并用"羁押折抵刑期"，戴国芳很快就取保候审开始恢复人身自由。

判刑确定之日，即是戴国芳重获自由之日。然而戴国芳的悲剧所引发的争议却并未因此停息，甚至有人将之视为"国进民退"的标志性事件。

出狱之后不久，戴国芳又开始了新一轮的创业。只是此次，他显得异常低调。经历大起大落之后，年逾五十的戴国芳或许更能洞彻他的天命所在。铁本的雄心壮志早已凋零殆尽，只有那无尽的蒿草仍在无所顾忌地疯长，似乎在做历史的见证，又似乎在做无尽的言说。

看见历史

宏观调控的法律创伤
田飞龙

2004年的"铁本案"是戴国芳的滑铁卢，铁本老厂与新厂也因此案在价值上大幅缩水，资不抵债。戴国芳从收购废旧钢铁起家，1996年创办铁本公司，通过巨额融资和行业适时扩张，成为常州经济的重要支柱。他也因此被地方政府鼓动上马千万吨级钢铁项目，最终遭遇国家宏观调控。

戴国芳的遭遇是无法回避的：第一，铁本新项目的仓促上马及分拆规避方案不可能是铁本的单方决策，而必然是地方政府的政绩工程和挂号项目，否则相关审批的"一路绿灯"不可能顺利开启；第二，国家部委联合调查组进驻后，戴国芳为自首赎罪，曾主动提交"自查报告"承认虚开发票抵扣税款情节，并快速补齐税款差额，这成为后续对其定罪的主要证据；第三，戴国芳被羁押、审判和定罪获刑，并未牵连出显著的贪污贿赂案件，也没有与之相称的行政问责，可见该项目并非戴国芳"官商勾结"的腐败成果，而是地方政府的项目需求与铁本的发展需求相结合的产物，但这一结合却不经意间触碰了国家宏观调控的红线。

2004年，戴国芳陪着地方政府"高调"了一回，据接近他的人士透露，他本是一个正直而不高调的人。部委联合调查组的调查报告确认铁本项目的性质为"一起典型的地方政府及有关部门严重失职违规、企业涉嫌违法犯罪的重大案件"。

戴国芳案件本身的法律问题，其实依然存在重要争议。该案两名代理律师孙国祥与钱列阳均进行了无罪辩护。孙国祥是南京大学法学院刑法学教授，其提供的无罪辩护意见要点为：第一，铁本公司的"虚开"发票行为虽然存在，但在刑法意义上不成立；第二，铁本公司从物资回收公司取得发票的行为不构成违法；第三，铁本公司不存在虚开抵扣税款发票罪的故意；第四，铁本公司虚开发票行为不具有该罪的实质危害性。

当然，这些辩护意见没有否认铁本公司存在虚开发票行为，而虚开的发票也确实用于抵扣了税款，而且这一行为本身的违法性在法律上并非不成立。问题是，一方面这一虚开发票行为在废旧钢铁收购业普遍存在，成为某种行业惯例。但另一方面，在形式法治意义上，"法不责众"只是一个明显偏弱的合理性辩护理由，较真起来还真过不了合法性这一关。

从2004年4月到2008年10月，戴国芳共被羁押长达4年半。2009年4月17日，常州市中院做出一审判决，判处戴国芳"虚开抵扣税款罪"成立，定刑5年。

这个刑期是大有讲究的，一方面考虑到了2004年调查组进驻后戴国芳主动提交"自查报告"的自首行为，从轻处罚；另一方面，5年刑期略高于羁押期限。

后续许多故事便再次诠释了中国式"政治经济学"的某种玄妙。只是，戴国芳不知道地方政府违法违规，不知道国家突然开始进行钢铁业宏观调控。这造成了让铁本公司和戴国芳本人无法承受的"法律创伤"。

铁本案基本终结了铁本公司和戴国芳的钢铁产业前途。自2004年戴国芳被拘捕开始，铁本公司即被以低廉租金协调给其他钢厂租赁经营，新厂项目则势成烂尾，土地又无法复耕，企业整体资产不断蒸发缩水。

戴国芳重获自由后本有获取铁本清算剩余并东山再起之志，地方政府亦有确认权益和相应补偿戴国芳的计划。但2009年7月开始的公司破产清算结果却是资不抵债：登记债权人总债权额为38.4亿元，但铁本公司的老厂与新厂资产拍卖总价不足10亿元，其中权属不完备的土地使用权未纳入拍卖。

不过，作为铁本曾经的老板以及颇受同情的民营企业家，戴国芳在江苏的人脉和融资关系并未严重受损，其于2010年正式出山，成立江苏德龙镍业有限公司，移师苏北盐城，目标是打造中国乃至世界最大镍铁生产基地。他从此更加低调谨慎行事，对地方政府政绩工程亦审慎应对。只是"青山依旧在，几度夕阳红"，铁本的法律创伤是否可能完全疗就？二次创业又如何再获胆商与机运？耽误掉的6年商业黄金期是否真能补回？民营钢铁业新的竞争格局是否还有"旧铁本"灵魂人物的一席之地？一切均在未定之数。

铁本事件的宏观与微观

朱闪闪　宋学鹏

2004年，戴国芳铁本事件被前来调查的部委联合调查组确认为"一起典型的地方政府及有关部门严重失职违规、企业涉嫌违法犯罪的重大案件"。这也让戴国芳铁本事件成为当时宏观调控的"第一案"，但戴国芳案却并非宏观调控政策背景下具有典型意义的案件，因为无论从调查到罪行宣判，戴国芳案都充满了争议。结合当时大的经济环境，法治周末采访了中国政法大学教授王涌来反观戴国芳案的种种成因及其教训。

法治周末：戴国芳铁本事件被称为宏观调控"第一案"，当时的宏观调控环境和戴国芳铁本事件有哪些关联？

王涌：当时中国的宏观调控正处于一个关键时期。第一，当时宏观调控的背景比较紧迫，政府开始加强宏观调控，也是为了保证政令的畅通；第二就是宏观调控政策被视作一项重大政策，亦可维护中央的权威。铁本事件就是在这么一个特殊时期发生的。

法治周末：中国经济改革，向来有"闯关"的传统："看见绿灯快快行，看见红灯绕开行"。你觉得铁本事件发生的动因是什么？

王涌：动因呢，还是地方政府为了发展经济、为了 GDP、为了地区之间的经济竞争。引入大型项目，吸引大型项目落地生根，提高本地经济竞争力，这些都可以概括为当时的动因。但是这种追求经济发展的行为，往往忽略了对全盘的考虑。

法治周末：铁本事件也彰显出中央和地方的关系，这是体制改革需要面对的最大难点之一。怎样解决这一矛盾？中央与地方财权、事权划分的法律化是否可行？

王涌：现在地方政府无论在重点项目审批还是土地审批上乱象很多。出现这样的情况是因为，第一地方政府获利很大；第二很多法律不是很成熟。

现在中央和地方的财政收入的划分有调整的空间，这是其一。其二，中央、地方权力划分的模糊，使地方的很多事情不具有可预见性，所以应该在制度层面更加清晰。第三，在法律层面，宪法层面进行划分能更好地赋予地方政府权力。

现在新一届政府，很重要的一项工作就是放权，很多权力放到了地方。放权是中国激发地方活力的一个重要的手段，这是一个值得肯定的方向。

法治周末：事实上，铁本的意义已超越了一个企业的命运。中央、地方和企业都应该从中汲取教训，思考彼此之间应该建立怎样的行为边界。你能简单地谈谈这三者的关系吗？

王涌：中央和地方的关系，第一在审批问题上，有些审批的标准，是由国家部委或国务院的一些文件设定的。很多东西在法律上没有直接的规定和杠杆。

这种自上而下的中央审批体制，在宪法层面上，并没有清晰的中央和地方权力、特别是经济审批权上的差别。所以，中央和地方的关系存在的问题，第一就是因为权力过于集中在中央政府；第二就是宪法上的划分不明确。

法治周末：在你看来，铁本事件给中国企业家带来什么样的教训？

王涌：教训就是要认清形势，在中央宏观调控的政策下，认清自己应该怎么做。对自己的所作所为不能想当然，不能因为地方政府的积极支持，使自己失去判断力。这应该是最大的教训。

赵新先：没有双脚的腾飞

三九体制与三九奇迹

邓学平

　　赵新先的一生跌宕起伏，充满传奇色彩。他原本是一名医药教授，但在 44 岁的时候开始白手起家、艰苦创业，经过多年努力打造出资产达 200 亿元的三九集团。

　　赵新先有着近乎痴迷的世界 500 强情结，试图将三九集团打造为下一个美国通用电气。然而过分饥渴、草率的扩张却让"虚胖"的三九集团负债累累，经营难以为继。而他自己，也因为滥用职权被判刑，成为新世纪初令人叹惋的悲歌。

笔架山下的来客

　　赵新先，1941 年 4 月出生于辽宁省营口市。1964 年，踌躇满志的赵新先从沈阳医药学院毕业，被分配到第一军医大学附属南方医院工作。在这里，赵新先踏实肯干、善于钻研，先后担任过药剂师、副主任、主管药师、主任，并且创作完成了专著《中药注射剂》。

　　赵新先在南方医院里一帆风顺、有声有色的人生，让四周的人羡慕不已，但很少有人能觉察到赵新先虽年逾四十却躁动不安的心。在改革开放的窗口深圳，每天都在上演着一个又一个令人称道的创业传奇。目睹这些，赵新先越发坐不住了。

终于，在 1985 年，44 岁的赵新先迎来了机会，他被组织安排到深圳创办一家新的制药厂，赵新先由此加入了深圳的创业大军。1985 年 8 月 7 日，赵新先带着 500 万元启动资金和一支由军人组成的创业团队来到深圳城郊的笔架山。茅草丛生、满目荒芜的景象，激发了这支军人团队战天斗地的精神。他们以"深圳速度"完成各项建设，第二年春天，南方制药厂就正式建成投产。赵新先把资金全部拿去添置设备，成功地建成了中国第一条中药自动化生产线，并将手中治疗胃病的中药配方开发成一个纯中药复方冲剂——"三九胃泰"。这一年，南方制药厂一口气推出三九胃泰、壮骨关节丸和正天丸三款产品，当年就实现了一千多万元的盈利。

如果说药品研发得益于赵新先的知识积累，那么市场营销就只能说是赵新先与生俱来的禀赋了。在公众心目中，军队和军方医院几乎等同于权威。赵新先充分利用这一优势，经常穿上整洁威严的军服，到各大中心城市去开学术报告会，而每一场学术报告会结束总会有新的订单产生。

在广告营销上，赵新先也开风气之先，引领了多项风潮。比如他在中国率先打出了出租车顶箱广告。1988 年，广州的出租车上安装了"胃药之王，三九胃泰"的顶箱广告，成为城市的一道亮丽风景线，收到了很好的传播效果。

到 1988 年年底，南方制药厂的产值达到了 18 亿元，实现利税 4 亿元，位居全国 500 家最大工业企业第 82 位，成为当时国内知名度最高、营利性最好的中药企业。这对于创立仅 3 年的企业来说，无异于一个神话。在 20 世纪 80 年代末期，南方制药厂在中药开发和市场运作上的能力已睥睨群雄，赵新先也成为中国企业界一颗耀眼的新星。

1991 年 10 月，南方制药厂更名为三九集团。在组建企业集团的文件中，明文规定由赵新先对企业全部资产的增值和安全负责。三九集团的"一人机制"在当时的国有企业中是绝无仅有的，这让三九集团一方面享受国有企业的种种政策优势，另一方面又保持着机巧、灵活的市场适应能力。而赵新先也名正言顺地在企业内部推行一言堂，将三九集团牢牢地控制在自己的手中。

500强情结

20 世纪 90 年代初，一份由美国《财富》杂志评选的世界 500 强企业榜单开始在国内流传。那个时代的企业家，大概都有或强或弱的 500 强情结。这既是一种实业梦，又是一种强国梦。榜单企业动辄逾百亿美元的年营收，深深刺激着赵新先，直接影响着他此后十数年的经营方略。

1996 年，国有企业改革向纵深挺进，各地政府纷纷推出老企业改组和嫁接的新政策。一心想要扩张兼并、做大做强的赵新先自然不会错过这波机会，他决定下山"摘桃子"。三九集团摘的第一个桃子是四川雅安制药厂。作为国内生产中药针剂最早的厂家之一，这家老牌国有企业已经到了山穷水尽、资不抵债的地步。被三九集团并购后，雅安制药厂的针剂产品借助三九集团的品牌和营销网络，得以重新走向全国市场。一个濒临破产的企业，几乎当年就扭亏为盈。

雅安的成功太过容易，以至于赵新先将并购看成了一个稳赚不赔、毫无风险的生意。与此同时，三九集团的经营神话被不断放大，很多地方甚至将三九集团视为国企改革的救星。1996 年年底，这种狂热的气氛达到了高潮。赵新先宣布成立三九投资管理公司，组成一支浩浩荡荡的队伍奔赴全国各地寻找并购机会。赵新先每到一地，地方领导都会迎来送往，媒体更是全程追踪、热烈捧场。甚至一些边远地方的企业在等候三九集团上门并购未果后，千里迢迢跑到深圳三九集团总部，主动排队要求兼并。

从 1996 年到 2001 年，三九集团出手购并了 140 多家地方企业，平均每个月购并两家。在这种跑马圈地式的疯狂购并中，三九集团迅速扩张成全国最大的中医药企业，总资产猛增到二百多亿元，所属企业遍及除了西藏之外的所有省市自治区，囊括了医药、汽车、食品、制酒、旅游、商业、农业和房地产八大行业，其旗下甚至包括一家华南地区最大的夜总会。

除了常规的并购，赵新先还在资本市场和互联网两大领域一掷千金、动作频频。2000 年，三九开通了号称全国最大的医药健康网站。一年后，赵新先注资 3.08 亿元成立了三九深圳金融租赁有限公司。但这些陌生的领域和全新的行业，烧去的不仅是三九的巨额投资，还有三九的品牌形象和经营神话。

2001 年 9 月 18 日,赵新先与他的偶像——通用电气董事长兼 CEO 杰克·韦尔奇在中央电视台举行了一场巅峰对话。在这次对话中,赵新先公开表达了他对通用多元化经营战略的钦佩,并表示三九集团的目标就是像通用一样成为一家世界 500 强级别的多元化企业。然而,赵新先也许忘了,通用从创立之初到登上 500 强榜单历时达七十余年之久。三九集团过于急切地想要扩张追赶,但在产品开发上却鲜有亮点,一直倚仗三九胃泰、三九感冒灵以及皮炎平软膏等"老臣"支撑着天下。此外,三九集团购入的并非都是优质资产,很多企业整合乏力,最后都成了严重的拖累。在一次次扩张中,三九集团看上去体形硕大,其实早已变得虚弱不堪。

折戟健康城

2001 年,热衷于高尔夫运动的赵新先耗资将近 30 亿元,从深圳金万利高尔夫度假村有限公司手中全盘接下坪山镇高尔夫球场项目,并将其更名为三九健康城。正是这个项目,让三九集团和赵新先的命运发生了意想不到的重大转折。

就在三九健康城破土动工的同时,中国证监会对三九集团旗下的三九医药股份有限公司做出通报批评,披露控股股东三九集团占用上市公司资金高达 25 亿元,占公司净资产的 96%。深陷占用资金丑闻的赵新先曾一度向主管部门提出离职申请,但没有被接受。之后,三九集团宣布将健康城 80% 的股权作价 5.2 亿元转予三九医药,冲抵集团对上市公司部分欠款。最终健康城项目因后续资金不足、手续不全,被深圳市政府紧急叫停。

2003 年,三九集团再陷债务危机。三九集团整体银行债务高达 98 亿元,21 家银行开始集中追讨债务。对于一个高度依赖金融支持的企业来说,银行信用的破产无疑是致命的。试图自救的赵新先这一次把矛头对准了国有资产的拥有者,公开声称三九负债率偏高的根源在于国有出资人没有履行出资义务。就在这番发言的两个月后,国资委宣布免去赵新先三九企业集团党委书记、总经理职务。尽管国资委表示此次任免属于正常退休,但坊间普遍认为这是赵新先"出事"的征兆。

2004年10月，一直深受赵新先重用的三九集团副总裁、年仅43岁的陈重因病猝亡。工作人员在清理他的办公室时，发现了数额巨大的不明存款。随后，国家审计署启动对三九集团的专项审计。三九集团高层利用私人公司接纳三九集团的股权，或变相转移三九集团资产的黑幕逐渐被揭开，集团一众高管相继被双规或通缉。

原本以为安全着陆的赵新先在退休两年后，因健康城逾亿资金去向不明被深圳警方刑事拘留。最终，法院认定赵新先违背决策程序、擅自投资的健康城项目导致国家利益遭受重大损失，以滥用职权罪判处赵新先有期徒刑一年零十个月。

具有讽刺意味的是，关押赵新先的看守所位于笔架山西南侧的一个冷僻山洼里。这里往东一公里多就是当年赵新先创业的地方。整整20年后，赵新先重新回到了人生的原点。只是这一次，他早已不复当年。身后，一批新的企业集团正叱咤风云、搏击江湖，赵新先的时代已经无可挽回地正式退去。

看见历史

中药现代化的治理迷途
田飞龙

在今天看来，中药现代化不仅仅是一个经济产业问题，更是一个传统文化的现代存续问题。在围绕中医、中药科学性的浮泛争议背景下，三九集团近20年的掌门人赵新先以专业自信和商业技法创造了中药界的"三九奇迹"。

赵新先堪称"中国中药现代化之父"，但其专业素养和营销技法只是创造了三九的经济奇迹，而没有创造三九的治理奇迹。由于始终无法建构一种现代性质的公司治理结构，三九集团的经济奇迹亦不能予以维系，最终毁于内部人的道德风险与逆向非理性决策。

功是功，过是过。赵新先的商业成功之道依然值得总结和学习：第一，过硬的专业素养和对中药事业的热爱是其成功基础，个人核心科研成果"三九胃泰"成为三九集团的核心资产与借款和商业发展的主要基础；第二，超前的组合营销技法，曾创造了中国商业广告史的四个"第一"(第一个出租车广告、第一个名人广告、第一个机场塔台广告和第一个纽约时代广场广告)；第三，超强的领导力与开拓精神，体现在其一人身兼三九集团党委书记、董事长、总裁、监事会主席四大核心领导职务，形成一言堂式的威权化"三九体制"，这一体制尽管问题重重，但在创业早期却能够完全彻底贯彻赵新先一人的才智与决策。

从 1987 年南方制药厂在深圳笔架山下投产，到 1992 年正式组建三九集团，再到 1998 年与军队脱钩以及 2000 年在深交所 A 股成功上市，赵新先领导的三九集团以中药产业化为核心业务有力证明了改革开放的"深圳速度"。彼时的三九集团拥有超过 200 亿元的总资产，涉足药业、农业、房地产等八大产业，形成了一个自成体系的商业帝国。赵新先的商业成功为其赢得了一大堆体制内的荣誉称号和大学兼职教授头衔，"三九机制"被收入中国 MBA 经典案例库《经营通鉴》，其个人亦被收入《世界名人录》。

在 2000 年这个关键性年份，赵新先站在了商业和人生的十字路口：一方面，名誉过盛刺激其巨大虚荣心和自满感，使其很难继续保持创业初期的审慎与理性；另一方面，"59 岁现象"应验于身，退休失落感顿生。名誉和实利之间的差距使赵新先对国企分配与激励机制多有不满，其本人与三九集团管理团队开始展开各种超乎企业经济理性的扩张、并购与资产转移操作，使全盛期的三九集团在两三年之内竟然负债高达近 100 亿元。

三九集团本身是国企的新宠和样板，其管理层的非理性决策带来的巨大债务风险日益引起国资委和证监会等监管部门的调查和介入。由于资不抵债和企业破产风险继续扩大，国资委于 2004 年介入三九集团重组整顿，宣布免去赵新先相关领导职务，但三九管理层多由赵的旧部把持山头，赵因功勋卓著而颇有复出预期，故企业整顿进展不顺，这更刺激监管方彻查到底。

对赵的离职审计主要围绕滥用职权造成企业损失以及关联交易、资产转移等方向展开，主要问题集中于 2000 年的"三九大龙健康城项目"。这个项目涉及以近 5 亿元收购港资股权，但最终因为土地权属手续不完备而被叫停，企业蒙受巨额损失。审计最初的方向是查明这一决策所涉巨额资金的去向，结果证明确实由港资出卖方收款，赵新先等人并无侵吞或转移。

根据审计结论及法庭调查确认事实，该项决策的违法违规情节为：未做风险评估、未经集团党委讨论、未报上级审批和未进行可行性论证。赵最终于 2007 年被以"国有企业人员滥用职权罪"定罪，获刑一年十个月。该罪属于"结果犯"，即只有相关滥用职权行为造成严重损失的结果才成立犯罪，否则只能作为普通的违纪行为处理。

赵案不是三九集团的孤立案件，而牵涉到管理层集体违法犯罪，与赵一同受审的还有三九集团三名高管。更严重的是，三九集团旗下三九脑科医院、深圳三九医院、三九物业发展有限公司多名高管在赵案开审前已分别因贪污、贿赂等被判刑。对三九集团高管的综合审计结果表明，这些高管在境内外设立了大量的个人控股公司且与三九集团存在各种关联交易，涉嫌转移国有资产。

作为三九集团掌门人，赵新先曾被质疑是"大老虎"，但相关审计和司法调查结果表明，赵本人并未涉及具体的关联交易和资产转移，主要犯罪情节只限于 2000 年的"健康城项目"决策中的滥用职权。赵案最终以轻微的罪名和罪刑结案，与外界期待和猜测颇不一致。

我们需要反思的是：第一，为什么越是成功的国企老总越是"晚节不保"？"59 岁现象"难道是无法突破的魔咒？这与国企分配与激励机制有何关联？这些问题是涉及国企管理制度改革的重大课题；第二，国企的治理制度改革决定了企业可持续发展的力度与可能性，赵一身四任的"企业独裁制"不能适应现代企业发展需要；第三，对于国企关联交易、资产转移行为的政府监管不力，导致企业风险放大，如何改善监管体系，实现早期预警和介入尚需要深入研究。

国企经理人VS国企病症

邬 蕾

赵新先是改革开放以来，国企职业经理人中成功的一员。但这一群体也有不少人如赵新先一般因触犯法律，导致企业由盛而衰。国企的这一商业精英群体，值得给予更多的关注和思考。法治周末记者采访了北京理工大学教授徐昕来反思这一群体的各种现象。

法治周末：赵新先作为改革开放以来国有企业经营者这一职业群体成功的一员，先盛后衰，可以作为这一群体的一个样本。为什么这一群体鲜有能在国企经理人岗位上坚守自我、善始善终的？

徐昕：一方面，企业利润与个人收入的不成比例，企业成长与个人发展的不同步，企业发展空间的广阔与个人发展空间的限定，尤其行政干部退休制度这一天花板的存在，让国有企业经营者极容易产生心理不平衡，产生牟利的个人动机；另一方面，作为行政官员还是企业人员在管理上的归属不明，加上国有企业治理结构的不完善，权力监督制约机制的长期缺乏，让经营者不乏牟利的机会。

在此情形下，一些国企经理人难免只顾眼前想方设法牟私利，或不顾风险盲目扩张图虚名，最终或企业极盛而衰、陷入破产，或个人东窗事发、身陷囹圄。从根本而言，倘若没有必要的权力制衡，任何掌握权力的人都不太可能坚守自我、善始善终，包括官员、国企经理人以及任何有权力的人。

法治周末：以赵新先、褚时健、周冠五等为代表的国企精英群体的衰落，反映出国企的哪些问题？

徐昕：当这一幕发生在某个人的身上，尚且可以说是个人原因；当这一幕发生在一个群体的身上，就不能不寻找深层原因。事实上，这些人的出事集中暴露出国企的种种问题：产权归属、企业治理结构、权力监督制约等。正是这些体制性问题，导致管理者频频出事。

换个角度，国企商业精英群体的衰落，既是他们个人出现问题，也可以说是国企的病症发作在他们身上。

法治周末：赵新先身兼党委书记、总裁、董事长、监事会主席四职，他既管理企业又监督企业，你怎么评价这个所谓的"三九体制"？

徐昕：官员与企业家的一体两面，决策者与执行者的一身二任，管理者与监督者同时担当，使得在赵新先等国企经理人身上存在多重的身份混同与角色冲突，导致行政思维对企业思维的扰乱，决策行为对执行行为的干预。

这让赵新先们不能遵从市场规律从事经营活动，不能遵守法律行使权力。最终，权力失去制约导致个人违法犯罪的悲剧。

法治周末：财经评论人吴晓波说过，不少央企高管充满"三无情绪"——无兑现感（付出与回报不成正比）、无存在感、无安全感。而最近，国家要对央企高管薪酬进行调整，如果国家严格控制央企高管的收入，那会不会出现更多为了牟利而触犯法律的"赵新先式"的人物？

徐昕：国家严格控制央企高管的收入是必要的。从改革开始到现在，国企薪酬制度发生重大变化，现在国企高管的年薪动辄百万，甚至更高，是否在合理的范围令人质疑。

直观地看，国企高管的薪酬相对于全民的平均工资水平，显然过高，尽管相对同行业民企高管未必更高。依其贡献，不要太高，也不要太低，薪酬合理，应该不会因此出现更多的为了牟利而触犯法律的"赵新先式"的人物。当然，违法犯罪的遏制更主要取决于法律的严格执行。

顾雏军："国企救星"不好当

一个人的资本江湖
邓学平

顾雏军，一个始终与争议相伴的民营企业家。靠着他的资本运作，名不见经传的格林柯尔公司轮番上演"蛇吞象"的并购大戏，缔造了一个横跨家电和汽车两大产业的资本帝国。

但在将一系列国企收归囊中的同时，他的财富传奇在不少人眼里成为巧取豪夺、侵吞国资的代名词。一片喧嚣中，顾雏军被定罪判刑，他的资本神话也一朝覆灭。

饱受争议的热能工程师

1959 年，顾雏军生于江苏扬州的一个知识分子家庭。由于从小聪颖过人，父母便倾其所能地进行悉心栽培他。而顾雏军也不负众望，1977 年他以优异的成绩考上了江苏工学院，成为恢复高考后的第一批幸运儿。1981 年大学毕业后，他又考入天津大学热能工程系。研究生毕业后，顾雏军留在该校热能研究所从事了近 4 年的科研工作。

这期间，顾雏军醉心于制冷剂的技术研发。夜晚实验室的同事都走了，他在实验室的工作才刚开始。正是因为这种勤奋，顾雏军在学术期刊上发表了很多论文，以至于二十多岁便有了"顾教授"的外号。

1986 年，顾雏军发表了被称为"顾氏循环"的论文，论证了一种能替代氟利昂的热力循环节能新技术。由于氟利昂破坏臭氧层、导致气候变暖，全球家电巨头都在寻找它的替代物。顾雏军的这篇论文可谓正当其时，为他赢得了最初的名声。凭借这篇论文，他很快成为全国的热循环专家和热能工程师。

此后，顾雏军开始下海。1988年9月，顾雏军宣称其研制出了"格林柯尔制冷剂"。但迎接他的却是诸多的质疑。在顾雏军对批驳者提出了"侵害名誉权"的诉讼之后，也无法消除质疑之声。无奈之下，他把目光投向了国外。顾雏军于次年在英国成立首家分销公司，随后又在美国成立了研究所、建立了一个小型工厂。

没人知道这些公司的初创资金来自何处，但顾雏军超强的说服能力的确为他的项目吸引了不少投资。曾经有一位马来西亚的华商被顾雏军说服，把积蓄多年的300万美元全部投资于顾雏军的制冷剂事业。

海外辗转数年后，顾雏军最终还是决定回国发展。顾雏军几乎没有费太多力气，就获得了一家中资金融机构1000万元的投资。格林柯尔制冷剂（中国）有限公司正式成立，其主要资产就是在天津建立的一家制冷剂生产工厂。顾雏军从此一发不可收拾，直到日后掀起中国家电产业和资本市场的阵阵巨浪。

资本市场的巨鲨

如果说技术研发是顾雏军的兴趣所在，那么上市融资才是顾雏军的毕生所求。课堂或者实验室断然不是顾雏军的理想居所，他急切地想要在证券市场和资本江湖施展身手。这不仅是因为后者能够聚集更多的镁光灯，还因为后者更能体现顾雏军敢于冒险、灵活应变的性格和人生抱负。

1996年，顾雏军来到了亚洲金融中心香港。在那里，顾雏军开始谋划搭建自己的资本运作平台。2000年7月，格林柯尔公司成功登陆对经营业绩、规模要求都不高的香港创业板，顾雏军的第一艘资本"旗舰"浮出了水面。2001年，顾雏军控股的顺德市格林柯尔公司斥资5.6亿元，收购了被誉为中国冰箱业四巨头之一的广东科龙电器20.6%的股权。收购科龙是顾雏军人生里程中的标志性事件，不仅使他声名大噪、逐渐广为人知，而且也为他日后的牢狱生涯埋下了隐患。

收购科龙对于顾雏军而言只是一个开始。随后，顾雏军在不到两年的时间里耗资 7 亿元收购了另外三家国内上市公司。2003 年 5 月，顺德市格林柯尔企业发展有限公司以 2.07 亿元收购了当时国内另一冰箱产业巨头美菱电器 20.03% 的股权；2003 年 12 月，新登场的扬州格林柯尔创业投资有限公司斥资 4.18 亿元，收购亚星客车 60.67% 股权；2004 年 4 月，收购势头势如破竹的格林柯尔又下一城，以 1.01 亿元的价格入主 ST 襄轴，持有 29.84% 股权。

2004 年 1 月 25 日，顾雏军在北京高调宣布，已全资收购两家欧洲汽车公司。至此，格林柯尔系已经拥有了 4 家 A 股公司和 1 家香港创业板公司，形成了横跨包括冰箱、空调在内的家电产业和汽车产业为支柱的跨国资本集团。

在 21 世纪初的那波国企改革浪潮中，地方政府"不求所有，但求所在"的思维主导了相关方案的制定。顾雏军正是因为洞悉到了地方政府在税收和就业两个方面的需求，所以往往能拿出击败竞争对手的并购方案。顾雏军通过他的资本之手把这些陷于困境的企业重新带进了具有活力的公司行列，并且为当地政府带来源源不断的税收。由于双方能够各取所需，顾雏军在公司注册、资金交付、信息披露等方面的越界行为往往被地方政府默许甚至纵容。

与那些闷声发大财的企业家不同，顾雏军的一举一动始终都在镁光灯的照耀之下。非但他的第一桶金成为媒体竞相猜疑的重点，连同他的财富数额也一直是媒体津津乐道的主题。在各种富豪排行榜上，顾雏军的名字总是赫然在列。2003 年，顾雏军被中央电视台评选为"中国年度经济人物"，称他在国企改制中做出了重大贡献。当时，顾雏军是政府的座上宾，是解决国企危机的救星。

"郎顾之争"余音难了

然而好景不长。格林柯尔的收购、崛起速度之快，让整个市场叹为观止，也引发了社会的广泛质疑。2004 年，当时有"郎监管"之称的香港中文大学教授郎咸平在复旦大学以《格林柯尔：在"国退民进"的盛宴中狂欢》为题发表演讲，认为顾雏军在"国退民进"过程中席卷国家财富。顾雏军则直接反驳称，郎咸平对企业一窍不通，是个到处收钱做广告的明星。一场声势浩大的"郎顾之争"由此展开。

一周后，顾雏军在香港以涉嫌诽谤罪起诉郎咸平。"郎顾之争"急速演化为公共事件，引发了一场关于国有资产流失的激烈讨论。国内的经济学家也参与其中，国企产权改革的方向引发空前的舆论质疑。

在转型和改革的年代里，个人航向很容易被不可预知的力量左右。顾雏军也无法摆脱这种命运。在今天还行之有效的做法，到了明天却可能面临法律风险。既然顾雏军的帝国以资本为起点，那么资本的江湖也成为他一生难逃的噩梦。2005 年 4 月 4 日，湖北、江苏、安徽、广东四省证监局联合调查格林柯尔系的 ST 襄轴、亚星客车、美菱电器、科龙电器四家上市公司，由证监会稽查部门主导的二十多人工作组正式进驻科龙展开调查。仅仅 3 个月过后，顾雏军就在北京首都机场被警方带走。

被捕后不到两年，顾雏军倾心打造的"格林柯尔系"便土崩瓦解：尚未完成收购的襄轴宣布解除股权转让合同；亚星汽车和美菱电器分别被当地政府以诉讼和回购等方式收回股权；科龙电器的股权被海信收购……

2008 年 1 月 30 日，顾雏军迎来了佛山市中级人民法院的一审判决。出现在庭审现场的顾雏军头发花白，下垂的嘴角难掩那份倔强和不羁。法庭在长达 193 页的刑事判决书中，详尽披露了顾雏军在一系列重大收购中"左手倒右手"的资金腾挪大法。顾雏军最终因虚报注册资本罪、违规披露和不披露重要信息罪、挪用资金罪被合并判处 10 年有期徒刑。

2012 年 9 月 6 日，顾雏军获得减刑后提前出狱。近几年来，那些在改革大潮中风起云涌而又获罪的企业家在出狱后无一不选择低调归隐，只给当下的江湖留下一个远去的背影。但顾雏军出狱后却异常高调，他聘请了知名的刑辩律师，向最高人民法院和广东省高级人民法院提出了正式申诉，还对一些官员进行实名、公开举报。

出狱 8 天后，顾雏军在北京举办新闻发布会。目前，广东省高级人民法院已经正式受理了顾雏军的申诉，案件的最终走向还有待观察。而顾雏军也拥有了一个新的身份：超天才技术开发（北京）有限责任公司名誉董事长。

在激昂的时代旋律中，顾雏军曾经是许多重大事件的中心和主角。顾雏军未来是否还能重返历史舞台也许并不重要。等待历史沧桑尽数远去，回望那些被宏大叙事所遮蔽的凡常生活，或可发现顾雏军不过是一个聪明、张狂而又执着的商人。他的惊天一怒和眉飞色舞，远比资本江湖的尔虞我诈更具有生命的温度。

看见历史

在"国""民"进退间的顾氏荣辱

田飞龙

在中国经济改革史上，"姓资"还是"姓社"并没有因为邓小平的一句"不争论"而终结，这背后缠绕着复杂的既得利益重组与社会观念变迁难题。顾雏军深深陷进了这一时代漩涡，在凭借娴熟的资本操作大进大退之余，也饱尝了在"国退民进"与"国进民退"之间的荣辱祸福。

顾雏军是个实力派，其商业发迹是从制冷剂发明开始的。1985年至1988年，他在天津大学热能研究所从事科研工作期间发明的格林柯尔无氟制冷剂，形成了其商业创业的技术核心。这一发明的理论基础是其1988年发表于国际权威期刊《能源》上的学术论文《一个新型热力循环的研究》，该文提出了所谓的"顾氏循环理论"。

这一理论本身在学术上是否成立存在争议，但其有明确的实用目的，即及时将理论构思转化为现实发明专利，也就是顾氏制冷剂。顾并不是一个学院化的学者，他的知识储备与专业优长志在实业。从1989年开始，他告别研究所生涯，下海经商，开启中国冰箱业的"格林柯尔时代"。

格林柯尔公司的早期以实业发展为主，在海内外建立了诸多的制冷剂厂、冰箱工程公司与销售公司，积累了大量的企业资本。从2000年开始，顾的企业发展战略开始由单一的冰箱产业转向融资并购。其时正处于中国国企改革的攻坚期，国企的普遍亏损与民企的蓬勃发展造成了特殊时代的

"民企参与国企重组"的政策空间。管理层收购 (MBO) 与民企并购成为国企改制的主要模式。

以格林柯尔自有资金和香港 H 股巨额融资为基础，顾氏的格林柯尔系在民企并购国企的大潮中一路凯歌：2001 年收购广东科龙电器；2003 年控股美菱电器，入主亚星客车；2004 年收购襄轴股份。顾是资本运作高人，以一当十。

2004 年，中国的"国退民进"在诸多行业发生，这一经济现象在改革派与自由主义经济学家看来是"市场的胜利"和"民企的胜利"，顾雏军无疑是民企攻城略地的英雄。然而，民企并购国企的"翻身仗"并不那么顺利。以 2004 年的"郎顾之争"为标志，MBO、民企并购被与国有资产流失和公有制式微联系起来，并购不再是一个单纯的市场过程，而是社会观念与所有制的斗争过程，社会舆论开始以"西方经济学"主导转向以"政治经济学"主导。

顾雏军至今承认，2004 年的"郎顾之争"中自己太过意气风发，锋芒毕露，成了格林柯尔系由盛转衰的转折点。2004 年 8 月 9 日，郎咸平在复旦大学发表题为《格林柯尔：在"国退民进"的盛宴中狂欢》的演讲，以其经济学实证分析得出了顾氏并购的"七板斧"模式：安营扎寨、乘虚而入、反客为主、投桃报李、洗个大澡、相貌迎人、借鸡生蛋。

顾氏的回应是：一方面郎氏并不熟悉国企重组过程，是哗众取宠，追求明星效应；另一方面这些并购符合法律与政策流程。然而，当这些并购过程经由郎氏分析而大白于 2004 年的所有制改革纷争氛围之中时，其并购的产权及民企基本盘未必安保。

"郎顾之争"未息，证监会与司法机关已开始强势介入，重点调查顾氏挪用科龙资产开展并购的违规违法操作事宜。案件经过佛山中院一审和广东高院二审终审，于 2009 年 4 月维持一审定罪和量刑。顾氏最终被判定"三宗罪"：虚报注册资本罪、违规披露和不披露重要信息罪、挪用资金罪。

顾雏军自认无罪。国内法学界与经济学界也组织过多次关于顾雏军事件与民企发展的研讨会。但超越具体案情，我们看到顾氏无疑是中国深度市场化和所有制改革进程的见证者和参与者。这些沉浮岁月印证了"国退民进"和"国进民退"的时代变奏与观念裂变。这一阵痛在 2006 年的物权法草案争议中也显露无遗。

　　如今，改革进入"全面深化"阶段，无论是民企还是国企，它们都属于改革的生机力量，都属于"国民经济"。在国企与民企平权、公权力回归公共性与法律约束的条件下，中国的市场经济才可能更规范、更自由、更有竞争力与国际前途。

黄宏生：“折于人事”的彩电神话

不死的创维知更鸟

邓学平

黄宏生，中国家电产业的风云人物。他只身赴港、白手起家，缔造了创维数十年的家电传奇。

虽然中途入狱，但黄宏生用复出昭告：在成熟的职业经理人护驾之下，黄宏生正在推动创维向着更高更远的目标迈进。

到香港追寻“索尼梦”

1956年，黄宏生出生于海南岛西北部的临高县。16岁那年，刚刚高中毕业的黄宏生，随着上山下乡的大潮来到海南的黎母山区当了一名知青。在恶劣的生活环境和日复一日的劳作中，黄宏生始终保持了学习习惯。别人吹牛、打扑克的时候，他却到处找书读，并坚持写读书笔记和日记。

恢复高考是黄宏生人生的第一个转折点。1978年，经过短暂的复习，黄宏生成为恢复高考后首批进入华南理工大学的大学生，专业是无线电工程。4年之后，黄宏生交出的毕业论文是黑白电视机设计。在临别校园的欢送会上，老师和同学把盏言欢、畅谈理想。黄宏生郑重其事地告诉大家，他想要创建出像索尼一样的企业。在当时，几乎没有人认真对待黄宏生的这番表态发言。

大学毕业后，黄宏生被分配到华南电子进出口公司工作。仅仅3年后，

28岁的黄宏生便被破格提拔为公司常务副总经理，享受副厅级待遇。在别人眼里，当时的黄宏生风华正茂、春风得意、前程似锦。然而，大学校园里孕育的理想并未随着工作的得意而淡去。1987年春，在同事的一片惊讶与叹息声中，黄宏生辞掉了令人羡慕的职位，只身来到香港追寻他的"索尼梦"。

香港虽然近在咫尺，但各种环境却与当时的广州迥然不同。黄宏生在从事电子产品贸易时显然对此已经有所了解，但只身赴港创业的艰难还是让黄宏生始料未及。最开始，黄宏生选择他相对熟悉的代理电子产品出口作为起步。但第一次进货却不对路，产品卖不出去，黄宏生只能眼睁睁地看着货款亏损殆尽。第一次遭遇市场打击，黄宏生大病一场，住院休养了一个多月。

不甘失败的黄宏生显然不会被轻易击倒。这一次，他决定改走实业路线。1989年，黄宏生东凑西借加上银行贷款，在香港创立了创维遥控器厂。当时恰逢香港流行丽音广播，黄宏生觉得这是个翻身的好机会，就与菲利浦公司的工程师合作开发、生产接收丽音信号的机顶盒。然而他没有想到的是，电视台没多久就停掉了丽音广播。前期研发加上两万台的生产成本，负债经营的黄宏生似乎已经走入了绝境。

接连经历两次打击后，黄宏生固执地认为命运到了该垂顾他的时候了。时值东欧国家开始政治转型、经济开放，彩电等家用电器奇货可居、供不应求。黄宏生毅然贷款500万港元，高薪聘请了国内知名厂家的40多名工程人员，在一年后造出了第一批彩电。但这批产品不符合国际规格，根本无法出口。

维多利亚港的璀璨夜景近在眼前，但要真正拥有其中一盏亮光却并非易事。黄宏生依然没有放弃，他坚信胜利往往在坚持一下的努力中。在坚持中，他终于抓住了机会。1991年，香港爆发了一场收购大战，香港迅科集团由于高层内讧，决定将公司拍卖，而迅科集团一批彩电专家则备受冷落。

黄宏生把目光瞄准迅科彩电开发部的技术骨干，出让公司15%的股权将他们纳入旗下，使企业获得了强有力地技术支持。9个月后，创维开发出第三代彩电，并在德国的电子展上获得了一笔两万台的大订单。创维终于突破了欧洲市场，从绝境中凿出了一条小路。

宁做一个痛苦的人，也不做一头满足的猪

自从 1992 年在德国掘到第一桶金之后，创维的订单就接连不断，发展之路越走越宽。1994 年，创维斥资 3 亿港币合资成立了"深圳创维 RGB 电子有限公司"。公司当年实现年产彩电 40 万台，销售 5.5 亿元，在彩电行业初步稳住了阵脚。

创维靠技术起家，也靠着技术创新不断壮大它的市场份额。创维曾经推出了国内第一台多媒体电视、第一台液晶背投电视、第一台国标手持数字移动电视和第一台变频液晶电视。这一连串的技术创新背后，是创维引领的一波又一波的消费浪潮，那些昔日被其他品牌占据的市场份额逐渐被创维一一蚕食。经过一番群雄混战，创维在 2000 年以 70 亿元的销售额跃居国内彩电企业三甲。

无论从哪个角度来看，这个时候的黄宏生已经站在了人生和事业的巅峰。大部分人在困难的时候会沉心思考，只有少数人会在顺境和巅峰时认真反思。黄宏生没有被"波峰"上的无限风光所迷醉，相反，他多次表示自己宁做一个痛苦的人，也不做一头满足的猪。他认为，做企业跟做人一样，也需要痛苦精神。甚至在今天，"痛苦理念"仍然是创维的核心企业理念之一。

黄宏生迎来的第一个"痛苦理念"是企业管理方式的转型。在相当长的时间里，黄宏生对创维有一种割舍不断的情结。因此他的管理风格就是事无巨细。如果说这种个人式或者家族式的管理适合企业的初创阶段的话，那么日渐壮大的创维越来越凸显了这种管理方式的局限。创维数码在香港上市的这一年，创维集团中国区销售总经理携 11 位片区经理、20 多位管理层核心干部以及 100 余名业务骨干集体跳槽，导致创维业绩大受影响，上市当年就出现巨额亏损。

经过一番痛苦的内心征战，黄宏生开启了创维再造工程，核心内容便是企业内部管理和组织流程变革。黄宏生决定给职业经理人充分放权，不

再出任集团总裁，只保留董事长职务，将自己从事无巨细的事务性工作中解脱出来，主要关注战略问题。

事后证明，黄宏生的这一决策十分正确、意义深远。但在当时，黄宏生只不过是为了应对管理层的倒戈危机。

烫过才知道什么是疼

虽然创业在香港，甚至公司已经上市，但是黄宏生对香港资本市场的严格监管和法律制度还是缺乏足够的认识。习惯于内地人际潜规则的黄宏生未曾料到，他的那些国内竞争对手习以为常的做法，在香港却要面临牢狱之灾。

2004 年，香港廉政公署接到一宗贪污举报，陈列了针对创维数位高管的贪污指控，其中一项指控黄宏生涉嫌行贿一名会计师，伪造会计记录、协助创维数码于 2000 年在联交所上市；另一项指控称黄宏生及其兄弟涉嫌行贿公司的财务总监，以容许两人以顾问费及服务佣金作掩饰，挪用创维数码近 5000 万港元的巨额资金。接到举报后，廉政公署随即展开调查，并掌握了初步的证据。2004 年 11 月 30 日，黄宏生到香港公布创维数码中期业绩。在董事局会议现场，廉政公署集中近百人即时采取拘捕行动，黄宏生及其兄弟被当场带走。

2006 年 7 月 13 日下午，黄宏生因串谋盗窃上市公司资金、串谋欺诈上市公司等罪名在香港区域法院被判监禁 6 年。这对于黄宏生个人无异于晴天霹雳，使他深刻地领悟了公司上市不仅仅是为了筹集资金，而且更是公司法人治理结构和公司管理运营方式的一次根本性变革。对于黄宏生个人，这个领悟或许来得太迟，但对于创维集团，则为时未晚。

为了扭转黄宏生入狱带来的影响，创维迅速展开自救行动。创维第一时间改组了董事会，黄宏生仅保留非执行董事一职，其弟则辞去一切行政职务，与案件有关的前首席财务官也被辞退。创维在很短的时间内完善了内部治理结构，实现了从"黄宏生的创维"到"公众公司创维"的蝶变。而此前培养完成的内部职业经理人，不仅帮助创维平稳实现了权力过渡，而且使创维的年营收保持了两位数的稳定增长。

2009 年 7 月 4 日，黄宏生被保释出狱。面对媒体，黄宏生表示"只有被火烫了，才知道什么是疼。不期而至的牢狱生涯让自己更加淡定从容"。2012 年 8 月，创维数码正式宣布聘用黄宏生为集团顾问。3 个月后，黄宏生的妻子正式接任董事会执行主席及执行董事。再次进入"黄宏生时代"的创维集团被分拆为三个上市公司，黄宏生夫妇的纸上财富再次一夜暴增。

作为公司顾问，黄宏生提出创维"要在 2020 年冲击 1000 亿元的销售目标"。没有人敢低估黄宏生的决心和能力，尝过烫肤之疼后，创维冲击千亿的旅程正加速向前，黄宏生的"索尼梦"也正若隐若现。

看见历史

屡败屡战的创维精神

田飞龙

与同时代的其他改革企业家相比，黄宏生的刑法故事不甚精彩，但也足以导致"创维帝国"控制权的数度易手及其重出彩电江湖的万般艰难。2004 年，香港廉政公署在代号为"虎山行动"的拘捕行动中抓捕了黄宏生、黄培生两兄弟，涉嫌罪名主要为以"创维数码"为对象串谋盗窃和串谋诈骗，涉案金额高达近 5000 万港元。

2006 年，对黄宏生的上述指控在香港地方法院被判成立，确定监禁刑 6 年，于 2009 年保释出狱，2012 年刑期届满。吊诡的是：一方面，黄宏生涉嫌犯罪的对象是其一手创办的"创维数码"；另一方面，串谋主角是其母亲罗玉英及有关亲信。从家族企业逻辑来看，这好像只是悄悄地拿走自家的钱，但从上市公司逻辑来看，这就是监守自盗，挪用甚至贪污企业公款。

黄宏生的创业激情及其"家族企业"观念可以从其早期经历中获得更深入的理解。黄宏生的创业过程与前改革及改革时代的精神变迁基本同步，而且是时代变迁的见证人和参与人。1956年出生的他在1972年下乡当知青，相继经历了"好玩－失望－消极－各奔东西"的精神转变。黄宏生的独特之处在于，别人理想幻灭或自暴自弃之时，他却坚持读书学习。恢复高考给他带来了"翻身"机会，有效补偿了他在逆境中的勤奋好学。他顺利考入华南理工大学无线电工程系，为日后进军彩电业奠定了最重要的专业基础。

20世纪80年代，黄宏生毕业即进入华南电子进出口公司工作，短期内即升任常务副总经理，煊赫一时。时值《中英联合声明》签署，港资北上，内地市场快速发展。作为大型国企之副总，他本可坚持在体制内发展，但他又伴随着那一时期的"下海潮"，抛弃官位仕途，跨越深圳河，于1989年在香港创办创维公司，开始其彩电商业帝国的奠基之旅。

创业初期，黄宏生经历了"三连败"。这三次创业失败，对普通创业者而言足以造成灭顶打击，但黄宏生没有退缩，而是逆境求生，顽强坚持。这种商业逆境的坚持，部分精神动力来自于20世纪70年代的知青生活，来自那时的道德理想主义以及理想幻灭时个人的顽强坚持，另一部分则来源于对香港的商业精神，尤其是"爱拼才会赢"式的狮子山创业精神的浸染。如果不是知青精神和狮子山精神的双重支撑，他未必能够坚持下来。

黄宏生的第一桶金来自于1991年对香港迅科集团的"人才收购"。黄宏生以股权出让形式将该集团彩电开发部技术骨干纳入麾下，迅速开发出领先性的第三代彩电，获得了第一笔两万台订单，打开了欧洲市场。创维稳扎稳打，于2000年在香港主板上市，融资空前成功，2001年成为中国彩电业三甲。

然而，香港检控机关追究的串谋盗窃与诈骗罪的主要事实也发生在2001年前后。所涉指控主要针对黄宏生通过其母亲进行的企业资产转移行为。廉政公署是在2004年采取行动的，但正式审判是在2006年进行，其间黄宏生担任着全国政协委员，创维总部也已移师深圳。不过，创维在香港的控股公司和商业利益继续存在，且侵权事实发生于2001年前后，香港司法机关最终判定黄宏生罪名成立。

在黄宏生的创业史中，此次长达 8 年的涉诉服刑之灾，其严重程度远超过创业初期的"三连败"。创维集团由职业经理人张学斌控制，继续发展。但黄宏生对创维的"创始人主权"意识从未消退。这种"家族企业"观念不仅支撑了黄宏生早期的顽强创业，也引导了其巅峰时期的"监守自盗"，更鼓励其出狱后重夺控制权。

2012 年，黄宏生刑期届满，开始"回归创维"之旅，东山再起。"创始人"黄宏生与"职业经理人"张学斌之间的关系显然日益微妙和紧张。其时，创维在"张学斌时代"已获得较大发展，张学斌更是与史万文 (TCL 集团高级副总裁) 和匡宇斌 (曾经的康佳彩电掌舵人) 并称为"华南彩电新三剑客"。8 年风云变幻，中国彩电江湖早已物是人非，是否还有黄宏生一席之地？

创始人与职业经理人的控制权之争以创始人完胜告终。创维发布公告，宣称由黄宏生之妻林卫平接任董事会主席，重新建立对企业的家族性控制。张学斌辞职的公开理由是"需要更多精力投入家庭与个人事务"。不过，从控制权的和平交接，亦可看出黄宏生所创之创维帝国的内部团结可圈可点，或者说黄宏生从未完全失去对创维的影响与控制。其妻林卫平先前已出任公司执行董事，有"监军"之形。

回归伊始，黄宏生一方面改进企业的组织架构和营销方式，另一方面则开始进行大规模的业务拆分和包装上市，通过资本市场操作为企业发展注入新的活力。不过，公司法和《上市公司收购管理办法》对特定经济犯罪人员执行期满未逾 5 年的，有任职资格和自然人收购资格的限制，分拆上市遭遇到公司股权结构与实际控股人的法定限制。

但重出江湖的黄宏生显然不可能等到 2017 年。以黄宏生在中国彩电业的资历和经验以及其知青精神与狮子山精神的奇特组合，新出现的收购重组难题以及重出彩电江湖的种种艰难应该不会实质性阻挡其再造"创维奇迹"的战略意图。屡败屡战，他总是呈现出一种战斗姿态，一种"家族企业"式的责任感和"爱拼才会赢"的奋斗精神。而这种精神组合，在改革开放三十年的诸多企业家身上亦有或强或弱之表现，成为一代企业家的典型商业心理结构。

法治盲区："公司即我，我即公司"
武 杰

在很多人的眼中，创维就是黄宏生，黄宏生就是创维。而这也是很多人甚至企业家自己对民营企业、家族企业的认知，一个人掌握企业的所有权力。2006 年 7 月 13 日，以勤俭节省、事必躬亲闻名的创维集团创始人黄宏生因串谋盗窃及串谋诈骗被判监禁 6 年。

在此之前，香港已有多家上市公司因主席涉嫌不法诈骗等原因而遭停牌或清盘，其中包括多家内地民企。在港上市的内地民企先后传出多起丑闻，而对黄宏生的调查，这是香港执法机构首次对内地民企出手。香港廉政公署称之为"虎山行动"，很多人将其解释为"敲山震虎"。法治周末记者采访了中国人民大学教授吕景胜，请他解读上市公司大股东问题频发的相关问题。

法治周末：像黄宏生这样的民营企业大股东占用上市公司资金的事，为什么会成为一种比较频繁的现象？

吕景胜：大股东违规占用公司资金谋自己业务或用上市公司资产为自己业务担保在国内确是常见现象。国内民营企业家觉得公司是自己的，做这些事情似乎信手拈来无所约束。国内执法力度不够，许多违法违规事件由于诉讼成本高、中小股东信息不对称、难以行使权利等而不了了之，这似乎更助长了大股东在挪用资金方面的有恃无恐。

但在境外的严格法治环境下就未必如此轻松了。就像在国内招投标，企业围标串标作弊都习惯了，但是到国外还不入乡随俗、尊重当地法律法规必然受到法律惩罚。大股东违规占用公司资金谋私利自然应受到法律制裁。

法治周末：黄宏生曾经说："经过这么多事情，终于想通了一个道理：企业小的时候 100% 都是自己的，企业大了以后，一切都是社会的。"在当时甚至现在，这是不是很多民营企业家在身份转化时面对的共同问题？

吕景胜：公司治理要求企业在制度规范内活动。资金怎么用，是投资房地产，还是开创新项目，需要董事会、股东会开会，少则二分之一表决，多则三分之二、四分之三同意。还需要财务总监、法务总监、总经理、董事长签字。企业资金以什么名目出去，财务上应该是很规范的。

黄宏生在当时用这笔资金投资房地产，也许利润高，也许能补回这笔资金，但是，背离公司合规合法之外的体外循环。这一"挪"本身就已经违法了，法律制裁的是挪用行为本身，或者说法律防范的是挪用带来的风险。

法治周末：很多人曾经评论说，黄宏生为代表的民营企业家是在转型中成长起来的。他们的一些动作在内地或可通行，但在法制健全的香港，触动了规则必受重创。

吕景胜：民营企业家常常会有"公司就是我，我就是公司"的想法，但已经上市的公司至少还有 25% 的公众股，公司运营已不再是内部家事。上市公司必须在规范制度与合规程序层面上在公众视野下依法治理。上市公司是在法律法规、社会舆论、行业协会、证券市场监管机构、法律审计机构等所形成的外部治理的监管环境下运营，资金必须按财务制度、法律制度规范使用。

法治周末：内地企业在香港屡次出现问题，其实是把几十年章法无度的原始积累中形成的企业运营习惯，曝光于天下。而证券市场长期监管不足，每当出现违规，听到更多的是"警告、谴责、禁止入市"这类词，这些年我们也一直在提金融监管，规范股市，从企业监管的角度来看，有没有什么改观？

吕景胜：早年的时候，内地的执法比较软弱，惩罚力度不够。十个案子可能立了三个、罚了两个。我们应该同国际惯例接轨，证券市场环境要越来越规范与公平，不能有的案子处理，有的案子不立案不制裁。

这些年国内也判了很多大案，证券监管已经动真格的，如高管市场禁入、罚款、判刑等。从执法、司法软弱到完善，到更有力度，确实需要一个过程。

周正毅：从"流氓大亨"到上海"首富"

没有明天的豪赌

邓学平

周正毅，曾经的上海首富。从一个饭店小老板荣升为控制上百亿资产的富豪，周正毅花了 20 年时间。而从全国瞩目的富豪沦为阶下囚，前后不过 3 年。

对于一个漠视规则、投机至上、依赖政商关系而发家致富的人来说，这个结局并不会让人太过吃惊。他的命运也许在他暴富的那一刻，就已经注定。

从"流氓大亨"到股票玩家

1961 年，周正毅出生于上海市杨树浦路附近一间没有阳台的老式公房里。那是苏联人建造的二层楼房，原来上面住人，下面养马，后来它们被改建成上海最早的工人新村——控江新村。和周正毅的父亲一样，大约有两万户产业工人居住在那里。

1977 年，周正毅从上海市控江高级中学肄业。由于"文革"的原因，周正毅实际上只有小学文化程度。在知识经济席卷世界浪潮之前，企业家的创富神话往往是跟文化、学历成反比的。小学文化的周正毅日后在明星圈制造绯闻和在资本市场上"化腐朽为神奇"的能力都让人望尘莫及。

17 岁那年，周正毅找到了他的第一份工作，在一家街道工厂做会计。半年后，周正毅拿出所有积蓄开设了一家小馄饨店，成为上海滩改革开放后第一批个体工商户。此后，周正毅开过烟纸店，售卖过走私香烟和电子产品，倒卖过外币，虽然也赚了些钱，但这种小生意人的生活状态实在无法满足他的雄心。

1985 年，周正毅以读书的名义去日本闯荡。但周去日本显然不是为了读书，赚钱仍是他此行的兴趣所在。周正毅先是随身携带 101 生发水等货品去日本售卖，后来干脆做起了赴日务工的中介生意。3 年后，周正毅回到国内，在上海的北京路上开了一家美通饭店，生意一度十分火爆。

整个 20 世纪 80 年代，周正毅的生意虽然颇有小成，但终究未能获得大的突破。在那期间，周正毅结交庞杂，混迹黑白，既有愿意为他两肋插刀的铁杆兄弟，也有誓言追杀他的仇家。周正毅的不少生意也都游走在法律的边缘，曾经多次被警方拘留，但最终都幸运地逃脱牢狱之灾。那时的周正毅俨然是一个类似于美国 19 世纪的"强盗男爵"和 20 世纪 80 年代香港电视剧中的"流氓大亨"的形象。只是由于还缺少让众人仰慕的成就，所以这段经历始终少了那么一点份量。

1994 年，周正毅关掉了美通饭店，与他的女朋友毛玉萍一起在毗邻上海国际饭店的黄河路美食街上开了以毛玉萍姓氏为名的"阿毛炖品"。这家饭店营业面积多达 5 层，而且装修豪华，以当时流行的炖品为特色，每年为周正毅带来近千万的稳定利润。更重要的是，"阿毛炖品"让周正毅和银行界人士取得了交集。在"阿毛炖品"鼎盛时期，这里几乎可称为银行界人士的公共餐厅，常常可以见到银行业人士三五成群地出入就餐。

如果说做实业为周正毅赢得了人生爆发的第一桶金，那么真正成就周正毅的则是金融市场。早在 20 世纪 90 年代初期，周正毅就开始炒股、炒期货。虽然周正毅属于比较能游荡的人，口才也很难说得上出色，但一谈及股票、期货、债券，他总能滔滔不绝。在金融市场，周正毅如鱼得水，他的投资天分尽显无遗。

上海滩的新晋首富

1995 年是周正毅向资本玩家挺进的关键性一年。那时，很多大型国企准备上市，大量的内部职工持股通过柜台交易的方式开始流通。周正毅敏锐地察觉到这是个千载难逢的机会，于是便倾其所有，全部用于收购内部职工股。当时这些股票大多两三元就可以买进，上市后一般都有几倍甚至多达几十倍的涨幅。短短两三年，周正毅在股市上疯狂净赚了几个亿！周正毅第一次体会到了资本魔方的巨大魅力，从此变得一发不可收拾。

1997年，亚洲金融风暴让香港股市一片低迷，连蓝筹股都跌得无人问津。周正毅又一头扎进了香港股市，大量收购蓝筹股，在随后的股市反弹中再次大获其利。除了股票，周正毅在铜市期货领域的大手笔同样令人印象深刻。周正毅成立了上海华亭进出口公司，专做铜货期市套利买卖。他在铜市的套利手法通常是在伦敦期货交易所买进，再从上海期货交易所抛出，从而在两个市场之间进行套价。

然而在股市和期市单枪匹马的打闹绝非周正毅的本意，他决定要建立更大的资本运作平台。1997年，周正毅用他的控股公司发起设立了上海农凯发展集团有限公司。虽然农凯的股权结构极为复杂，仿若迷宫，农凯旗下产业庞多、资产状况神秘莫测，但周正毅始终是农凯的实际控制人。周正毅借助农凯这一资本运作中枢，在上海的金融、地产和酒店等领域大肆收购。这种不显山露水的做法固然可以"闷声发大财"，但却难以充分发挥资本的杠杆作用。

周正毅决定将并购导向上市公司。从2000年开始的短短三年时间里，农凯系先后收购了两家A股上市公司和两家香港上市公司。此外，农凯系还是兴业银行的第三大股东、大通证券的第一大股东和徐工科技的第六大股东。至此，周正毅在上海已经渗透了房地产、金融、贸易、农业和高科技产业五大行业，企业王国的大厦已显雏形。

与多数中国富豪不愿显摆家财不同，周正毅为了让自己成名可谓煞费苦心。1997年香港地产泡沫待破之际，周正毅耗资6200万港元逆势购入香港湾仔会景阁西翼顶层的复式豪宅。1999年，周正毅以8600万港币现金购入渣甸山白建时道900多平方米的豪宅，与香港富商刘銮雄为邻，并一掷3000万港币大肆装修，极尽奢华。

当年在一个公开场合，周正毅"上海首富"的名号不胫而走。这个名号在当时不过是周正毅自封，但却引发了极大的轰动效应。一年后，胡润将周正毅排入了中国富豪榜的第 94 位。然而周正毅却认为自己的财富远不止榜单公布的那么多，并为此亲自去找胡润理论。也许是这次交涉真的起了作用，2001 年时，周正毅的排名急速上升到了第 41 位。

没有魂，行不远

除了富豪榜的夺目光辉，周正毅与香港女明星之间的绯闻更是让他的举止投足都能获得媒体关注。在坊间，"上海首富"周正毅开始有了另外一个雅号"周公子"。然而，名利双收的好事往往难以长久，表面的风光无限并不意味着真正的所向披靡。在周正毅坐享上海首富殊荣的同时，关于他的种种内幕消息也甚嚣尘上。一切都在酝酿，似乎只是在静待时机的到来。

案件的导火索正是使周正毅声名大噪的香港建联通收购案。2002 年，周正毅从中银香港获得了 21 亿港元的贷款，收购了香港上市公司建联通。事后发现，这笔贷款是以周正毅将要收购的建联通股权作为抵押获得的。也就是说，周正毅自己未出一分一毫便顺利掌控了一家拥有 20 多亿港元现金的香港上市公司。很快，周正毅"空手套白狼"的资本运作手法进入了监管视线，香港证监会和内地监管部门启动了对周正毅的调查。

2003 年 5 月 27 日，周正毅在上海被公安机关刑事拘留。5 天后，香港廉政公署从港岛一处豪宅带走了周正毅的女友毛玉萍。法院最终仅以操纵证券交易价格和虚报注册资本两个罪名合并判处周正毅 3 年有期徒刑。

2006 年 5 月，周正毅刑满释放。然而仅仅半年后，周正毅再次被上海检察机关逮捕。原来上海市看守所原所长、监狱管教等人员，在周正毅羁押和服刑期间收受周正毅巨额贿赂东窗事发。这一次，周正毅的好运没能再次延续。经过法院审理，周正毅因犯单位行贿罪、对企业人员行贿罪、行贿罪、虚开增值税专用发票罪和挪用资金罪等，被合并判处 16 年有期徒刑。

周正毅火箭般崛起又突然陷落的故事，某种意义上正是当今中国商业社会的一幕复杂悲喜剧。在二十多年的商业生涯中，周正毅眼光独到、精力充沛、果断出击，实现了一个草根的财富梦想，生动地诠释了中国经济发展所释放的巨大机会。但他所选择的与权势结盟、利用贿赂购买机会、拿充水资产套取银行资金、操纵股票价格进行图利等方法却注定无法善终。在这片土地上，类似的故事也许天天都在上演，但"出来混，早晚都是要还的"。周正毅就是一个例子，他的镜鉴并未远去。

看见历史

空手套白狼的法治困局

田飞龙

　　曾经的"上海首富"周正毅是为金钱而生，亦为金钱而陨落。在其生活哲学中，金钱是生命价值的标尺和支柱。在一次记者招待会上，周坦诚：有命无钱如地狱，有钱无命无处花。他认为这是天经地义的通识。

　　如今，有钱亦有命的商人周正毅却锒铛入狱。他以血肉之躯打拼构筑的"农凯系"商业帝国亦遭受毁灭性打击。他利用商人的精明和监管漏洞，在沪港股市间大搞"空手套白狼"式的关联交易，涉嫌欺诈和行贿，也给多家银行带来了巨大金融风险，从而引起了香港廉政公署和内地监管部门的关注和联手调查。

　　商人周正毅没能过"法治"这一关。金钱当取之有道，其"背道"逆行，大有斩获之余，亦深陷法律罗网，本是意料中的事。

　　周正毅起于微寒，虽聪明伶俐，却学业不佳，未能走寻常科考进取之途。不过，在改革之初，他却凭借自己的精明进行了曲折而重要的商业经验积累。最终，1997年，他成立农凯集团，开始"农凯系"的商业帝国之旅。

　　但周正毅的商业生命不属于"实业"，而属于"金融"。他有着过人的金融投机嗅觉和融资技巧。从实业发展来看，农凯集团的影响平平，但"农凯系"的资产以及周正毅本人的财富影响力却在1997年至2003年之间飞速扩展。他的金融之旅奠基于两次关键性的股市操作：第一，农凯成立之前的1995年，周大举购进国企职工股，变现获利；第二，1997年金融危机之时，在香港大购楼盘及股票，待股市反弹时获利极大。经此操盘，名不见经传的周正毅坐拥数十亿资产，跃升至股市并购扩张的新平台。

当国内外舆论在 2000 年左右"突然"觉察到周正毅之存在时，其出生寒微的背景、奋力打拼的顽强、夫妇同心的和睦、股市投资的胆识以及融资腾挪的技巧，无不书写着当代商业传奇。而这些传奇又一波一波地推高了农凯系及周正毅本人的信用度，其融资规模更加巨大，但由此给银行金融系统造成的风险亦不断放大，终于导致"信用泡沫"爆破。

2003 年，周正毅的商业帝国达到顶峰，除了核心企业农凯集团之外，还以亲属友人等名义开办了数十家关联企业，由其本人实际控制，作为并购融资的便利工具。周正毅的"空手套白狼"操作上其实并不复杂，就是用拟收购的企业资产抵押给银行以获取授信贷款，然后再以并购控股后的企业与自身企业进行关联交易，高估本企业不良资产，巨额套现。

这些操作在沪港两地频繁进行，十余家银行和数十家关联交易公司卷入其中，最终导致农凯系对银行系统负债高达一百多亿元。与此同时，周正毅却将企业资产以各种违法违规形式转移给亲属或朋友，为商业帝国崩溃时免受损失作准备。

从 2003 年上半年开始，周正毅的"空手套白狼"模式漏洞迭出，风险拉高，终于东窗事发。首先是香港廉政公署的强势介入，香港的法治环境对周正毅的违规违法操作反应灵敏，廉政公署调查取证完毕后即对周正毅发布通缉令，同时以司法互助管道通报内地警方和监管部门。内地监管部门同期亦专案调查周正毅。沪港两地司法联动，导致周氏"农凯系"商业帝国信用极度缩水。

周正毅有命有钱，但未进地狱，也未进天堂，而是二度进入监狱。2004 年，上海市第一中级人民法院以虚报注册资本罪和操纵证券交易价格罪两罪并罚，判处其有期徒刑 3 年。周正毅于 2006 年服刑期满出狱，但针对周正毅的司法程序并未终结。2007 年年底，上海市第二中级人民法院认定了周正毅的"五宗罪"，判刑 16 年。这次判刑基本宣告了"60 后"的周正毅商业人生的终结。

观其全案，对于商业伦理与法治当有所反思：第一，商人牟利无可非议，但触及法治底线和缺乏风险管控意识与能力是其致命缺陷；第二，周正毅与其他改革史中崛起又衰落的企业家一样，没有走出"家族企业"的体制弊端和兴衰定律，无法与香港或国外历史悠久但管理成熟的家族企业相提并论；第三，炫富之风易扰乱商人冷静心智，同时招致各方忌恨；第四，香港法制健全，内地法制逐步完善，两地司法互助畅通，"空手套白狼"手法渐然失效，风险剧增，但周氏却无心亦无力管控；第五，合法经营，主要不是循规蹈矩，而是在法律和监管体系约束下建立有效的公司治理制度和风险管控体系，"农凯系"在此意义上没有过关。

侥幸是企业家最大刑事风险

宋学鹏

周正毅，作为曾经的上海"首富"，二度入狱，前后涉案 7 个罪名，其案件在企业家犯罪案件中具有典型和警示意义。结合周正毅案，法治周末记者就企业家犯罪的一些特点和法治生态环境的建设采访了南京大学法学院教授孙国祥。

法治周末：周正毅堪称超级资本玩家，他的资本故事富有传奇色彩。这些年中国资本市场神话不少，能否评价一下周正毅的资本运作？

孙国祥：周正毅真正的财富积累是通过资本运作。他通过交叉复杂的股权收购、通过各种形式的"委托理财"，积聚资金后，利用资金优势，在资本市场牟取了巨额利益。

应该承认，一批周正毅式的企业家是市场经济的弄潮儿，他们有着灵敏的市场意识，具有敢为人先的创业精神。但也有一些企业家利用市场经济发展过程中的法律规范不全、监管不到位等漏洞，游离于黑白之间的灰色地带，甚至通过与权力勾连，获取巨额经济利益。周正毅便是其中一个。

法治周末： 在中国企业家中，周正毅比较罕见的是两度入狱。从他的多项罪名中怎样去认识周的资本神话？

孙国祥： 从周正毅涉案的罪名看，也都是资本运作所通常的刑事"陷阱"、触犯频率比较高的犯罪。周正毅涉案的操纵证券交易价格罪（现已修正为操纵证券、期货市场罪），通常的手段就是在自己实际控制的账户之间进行证券交易，以影响证券交易的价格，此种操控手段引发的罪案频仍。而虚报注册资本罪，则似乎是民营企业的"原罪"，一度成为侦查机关查处经济犯罪案件的保底罪名。

至于挪用资金，涉及公司内部的财务管理。许多民营企业虽然形式上是企业，但企业家并没有现代企业意识，名义上的多个公司、企业，实际上作为一个企业对待。它们相互之间的资金往来腾挪没有任何的顾忌，并且企业家个人与公司混同，从而极易形成规范意义上的挪用资金罪或者职务侵占罪。

还有行贿（涵盖行贿罪、对非国家工作人员行贿罪、单位行贿罪等），在行政权力仍对市场有干预的生态下，更是民营企业家屡屡触犯的刑事"雷区"。

法治周末： 在中国改革开放的近三十多年中，企业家从成功到犯罪的距离很短，这包括周正毅，你如何看待这个现象？

孙国祥： 企业家频频涉案，其原因是多方面的：一是法律设罪有失公允。这些涉案罪名虽然常见，但其实构成要件要素解释空间大，现实执法中具有一定的弹性，如虚报注册资本罪、非法吸收公众存款罪和非法经营罪等。

二是整体的法治环境不佳。这些年，整体法治环境仍不尽如人意，在没有实现不遵守公正的市场规则就无法生存的情况下，企业家的有些行为很大程度上也与大环境有关，如无处不在的权力寻租为企业的贿赂行为提供了动力。

三是一些"企业家"靠打"擦边球"起家，并没有合规经营的意识。

加之企业组织结构的缺陷以及传统的"家天下"的组织文化，个人意志往往凌驾于规范与法律之上。没有刑事涉案之前，对违规违法行为没有任何罪恶感，久而久之将犯罪当合法。

法治周末：从改革开放中走出的企业家，进入市场经济时代后，一些行为往往让个人和企业游走在法律的边缘。你觉得在当下的环境中，企业家管理企业应该具备怎样的法治意识？

孙国祥：作为企业家而言，当务之急是树立现代企业合规经营的理念。

一些企业家试图通过侥幸而不是通过自己的合规行为规避刑事风险。侥幸恐怕是目前企业家的最大刑事风险。为获得企业平稳发展，企业家更应该自己为自己立规矩、设规范，昭示在各种情况下何为合法，何为非法，企业可以做什么，不应做什么，促使企业向社会做出自我约束（自律承诺），把对法律的被动遵从变为主动、自觉地接受其指导和约束，并在技术上、体制上形成对经济犯罪的预防。

此外，在同时操控多个企业，多个企业又不完全相同的情况下，管理中应注意各公司的相对独立性。合规，可以成为企业的无形资产，良好的合规计划，提升了企业的"软实力"，为企业直接带来正效益。

法治周末：但企业家的合规意识往往很难具备"积极"品质，往往是一种"消极"产物，所以法治环境至关重要，你觉得这个方面我们还有哪些需要改进的？

孙国祥：资本逐利的本能，想要企业家完全通过道德的自律实现合规常常是无效的。所以，立法和司法的制度完善同样是重要的。

就立法而言，可以考虑将企业的合规经营作为刑事义务加以强化，提高其经济犯罪的成本。同时，在严密法网的同时，对一些无法做到平等适用、实际上是为非公经济量身定做的犯罪应予以废除。如注册资本罪、非法吸收公众存款罪等。值得肯定的是，随着公司注册资本制度的改革，全国人大常委会已经通过立法解释对虚报注册资本罪和抽逃出资罪入罪范围作了严格的限制。

　　就司法而言，改善执法环境，严格执法，提高法律适用的稳定性、确定性，减少"选择性执法"带给人们的侥幸心理，企业家的犯罪才能得到有效遏制。

王效金：政治化企业的困局

无处安放的救赎
邓学平

王效金，古井集团曾经的灵魂人物。在王效金的带领下，古井集团一路高歌猛进，迅速发展壮大，成为中国白酒业的一面旗帜。

然而盲目扩张导致的经营困难以及企业改制引发的巨大争议，让王效金的光环迅速褪色。而他也因为收受巨额贿赂被定罪判刑，成为一名囚徒。

空降古井酒厂

1949 年 3 月，王效金出生在安徽省亳州市的一个偏远小镇。王效金从小就展现出了强势、果敢、精干的性格特点。18 岁那年，王效金作为知识分子代表被安排到亳州市双沟区老王庄插队。3 年后，王效金结束插队生涯，来到亳州机械厂工作。此后，王效金的工作虽多有转换，但总体还算顺利。

亳州虽小，但名人辈出。除了是曹操和华佗的故乡，出生在亳州的王怀忠一度在仕途上颇有建树，曾经官至安徽省副省长，后来成为少有的几个因贪腐被判处死刑的副部级高官。王效金的人生转折与他的这位亳州同乡有着分不开的联系。当年在王怀忠任亳县 (1986 年亳县改为亳州市) 领导的时候，王效金只是一名普通的科员。

王怀忠因为和古井酒厂时任厂长聂广荣不和，想换掉聂，没能成功。

在双方互有妥协的情况下，王效金被调入古井酒厂担任副厂长。两年后，38 岁的王效金迎来了他人生中至为重要的一次机会。他正式出任亳州古井酒厂厂长，刚刚 50 多岁的聂广荣选择退居二线。

古井贡酒为中国八大名酒之一，至今已有 1800 多年的历史。亳州古井酒厂始建于 1959 年，在改革开放前已经驰名中外。但是在王效金刚刚加入该厂的 1987 年，古井酒厂的规模并不算大，它只是一个年产两三千吨白酒、仅有六七百名职工的县级小厂。盛名之下，古井酒厂正在焦渴地等待一次蝶变，它的品牌价值急欲在市场中得到兑现。而负责导演这一梦想剧的不二人选正是王效金。

也许是命运的刻意考验，王效金担任厂长的第二年，国家实行白酒计税基础价调价政策。各种名酒纷纷涨价，古井贡酒也从每瓶 14.5 元一下子调到了每瓶 48 元。在经历短暂的"热卖"之后，古井贡酒很快无人问津，产品开始滞销。

心急如焚的王效金开始苦思对策。在酿酒车间的澡堂里，王效金想出了"降度降价"的策略。当时，酒价是根据酒的度数决定的，度数越高，价位越高。王效金的设想是，通过降低度数，一方面可以合情合理地把酒价降下来；另一方面又能避免古井酒厂与客户的矛盾。这个现实策略，立即为古井贡酒打开了销路，使得古井贡酒得以在众多白酒品牌中脱颖而出。

王效金的这一操作手法引发了一场震惊全国的"白酒革命"，为他赢得了"中国酒界第一人""经营怪杰"等名号。一战成名之后，古井酒厂驶入了发展的快车道，王效金也得以在古井酒厂站稳脚跟，并很快建立了一言九鼎的地位和威望。

失败的多元化

1992 年，为适应市场变化，古井酒厂迎来了第一次重大改制，安徽古井集团有限责任公司应运组建成立。在 20 世纪 90 年代初期，古井酒厂内部曾经针对扩张经营有过一次争论。当时内部分为两派，一派坚持在主业即白酒上加大投入，而另一派则主张寻求多元化发展。王效金选择了后者。从 1991 年到 1995 年，古井集团在酒店、医药、地产、塑胶、商贸、饮料等领域投资了 5 亿多元，成立了十几家公司。王效金甚至和当年处于困境中的史玉柱有过两次密谈，一度打算收购巨人集团。

然而，这些投资因为没有经过充分的调研和论证，大多以失败而告终。尽管如此，由于古井贡酒持续畅销，连续多年维持着近 30% 的营收增长，古井集团并未出现大的财务危机。从整体上看，古井集团现金流仍然充沛。1995 年，古井集团实现利税 5.95 亿元，跃上了中国白酒业的第二把交椅。

1996 年，古井集团在深圳成功上市，成为中国第一家白酒上市企业。募集到手的巨额资金，促使王效金进一步加快了多元化投资的步伐。王效金先后在啤酒和葡萄酒领域投入重金，试图建立一个酒饮料的企业帝国。

然而过分投机的心态，使得王效金对于企业的发展缺乏清晰的战略和方向。在王效金眼里，什么赚钱什么就应该是古井集团的主业。然而他所不知道的是，别人能够赚钱的领域古井集团未必也能赚钱。正如古井集团在白酒行业赚足了钱却也有大量白酒企业破产倒闭。过于自负的心态，导致古井集团在资本市场的投资盲目而草率。

到 2000 年，古井集团的公司或控股子公司已经达到三十多家，涉及行业近二十多个。但这些投资并没有让王效金实现其酒业帝国的梦想。他在资本市场上的投资同样以失败告终，资金大多有去无回。

更糟糕的是，古井集团最稳定的白酒业从 2001 年开始也出现了问题。当时整个白酒市场行情持续下跌，白酒产量占整个饮料酒总产量的比重逐年下降。2001 年，这个比例从改革大潮中的 60% 下降到 14%。那一年，古井贡酒的利润一下子从高峰时期的两个多亿下降到 8000 万。王效金第一次体验到了一座高楼大厦根基不稳的可怕感觉。

面对空前不利的形势，王效金开启了一系列的自救行动。他先是开展各种运动和学习，以求提高职工们的士气。2000 年，古井集团开展了"我们都是商人"的教育活动；2002 年，王效金又提出"批判与再造"的"整风运动"。

这些学习和运动自然没有见效，王效金又决定走名人效应之路。王效金的头像一度印在古井贡酒的瓶盖上面，在电视广告上反复播放。在集团内部的刊物《古井报》上，开设了"给王厂长画像""王效金故事""王效金的经营之道"等栏目。王效金还出了多部专著，意图扩大影响。

事实证明，王效金试图以个人魅力挽救整个集团的努力也是一场徒劳之举。最困难的时候，王效金曾邀请当时白酒界颇具争议的职业经理人阎爱杰来改造古井集团的营销体系。但阎爱杰的改革处处受阻，同样未能成功。2003 年，古井集团的利润只有 0.2 亿元，2004 年更是仅有百万元。古井集团的辉煌已经变成了不堪回首的过往。

潜藏已久的敌人

王效金曾经在一个公开场合声言：谁能打垮古井？谁都打不垮古井。谁能打垮王效金？谁都打不垮王效金，除了我自己。古井要垮也就垮在王效金手里。

类似的话语虽然在各种人生箴言和励志哲学里屡见不鲜，俗套不堪，但在王效金和古井集团的发展过程中却是至理名言。正如哲学家黑格尔所说，熟知不等于真知，王效金的这番话不幸一语中的，成为他命运的真实写照。

在一系列整顿的同时，王效金开始再次酝酿企业改制。王效金一方面想顺应国企改制浪潮，改变古井集团国有股一股独大的问题；另一方面也想为困境中的古井集团引来资金和新鲜血液。古井集团制订出了一套"全体员工持股、管理层持大股"的改制方案，但方案中员工与管理层分配股权的悬殊引起了很多人不满。

2004 年 8 月，国资委等 4 部门紧急颁发了《关于开展企业国有产权转让管理检查工作的通知》，要求彻查国企改制、产权转让中的国有资产流失问题。随后，古井集团的改制方案被有关部门否决，亳州市政府开始全面接手古井集团改制事宜。

随后的形势犹如山雨欲来风满楼，王效金开始有一种不祥的预感。2006 年 4 月，王效金的得力干将、古井集团的副总裁兼财务总监刘俊德被纪委"双规"。此前体重达 180 斤、多次减肥都不成功的王效金却因此一夜暴瘦。也是在那个时候，这位酒业巨子开始感叹企业家的生命是如此短暂。

2007年4月，王效金被安徽省纪委调查，后被检察机关逮捕。王效金的落马在古井集团管理层引发了多米诺骨牌效应，古井集团先后有20多名高管被调查，引发古井集团贪污腐败窝案。

2009年2月5日，安徽省高级人民法院对王效金受贿案做出终审判决，认定王效金受贿人民币507万元、美元67万余元、港币5万元，并判处无期徒刑。经过法院审理发现，王效金第一次收受贿赂发生在1991年，持续时间长达十几年。王效金通过为原材料采购"开绿灯"、为他人安排工程、合谋侵吞古井资产等方式收受他人贿赂，在古井集团发展壮大的同时也让自己大发"酒财"。一部古井集团的发展史同时也是一部王效金以权谋私、损公肥私的敛财史。王效金最终没能战胜他一生中最大的敌人，倒在了自己的手下。

王效金倒下了，但他的悲歌却未成为绝响。只要国家的监督体制还是乏力，只要现代化的公司治理体系还是无法有效运转，那么"乱哄哄，你方唱罢我登场"的企业家命运就不会改变。打倒王效金的无疑是他自己，但又不止他自己。如何战胜我们一生中最大的敌人？人性的自省和节制固然重要，体制、机制的外在约束同样不可或缺。

看见历史

"我即企业"的制度悲剧

田飞龙

王效金曾经是中国白酒界的第一人，创造了诸多属于"古井集团"的酒业奇迹。其治理核心理念是"我即企业"，治理核心技术是极端营销、个人崇拜和运动式发展。他的这些治理理念与技术来源于"文革"时代的运动经验以及国企管理传统，但在法制日益健全的当代却逐渐不合时宜，诱导其走入商业贿赂与监守自盗的道德与法律困境，最终酿成古井集团及其本人的悲剧。

王效金自 1985 年调任古井酒厂领导职务至 2009 年年初以受贿罪领刑入狱，曾给古井集团创造了诸多"第一"，其中最轰动者为 1989 年的"白酒革命"。当时国家实行白酒计税基础价调价政策，白酒价格按度数确定，度数越高，定价越高。古井贡酒属于高端白酒，价格从十几元调高至 48 元，与其他高端白酒一样经受着严峻的市场考验。王效金果断决策，实行"降度降价"，重新稳住了普通消费者市场。

在其任内，王效金运用各种机会和途径搞"名气"，多方营销，使得古井集团主业稳步快速发展，关联产业和投资性产业快速跟进，成长为现代企业集团，资产近百亿，成为中国白酒类第一家上市公司，而其个人亦获得体制内外荣誉无数。这些商业成就与社会知名度成为王效金个人崇拜和监守自盗的直接基础。

在王效金的极端营销策略中，个人偶像化占据核心地位。除了借助传媒和官方力量打造名气之外，其个人还精心策划出版了多部所谓的"专著"：《王效金的企业思维和经营艺术》《总要比别人好一点》《炒股看大势》《我是商人》《酒行天下－古井贡》《王效金经营管理选集》等，发表学术论文近百万余字。

著书立说本非商人分内事，但王效金迷恋此道，刻意显示其与寻常商人不同之处。这些王氏管理经验与发展技巧，本质上具有高度个人化与时代化的色彩和烙印，缺乏严肃的管理哲学反思与建构。

在企业管理中，王效金的个人崇拜和运动式治理构成核心原则，而现代企业治理制度则居于边缘。王效金曾坦陈其演讲辩论口才来源于"文革"广场经验，并将之作为正面"资产"予以宣扬。在王效金的管理生涯中，雄辩口才是利器。然而，口才本为中性，如果用于宣扬和推进现代企业治理，则属锦上添花。但若用于宣扬个人崇拜、极端营销以及运动式理念，则剑走偏锋，短期或有速效，长期则贻害极深。

关于运动式治理，王效金在企业内部多次实施，堪称王氏心法。试举三例：1995 年，王效金推动开展"古井五大失误"学习活动；2000 年，开展"我们都是商人"的教育活动；2002 年，开展"批判与再造"整风运动。

他在企业内部设置成立各种学习小组与培训班，"抓革命，促生产"。

这些学习与运动活动在学习材料上突出王效金个人思考成果，在学习形式与方向上导向对王效金的个人崇拜，而持不同意见者则可能遭到"清洗"或边缘化处理。王效金开展运动式治理的目的在于：第一，提振企业士气，遏阻下滑趋势，扭转企业颓局；第二，甄别敌友，建立更加纯粹忠诚的企业管理团队，确立个人至上的企业领导权。过度政治化的企业治理，在古井集团内部诱发了个人崇拜、"劣币驱逐良币"、职工怨声载道和专断文化逐层滋生的后果。

王效金也反思过其主动推行的个人崇拜与运动式治理的弊端。在2006年之后古井集团利润下滑、案讼不断的背景下，他曾有如下感慨："我们国家目前的监督体制都是苍白无力的，只有靠一种员工敬业精神，没有其他好办法。好多企业都是成功在某个企业家手里，又毁在他手里。"

人之就法，其言也善。这一感慨活化出作为国企领导人的王效金的内在心理与精神矛盾：

第一，国家监督体制的苍白无力，这是国企经营管理的现状，反映出国企实际控制权向"经理人"转移的体制现实，但所有权为国家保留，埋伏下严重的权利冲突与道德风险。

第二，国企发展只能靠"员工敬业精神"，如何激发这种精神呢？王效金本能地诉诸个人崇拜和运动式治理，酝酿打造出古井人的"精神原子弹"，企业管理也搞政治挂帅，这一招数在古井发展初期获得不少成功，但却孕育了恶质的企业内部文化和管理哲学。

第三，成败系于个人，即国企成败完全取决于国家基本失控、职工无法制约的经理人，这个人必须是"魅力型领袖"，但人皆肉骨凡胎，权力欲和自私性在缺乏有效制度制约的前提下必然导向"自毁长城"的方向，王效金本人亦不能免俗。

古井集团及王效金的治理失败与其治理理念的"前现代"特征高度相关。古井集团"王效金神话"的破灭是上述体制与理念自然演变的结果。

首先是官商关系的复杂利益牵连。"亳州二王"（王怀忠和王效金）曾为一时佳话，但安徽省副省长王怀忠先行落马已牵连引发对"另一王"的调查与关注。与王效金受贿有关的安徽省原副省长王昭耀案亦有牵连效果。

其次是不受监督的独裁性企业管理权，这导致王效金"损公肥私"极其便利，可以大举收受商业贿赂，出卖企业利益，促成关联交易，侵吞公共资产。

再次是企业内部管理层的腐败与失职，典型的是刘俊德案。

最后，"59岁现象"与国企改制秘密。王效金自陈对古井集团有再造之功，有实际控制权，却无法享有股权。尽管国家监督不力，山高皇帝远，但企业一直姓"公"不姓"私"，王效金贡献再大，权势再大，也只是高级打工仔，不可能直接化公为私。在退休和企业控制权转移的压力下，王效金全力推动企业改制，不惜与外部投资商合谋压低评估资产以分利。这是典型的"监守自盗"，严重违背了国企经理人的忠诚义务和职业伦理。

这种现象具有一定的普遍性，即国企管理制度缺乏有效的激励机制安排，无法客观正确评价经理人突出贡献并予以实际补偿。当然，国企管理传统坚持的是集体主义和义务本位，而且体制允许国企经理人在政企之间流动。王效金也做过努力，只因政府职位不理想而心有不甘，于是铤而走险"侵吞"企业资产。只是由于商洽未妥而没有造成严重侵害事实，定罪情节仅限于多起商业贿赂。2009年年初，安徽省高院终审维持原判，王效金以受贿罪获判无期徒刑。

王效金成长于新中国的前三十年，成功于后三十年，跌落于改革的新一轮发展期。他以前三十年青春经历与个人能力在中国酒业市场搏杀，以极端营销、个人崇拜和运动式治理构成王氏国企成功心法，一度风光无限。这一企业治理模式弊端丛生，如其个人自述，是成败系于一人，而该人亦未必洁身自好，一心奉公。

王效金的失败在于其企业治理理念与核心技术的"前现代"特征，在于国有企业管理激励制度与经理人控制权及"剩余索取权"的制度性冲突。如果说商业贿赂尚属于王效金领导古井集团过程中的职业腐败收入，那么后期围绕改制进行的各种关联交易则反映出国企管理的巨大漏洞以及经理人的严重道德风险。

　　王效金个案已经完结，但其代表的"我即企业"式国企治理难题尚未破解，从而倒逼国资管理部门严肃寻求国企"治理现代化"，以有力监督和稳健治理架构取代"王氏心法"。

张荣坤：人脉的市场魔力

外省青年张荣坤的红与黑
邓学平

"70后"张荣坤，原本一个名不见经传的青年。他白手起家，靠着自己的经营和积累，30岁出头便成功登上《福布斯》中国富豪排行榜。他旗下公司掌控两百余公里的高速公路经营权，被称为"公路大王"。

张荣坤积聚财富的速度虽然惊人，但手段却难以公开示人。他迷恋于结交显贵、官商勾结，为了成功不择手段，几乎每一笔财富都沾染着不义。沦为囚徒几乎是他无法逃脱的宿命。

石库门出生的"小苏州"

1973年10月3日，张荣坤出生在苏州上塘街一个石库门大宅院里。这里小桥流水，吴侬软语，人才辈出。1991年，18岁的张荣坤高中毕业，第一份工作是担任一家期货公司的经纪人。

期货经纪人生涯非常短暂。张荣坤在业余时间涉足期货交易，赚到了人生的第一桶金。自此之后，只有来得快的钱，才能引起张荣坤的兴趣。

张荣坤跃出苏州、进军上海滩的关键转折，发生在太湖边上的东山宾馆。东山宾馆一度是上海政府官员及国企高层经常光顾的度假场所，沪上冠盖云集此地。在此任职的张荣坤则恭逢其会，迎来送往，得以结交上层名流。渐渐地，张荣坤在上海政商界中有了"小苏州"之名，日后在上海的发达已有门径可窥。

韩国璋，就是张荣坤在此结交的贵人之一。韩国璋当时担任上海电气（集团）总公司办公室主任，上海人脉甚熟。人际关系犹如一张网，织好了一个节点便可以无限伸展。韩国璋很快便介绍了上海的一众政商显要与张荣坤相识。数年后张荣坤得意上海滩，在政商圈中遍撒金条，其中部分金条即经由韩国璋之手散出。建立、稳固并扩展这种灰色关系，似乎是张荣坤与生俱来的本领。

关系网初就之后，张荣坤的生意规模有所扩大。1997年11月，张荣坤组建江苏东山实业发展有限公司，自任董事长。东山实业一度在南京大举投资，但终究没有取得理想的回报。几经周折之后，张荣坤开始在上海布局。1997年12月，他注册了上海同创企业发展有限公司，并在华东师范大学就读在职研究生。

激荡上海滩

2000年，张荣坤开始大举进入上海滩。张荣坤将他的上海根据地选择在了象征权力与地位的西郊宾馆，从中依稀可见东山实业的起家路数。张荣坤在此使出浑身解数，通过美女和现金开道，逐渐使上海的政商关系取得了突破性进展。这一年，张荣坤与上海政要建立或巩固了亲密关系，奠定了他日后事业发达的基础，同时也埋下了命运转折的伏笔。

入沪之初，张荣坤延续了此前炒股发家的老路。只不过，张荣坤其时的人脉关系和动员资金的能量已非昔日可比。张荣坤联手上海基金公司和海欣股份董事长，筹集十数亿元坐庄海欣股份。占尽地利人和，海欣股份甚至不惜通过虚造财务报表进行配合，却未料很快遭遇资本市场的一轮大熊市，最终不得不败于天时。

比几乎所有庄家都要幸运的是，张荣坤拥有源源不绝的资金支持。出师不利的张荣坤随即开始转向公路和金融股权投资，这些转向为他迅速聚集了难以想象的惊人财富。

2002年1月，张荣坤从韩国璋处了解到，上海城投下属上海路桥发展有限公司所持的沪杭高速上海段经营权要转让。张荣坤立即于次月注册成立了上海福禧投资有限公司，动用了竞争者无法企及的高层关系，以

32.07 亿元人民币的低价将路桥公司 99.35% 的股权收入囊中。

张荣坤的这笔巨额收购，单在交易成功的瞬间，其差价便已经赚取了 3 亿元之多，交易背后非市场化因素的支撑和能量早已超出了正常市场交易的范畴。张荣坤首次出手实业投资，便深深卷入了政商勾结的漩涡中。此后，张荣坤的收购帝国开始呈现膨胀式扩张。2003 年，张荣坤斥资十多亿元控制了上海嘉定至金山的高速公路项目；2004 年，又出资 5.88 亿元收购了苏州苏嘉杭高速公路有限公司 20% 的股权；到 2005 年 6 月底，福禧投资参与管理的公路里程超过 200 公里。

新建高速公路项目非但可以获得承建利润和路权收益，更关键的是能够撬动巨额银行贷款。张荣坤以两条高速路经营权为抵押，先后从银行及社保基金处套出近百亿资金。一时间，福禧投资领域广泛分布于金融、地产、基础设施及公司私募。成立短短 4 年间，福禧投资总资产骤增至 136.22 亿元，净资产达到 53.13 亿元。

横空出世的"慈善家"

张荣坤聚集财富的不二法门便是经营人际关系，可以说他所有的财富都直接或间接地来源于他的"人脉"。张荣坤初战海欣股份虽败，但过程中表现出"忠实""诚信""可靠"的一面让有关人士对他的信心与支持不仅没有动摇，反而进一步升级。过往的人际逢迎由此转变为真实的利益联盟。经过高人指点，张荣坤开始攀附另一条通向更高端政治资源的"终南捷径"——慈善捐赠。

外来者张荣坤一举确定了慈善扬名的入沪方略，更深谙曲径通幽的攀附要诀。2001 年年初，张荣坤在上海市慈善基金会举办的捐赠活动上出手 200 万元，拿下上海民营企业慈善捐赠"状元"。但这一次对于张荣坤只是牛刀小试。尝到甜头后，张荣坤的捐赠数字如火山喷发，迅速跻身千万级。2002 年，张荣坤以福禧投资名义对外捐赠额高达 2706 万元。此后，张荣坤每年向慈善机构捐赠的数额都在 3000 万元左右。2004 年 12 月，张荣坤入选中华慈善总会评选的中国最具影响力的百位慈善人士。

张荣坤是个商人，慈善捐赠图的无非是回报。与这些出手凌厉的捐赠相随，是张荣坤社会地位的节节高升。早在 2001 年，张荣坤就成为上海市长宁区工商联常委。2002 年 5 月，张荣坤成为上海市慈善基金会名誉副会长；7 月，成为上海市工商业联合会副会长；8 月，又成为上海公共关系协会名誉会长。此外，张荣坤还曾荣获上海市"慈善之星"、民政部先进个人等多项政府嘉奖。

张荣坤所获得的最显赫地位，当属 2002 年间以 29 岁之身当选全国政协委员、全国青联常委等职务。以全国政协委员之身往来京沪，张荣坤自然将关系网织到了北京。在此期间，张就读北京大学光华管理学院 EMBA 项目，再现当年入沪先入学的一幕。不过，张荣坤在北京的发展并未充分展开，他的重心始终在上海。

有了这些身份和铺垫，张荣坤在上海政商两界越发游刃有余，彷佛整个世界都尽在掌握。他所不知道的是，法网恢恢，疏而不漏。身后，危机正步步逼来，而且快得让张荣坤几乎来不及应对。

身陷社保大案

张荣坤进军上海滩不久，就通过时任上海社保局局长祝均一的关系拿到过两亿元的社保资金用于股市运作。福禧用于投资收购的资金中，除了从银行获得的短期贷款，还有很大一部分来源于上海社保金。特别是张荣坤以高速公路为融资工具，先后累计拆借社保资金高达 34.5 亿元之巨。原本是市民基本生活保障的社保资金竟然被张荣坤用于各种盈利前景不明的商业投资，其中的法律风险昭然若揭。但在长达数年间，张荣坤却成功躲过了监管部门的眼睛。银行贷款和社保资金一明一暗两条融资渠道，一度构成了张荣坤无与伦比的竞争优势。

终究纸包不住火。2006 年夏天，震惊全国的上海社保大案爆发。张荣坤很快被检方收押，"福禧帝国"一夜倾覆。这位 18 岁出道、年仅 34 岁的财富新贵终于得到了法律的清算。

2008 年 6 月 22 日上午，吉林省高级人民法院做出终审判决：张荣坤因犯单位行贿罪、对公司人员行贿罪、操纵证券市场罪、欺诈发行债券罪和抽逃出资罪，5 罪并罚，被判处有期徒刑 19 年；其被扣押的 13 亿余元资产全部没收，张荣坤控制的上海沸点投资发展有限公司被处罚金 2.32 亿元，福禧投资控股有限公司被处罚金 5000 万元。

张荣坤的人生经历恰如法国作家司汤达成名小说《红与黑》中的"外省青年于连"。从苏州的寻常家庭出生，在上海滩名利场中凭借游走权贵之门而迅速爬上财富和声名的顶峰，也在短短一夜间如坐上失控的电梯般直线坠落。即便作为茶余饭后的谈资，张荣坤的财富故事和桃色绯闻也渐渐从人们的记忆中溜走。

只是，成就张荣坤的这一切，仍然在车水马龙、霓虹闪烁的都市喧嚣中日复一日地重复和延续。张荣坤是可恶的，也是可怜的。或许，唯有时间才能度量其中的分际。

看见历史

畸形政商关系的市场魔咒
田飞龙

张荣坤本身就是一只"股票"，暴涨暴跌折射出中国市场经济转轨过程中的"政商关系之殇"。

在建立更规范的公权力约束体制和公平竞争的市场体系之前，张荣坤式的悲剧仍然会不断重演。掌握审批权与公共资金的官员和敢闯敢干的投机企业家的相遇，所构成的正是改革史背景下的既得利益集团网络。

在这一特殊的政商关系网中，权力提供了风险投资与市场竞争的各种便利并参与分利，而民企商人则充当了行贿者与财富制造者的双重角色。公权力的把控者通常更为主动，居于"剩余索取权"的有利位置。

成长于苏州小户人家的张荣坤秉有江南人特有的精明干练和经商思维。张荣坤的商业成功之路，大体有着如下特征：第一，通过早期创业积累人脉与经验，屡败屡战，熟识人情世故；第二，重资本操作，轻实业积累，属于"风险玩家"，积累周期长、成效慢的实业之路对他没有吸引力，显示出这批创业者的前瞻意识和浮躁心态；第三，炒作期货小试身手，积累第一桶金；第四，通过上层走动与普遍行贿营构地域性政商关系网，为进军上海做铺垫；第五，以政商关系获取核心项目，以项目融资获取银行与社保双向资金流，以融资融券开展股市坐庄与风险投资。

这些成长特征并非张荣坤独有，而是他们这一代改革企业家分享的成功心法。只是张荣坤运用得更加自如，成长更快而已。1973 年出生的张荣坤，2002 年即获选全国政协委员和全国青联常委，2005 年荣登福布斯中国内地富豪榜第 16 位，其时不过 30 岁出头。

其跌落速度亦同样惊人，2006 年即卷入上海社保案，2008 年以五宗罪获刑 19 年，个人资产被清算殆尽，核心企业遭受重创。更关键的是，以陈良宇为首的政商关系网破裂，张本人又身陷囹圄，"福禧系"神话告吹。

张荣坤其祸福荣辱并非铁定，而是建立在权力的流沙之上。法治转型期的"腐败"不同于常规法治状态下的腐败，对掌权者一方固然是权力寻租，但对于行贿者一方则多少有着制度不健全背景下的无奈。

张荣坤能够一路凯歌，在于其掌握并实际运用了某些特殊技法：第一，保持良好的商业信誉和贿金支付承诺，让合作者感觉到诚信与安全；第二，与模特经纪公司合作，提供高质量的"性贿赂"；第三，盯住"秘书"接近领导，掌握中国官场公关套路。张荣坤能够成功对银行、社保基金实施大规模融资，与其通过"秘书"线索搞定陈良宇等沪上最高权力者有着直接关联。

至于陈良宇案发，并非普通商人可测，甚至张荣坤这样的机灵人士亦不能免。这说明，非法治的政商关系，再高级别亦有风险，只是风险大小与管理技术的问题。对于风险玩家张荣坤而言，不涉及此类风险，只做诚实守法企业家，断难满足其暴富之欲。因此，他选择了"高层"路线。

在中国的法治与市场转型期，多起政商贿案的司法实践表明，"秘书"是一个疏通与维系政商关系网的关键环节。对于掌权者而言，核心秘书类似于"总管家"，必为心腹高能之人。通过秘书对外联络、侦查、识别与认证可合作的商业对象，也是权力寻租产业日益成形与规则化的理性套路。

张荣坤深谙中国的"领导—秘书"人身与利益辩证法。因此，治理中国畸形的政商关系，尤其是制度化反腐败，一个重要环节就是规范秘书行为。秘书本是一个附属性、辅助性的功能角色，但在领导们精力不济或不便出面的条件下便经常性地充当"代理人"角色。中国的吏治，需要建立科学的秘书学和秘书治理机制。

时至今日，畸形政商关系依然影响着中国市场与法治规范发展进程，同时也构成对中国民营经济发展的体制性障碍。非法治的政商合谋，如同一个社会肌体上的"毒瘤"，所形成的不过是权力寻租与商人疯狂的协奏曲，代价是行贿受贿，公共资金被挪用，国有银行信贷危机，市政工程扭曲不灵，一群人风险狂欢，在付出巨大的公共利益代价之后黯然落幕。

整治畸形政商关系、防止张荣坤式悲剧的出路还在于国企和民企的市场平权、政府管制权力的理性配置与法治化、透明公正的公权力运行体系及自由竞争的市场环境。当下行政领域正在开展的简政放权和建立更规范的政府与市场关系的制度性努力，是值得期待的改革方向。

让监管暴露于阳光下
邬蕾

8年后重新回顾张荣坤案，其中涉及的民营资本进入国家公共事业、民众公共资金的利益寻租空间、政商结合等问题，依然值得探讨及反思。法治周末记者就这些问题采访了北京航空航天大学法学院副教授翟志勇。

法治周末：张荣坤因非法使用上海社保局社保基金三十多亿元而入罪。2006年时，张荣坤的行为是否合法合规？如今，民营资本进入公共领域的规定有没有什么变化？

翟志勇：其实早在2001年，原国家发展计划委员会在《关于促进和引导民间投资的若干意见》中，就鼓励甚至支持民营资本进入基础设施建设领域，当时普遍采取的模式如BOT（建设－经营－转让）、TOT（转让－经营－转让）等。张荣坤收购沪宁高速上海段经营权是有政策基础的，他的问题主要出现在违规使用社保基金上。

应该说国家一直在鼓励民营资本进入国家公共领域，但实践中不是民营资本通过官商勾结的方式侵吞国有资产，就是合法经营的民营资本受到限制，政策环境和法律保障仍有待完善。

法治周末：若不是 2006 年上海社保案的发生，人们可能不会注意到社保基金这一块巨大的利益寻租空间。上海社保案后，政府有没有什么相应的应对措施？

翟志勇：2000 年，国务院决定建立社保基金，同时成立社保基金理事会负责管理运营全国社保基金。社保基金在建立之初，监管制度不够完善，给官商勾结提供了空间。

上海社保案发生后，政府有关部门建立了专项检查制度，并对部分省市社保基金的征缴、支付、管理和发放情况进行专项检查和抽查。但由于上述措施仍然是内部监管的强化，公众很难知道具体的实施效果。长远来看，社保基金的监管必须纳入到公共监督视线中，公开是最好的监督措施。

法治周末：每一个落马的企业家几乎都用尽了政商关系的砝码。这不禁让人们产生对权力滥用的担忧。十八大以来中央力惩腐败取得一定成效。面对盘根交错复杂的利益寻租集团，治腐惩腐怎样才能治标治本？

翟志勇：这个问题很难回答，各种标本兼治的反腐倡议层出不穷，但仍无法杜绝腐败。因此，可以说腐败是一个体制性的系统问题。

现在反腐力度空前，但仍然是非常时期的非常举措，标本兼治的长效机制仍有待建立，寄希望十八届四中全会对此能有所作为。

法治周末：法律在打击政商勾结、保护公共利益上应该发挥怎样的作用？

翟志勇：如果从"应然"的角度上，法律是第一道防线也是最后一道防线。

说法律是第一道防线，指的是必须通过法律建立起完善的制度，特别是公开透明的权力运行机制，不给官商勾结和权钱交易留下制度空间；说法律是最后一道防线，指的是惩治腐败最终必须依赖法治，真正做到有法必依、违法必究，选择性执法就像割韭菜，割了一茬又一茬，既不治标，也不治本。

龚佳龙：民营石油大王的红顶之争

石油大王龚家龙的"交换"人生
邓学平

龚家龙，名震一时的中国民营石油大王。他靠着自己的天赋和努力，戴着"红顶商人"的帽子，从一个石油钻井工人变成一个拥有两家上市公司，推动民营石油企业涉足国际能源项目的知名企业家。

然而，为了摘掉"红顶商人"的帽子，他却费尽周折，乃至事业和人生出现挫折。如今，他在大洋彼岸的加拿大重建自己的能源帝国，并将他的石油梦想延伸到更加广阔的天地。

"湖北最大的投机倒把商人"

1954 年，龚家龙出生在湖北省一个普通的知识分子家庭。父亲是荆州市农科所的技术人员，母亲是农学院的教师。在那个特殊的年代，知识有时候意味着麻烦和灾祸。1969 年，由于父母被下放"五七干校"，15 岁的龚家龙也不得不辍学去农村插队做了知青。目睹时事变故，龚家龙毅然决然地"背叛"了知识分子的家庭背景，在 17 岁那年成为湖北省江汉油田石油井架上的一名工人。

江汉油田是中国中部地区少有的几个油田之一。龚家龙当时并没有想到自己的人生会与这种浓稠的黑色液体结下不解之缘。度过了一段石油工人生涯后，龚家龙被调入湖北省荆州市轻工业物资局。他胆大心细、头脑灵活、敢于负责，在单位逐渐升为后勤保障车队队长。

然而，无论是打井的石油工人，还是负责后勤保障的车队队长，都远远不能施展龚家龙的聪明才智。直到改革开放后，龚家龙的商业头脑才逐渐有了用武之地。20世纪80年代初期的计划经济体制下，买一袋米、一匹布都需要指标。车队需要一批车，但既没钱又没指标，更是难上加难。龚家龙想到了一个办法。他托人从国外买来一些废弃的旧船，用船身的钢板去上海、北京等地置换汽车。那时候汽车十分紧俏，但钢材却更加稀缺。龚家龙就这样用钢材换到了汽车。

这件事情让整个轻工业物资局都对他刮目相看，也让龚家龙初次领略了"交换"的无穷魅力。1985年，轻工业物资局成立轻工产品经销公司，龚家龙成为这家国企公司的总经理。

龚家龙的第一桶金源自于"交换"香烟。在信息技术还不发达的年代，物资供给需求矛盾常常无法化解。而负责开车、游历丰富的龚家龙却能掌握各地的信息。他了解到常德市卷烟厂正因为生产线上缺原料而焦急，他恰好也知道千里之外的河南因烟叶的大丰收而欣喜。于是，龚家龙把河南的烟叶运到常德卷烟厂，换来成品香烟并运回湖北售卖。最多的一个月，龚家龙竟然赚了三百多万元。香烟带来的暴利终于启动了龚家龙的商业航母。

正当龚家龙香烟生意越做越旺的时候，政府开始大规模打击"投机倒把罪"。龚家龙被称为"湖北最大的投机倒把商人"，被审查了整整一年。幸好龚家龙的政府背景和人脉关系帮助他安然渡过了这一危机。这一年，龚家龙决定彻底离开国企，光明正大地追寻自己的事业。

民营石油巨头

荆州地区生产生活资料产品经销公司是龚家龙注册成立的第一家公司。这家完全由龚家龙个人出资、独立经营、自负盈亏的公司挂在了轻工业物资局名下，并注册登记为全民所有制企业。此后数年，龚家龙都循此套路进行运作经营。在当时的政策环境下，挂靠政府机关和使用国企名义的确为他避开了诸多政策壁垒，带来了显而易见的经营便利，但也为后来的产权纠纷埋下了重大隐患。

这家公司的经营手段仍然是物物交易。在那个极度匮乏的年代，他卖过冰箱、车辆、洗衣机等。短短数年，龚家龙已经积累起千万身家。很快，龚家龙重新迷上了石油。那时，县处级的领导干部才能使用液化气，供应十分紧张。龚家龙知道东北的辽河油田有很多石油运不出来，便斥巨资买了个火车车皮，把东北的石油拉回湖北销售。生意不出意料的火爆，而龚家龙还在继续寻找新的商机。

适逢海南岛建省，龚家龙立即着手在海南建设大型油气站。第二年，他注册成立了海南龙海石油液化气公司。截至1993年，龚家龙在湖北、湖南、海南等地建立了数十个加油站和液化气储运站。这一年，龚家龙将上述资产进行重整，正式组建了"湖北天发企业（集团）股份有限公司"。随着产业链的逐渐拉延，龚家龙愈发感到资金缺口的压力。

敢想敢做的龚家龙把目光投向了证券市场。那时，公司如果没有政府的支持，公开上市是想都不敢想的事情。龚家龙踌躇满志地找到了湖北省政府。他对政府动之以情，晓之以理，直陈公司上市对当地税收、就业甚至口碑带来的好处。1996年，挂着国字号招牌的"湖北天发企业（集团）股份有限公司"在深圳交易所上市，成为全国民营石油企业唯一牌照齐全的石油类上市公司。鼎盛时期，天发集团在全国拥有100多座小型加油站和3座万吨级加油站。那时，中石油、中石化尚未组建，石油的垄断经营局面尚未形成，龚家龙抓住了历史给予他的重大机遇。

随着石油公司的上市，龚家龙开始涉足农副产品深加工、日用化工、制浆造纸等业务。湖北省盛产菜籽，是全国油菜产出大省，但是当时湖北省并没有农业的自主品牌，没有成规模的农产品加工厂，食用油几乎全部来自广东。龚家龙在当地政府的邀请下，为了支持本土产业发展，完善产业链，决定投资油菜籽加工项目。2000年，龚家龙的天成油脂厂开工，年加工油菜籽120万吨，被国家8部委联合授予"国家农业产业化龙头企业"。鼎盛时期，这个企业一年要接待各地党政机关和企业参访团高达900批次，平均一天3个批次。

虽然早已经声名在外，但真正让龚家龙广为人知的是他联合全国一百多家民营石油企业发起成立的全国工商联石油业商会。这一商会涵盖了石油行业的上、中、下游各个环节，开创了中国民营石油业发展的新纪元。龚家龙毫无疑义地当选为首任会长。

此后，龚家龙扛起全国民营石油联盟的大旗，率团前往亚洲瞩目的巴基斯坦瓜达尔本石油港口参与港口建设的竞标，并成为巴基斯坦时任总统穆沙拉夫的私人经济顾问。是时，"民营油企第一人""民营石油大王"的桂冠，除了龚家龙已无他人敢于佩戴。

"红帽子"带来产权之痛

"红顶商人"的帽子给了龚家龙崛起以特殊便利，当地政府的鼎力支持更是功不可没。如果没有这两个条件，龚家龙的平民商人背景要在那个年代拥有两家上市公司简直是天方夜谭。然而，任何恩惠都需要回报。龚家龙对当地政府的报答除了政绩、就业、税收等常规项目以外，还包括接手多家负债累累的国有企业。几经并购重组，原本清晰的天发集团股权开始变得复杂起来，以至于连天发集团是否属于民企都成了疑问。

2000 年以后，曾经带来诸多好处的"红帽子"随着市场环境的变化日渐成为多余。但"摘帽"的过程却又面临着重重的法律乃至政治风险。龚家龙寻求从法律层面界定企业产权的早期努力得到了政府的正面回应。2001 年，他得到了荆州市国资委的正式文件批复：同意天发集团变更工商登记，所有制性质为非国有独资。然而随着国企改革方向的调整和国资流失问题的讨论，这个批复的效力一直备受质疑。

2006 年 7 月 18 日，龚家龙邀请知名法律专家就天发集团的产权界定进行了一次法律专家论证。专家们给出的法律意见书认为，天发集团不属于国有独资公司。同年 9 月，荆州市政府及荆州市国资委再次批复，天发集团变更为龚家龙持有 6.5 亿元股权、天发集团工会持有 3.5 亿元股权的纯粹民营企业。

在这类历史成因复杂、公私混合交叉的"红帽子"企业中，产权界定一直都是个充满风险的雷区。龚家龙能够成功说服荆州市政府，通过对话的方式取得私有产权已属相当不易。奈何龚家龙事成之后在接受媒体采访时，详细讲述了天发集团改制的艰难内情，其中不乏对当地政府的不满和指责。

形势就此急转直下，荆州市工商局认定天发集团此前的股权变更登记无效。天发集团的产权性质被认定为国有，天发集团也正式被列入荆州市国资委的监管范畴。

2006年12月21日，龚家龙被警方带走。这一天正是天发石油上市十周年的纪念日。次日，龚家龙被监视居住，2007年2月13日，他被鄂州市检察院批准逮捕。专案组历时10个月，辗转数万公里，调查四百多人次，审阅凭证资料三万多册，送到法院起诉的卷宗有一百多册。2008年8月5日，鄂州市中级人民法院以违规披露、不披露重要信息罪，判处龚家龙有期徒刑1年零7个月，并处罚金20万元。

志业未竟

在一年多的牢狱生涯里，龚家龙几乎把所有的空闲时间都用来读书。读胡雪岩、读巴菲特、读王永庆。

2008年，龚家龙刑满释放，走出监狱。没有过多的抱怨和耽搁，龚家龙马不停蹄地往返于北美、南美等地十多个国家去考察项目，最终将第二次创业选在了加拿大。

吊诡的是，2011年8月30日，湖北省鄂州市中级人民法院对龚家龙提起再审，并做出无罪判决。虽然成功洗刷罪名、重获清白，但龚家龙原先的那些财产早已面目全非，有的被收归国有，有的已经破产倒闭，有的则几经易人。要回这些财产必将面临复杂而漫长的司法诉讼程序，龚家龙显然不会坐以等待。龚家龙充分运用他出神入化的资本运作能力，借力使力，重新从头起步。他已经成功在加拿大收购安泰瑞能源公司和撒哈拉能源公司两家石油上市公司和一座位于加拿大萨斯喀彻温省的钾矿，获得了加拿大7000平方公里的矿区。

如今，龚家龙每天都是后半夜两点睡，早晨7点就起床，其他时间几乎都在工作、开会。他没有任何业余爱好，是个地道的工作狂。龚家龙没有因为个人的司法遭遇而放弃国内市场，相反他一直在筹划和地方政府的合作项目。凭借天生的灵敏嗅觉和理性的判断，龚家龙认为中国的石油、能源行业早晚会打破垄断、放开竞争，而到了那时他的机会将远不同于现在和以往。

看见历史

龚家龙的突围之困

田飞龙

作为"中国民营油企第一人"的龚家龙长期徘徊于体制边缘，从与体制的不稳定合作中谋利发展，在国有石油系统未充分整合与垄断化的夹缝中生存。从 2006 年到 2011 年，一度以"红顶商人""戴帽企业"和"民营油企第一人"多重身份游走于中国石油行业的龚家龙被刑事侦查，中断了民营油企"对抗"国企之路。

2008 年，龚家龙一审以违规披露、不披露重要信息罪领刑 1 年 7 个月，罚金 20 万元。2011 年，龚家龙案再审改判无罪。从立案侦查到定罪入狱再到改判无罪，5 年时光对于一个民企老总而言是巨大的损失。尽管改判无罪，但龚家龙国内发展空间已大大受限，他将目光转向了海外，进军加拿大石油市场。

在他看来，他的跌落与行业垄断体制有关，但他认为情况会逐渐改善。他相信，国内石油业的高度垄断对行业发展并不好，迟早会放开。他是中国石油业"国进民退"的见证者，但能够较为客观地评价体制局限与发展前景，亦为难得。

总体上，龚家龙还是幸运的，他的商业胆略与智慧以及他与体制的多次合作，刻画出了一个改革企业家的鲜活形象。他与石油的缘分是改革前奠定的，他没有走知识分子家庭的老路，在 1971 年毅然选择成为一名石油工人。当时的工人显然要比知识分子更有前途。1971 年的选择既开启了他与中国石油业的历史缘分，同时也表明了他识时务、抓机遇、顺势而为的商人性格，他天生不是一个反体制的人。

1998 年是个拐点，之前的龚家龙以其体制内外的多方经营打造出了

"天发石油"的民企神话，但之后的龚家龙却在中石油、中石化两家超大型垄断国企的挤压以及国家行业政策的体制刚性下感受着民企生存发展的步履艰难。

龚家龙的顺势而为主要体现在他几乎在改革的每一个关头都首先抓住了最好的机遇，尽管这同时也意味着法律风险和体制性隐患。他的身份演变与民营企业创业史颇具典型意义，大致可分为三个阶段。

第一阶段，1988 年之前的他是一个年轻有为的国企经理，在双轨制经济与计划管制的时代，他以"物物交换"相对原始的方式成功解决了换购汽车、倒卖湖南香烟以及经销紧俏商品冰箱、洗衣机等，赚取暴利，成了"湖北最大的投机倒把商人"，也就是大腕倒爷，却也因此遭遇"投机倒把罪"审查整整一年，最终离开国企。

第二阶段，1989 年之后，龚家龙集中投入石油行业，开拓了海南石油市场，借助湖北省政府的力量在深交所挂牌上市，成为民营油企合格上市的第一家，靠着政府把关与合法性笼罩而成功规避了 20 世纪 90 年代民企发展中"非法集资罪"的陷阱，但也因此承担了对政府的过多承诺和义务，成为天发集团后续发展的巨大隐患，此谓利害相生。

第三阶段，1998 年之后的龚家龙开始遭遇早期发展中借助体制力量所埋伏下的隐患，加上企业治理的内部混乱，天发集团开始走下坡路。首先是石油零售资质被取消，数年之内只能依靠买进高价油维生，利润大幅缩水；其次，基于对早期发展中借助体制力量的回报，龚家龙不得不接受诸多亏损的国企资产，因而恶化了公司整体产业结构与财务状况，成为沉重负担；再次，企业内部治理出现混乱，这反映了龚家龙开拓有余，但内部治理并未形成有效机制。

更值得关注的是，龚家龙自身的"老大"性格以及"中国民营油企第一人"的光环，导致其一度自发开展了石油业的"反垄断"。这是一项冒险的事业。2005 年前后，他利用石油行政部门的关系以及自身在民营油企中的行业领导者地位，更重要的是此时颁布的国务院《非公经济 36 条》对民营资本进入石油垄断行业的鼓励，开始积极着手组建全国工商联石油业商会并担任首任会长。在行业内，他带领民营油企寻找上游产业资源，大有争取民企与国企平分天下之势。

龚家龙有意成为民企英雄，在国家政策允许范围内带领民营油企集体突围。可惜的是，2005 年前后的龚家龙一方面处于行业协会与外界评价的高峰，另一方面却陷入了多重低谷：第一，2004 年以来，龚家龙的核心资产"天发石油"因连年亏损而成为 ST 垃圾股，在经历体制压抑多年之后，市场从纯粹经济业绩的角度开始抛弃这位民企骄子；第二，2004 年左右开展了"民企原罪"大讨论，一头指向涉嫌违法犯罪的民营企业家，另一头指向因亲近体制而有侵吞国有资产之嫌的企业家，龚家龙二者兼备；第三，2004 年以来龚家龙与政府合作关系开始破裂。

龚家龙履新石油业商会会长好景不长，2006 年开始的长达 5 年的立案侦查、一审定罪、羁押服刑以及再审改判，彻底打碎了这位民营油企英雄行业"反垄断"的美梦。

说起来，龚家龙的刑事案在改革企业家犯罪档案中几乎是微不足道的，不仅是因为定罪的罪名、情节和判刑微乎其微，更因为该案最终被改判无罪。刑事法律程序绕了一个大圈，对龚家龙而言仿佛又回到了原点。5 年时光对于普通人而言尚且影响巨大，对于模仿台湾企业家王永庆行业奇迹进程中的龚家龙而言，不啻当头棒喝。如今在加拿大开始石油业"第二次创业"的龚家龙，似乎依然对国内石油业法律平权和市场化改革抱有期待。

龚家龙罪行隐隐约约，本不足道，也最终被还清白，但他所代表的中国民营油企的平权诉求和市场自由发展的预期，则大受挫折。这可能并非仅仅是石油业的故事，也是整个中国市场经济的故事。

"国进民退"与"国退民进"是中国经济改革史上的双重变奏，此消彼长，互为镜像。在更宏大的中国崛起背景下，国企与民企各有存在理由，很难相互否定，而其法律平等和自由竞争关系如何稳妥建构，实在是高度复杂的立法与政策设计难题，恐非过度简单化的经济自由主义所可解释与解决。这是中国的"政治经济学"，龚家龙毕竟只是商人，身体力行，有所领悟，乐观期待，但并不全懂。

田文华：乳业的"巨人"与"罪人"

成败皆三鹿

邓学平

田文华，曾经的中国乳业巨头。她从河北农村走出来，靠着数十年如一日的努力，带领三鹿集团一步步走向成功，创下中国乳业历史的多个第一。

然而，她的名字走入千家万户却源于一起触发民愤的三聚氰胺丑闻。毒奶粉事件不仅让她苦心经营的三鹿集团归于破产，也让她一生的辉煌跌入不测的深渊。

"技术控"田文华

1942 年，田文华出生在河北省正定县一个小山村。田文华不是一个学历和能力特别出众的人，但却是家里 7 个子女中唯一读书成才的。

由于家里多人身体不好，父亲一心希望田文华长大后能做一名医生。但 1966 年，田文华从张家口农业专科学校毕业后，进入石家庄市奶牛场做了一名兽医。那时，石家庄市奶牛场是一个由几间平房围成的大院子。田文华从给母牛喂食、接生等最基层的工作开始干起，有时也负责给仅有的几头牛和几只羊看病。1972 年，30 岁的田文华开始走上了奶牛场的领导岗位。

1973 年，田文华带领技术团队成功研制出了完整的喷粉生产线。这让以往主要依靠鲜奶的产品结构被打破，奶牛场也正式更名为"石家庄牛奶厂"。此后，牛奶厂又研制成功了麦乳精等系列产品，实现了从以饲养业为主向乳制品加工业为主的转变。

《史记·淮阴侯列传》记载："秦失其鹿，天下共逐之。"田文华从"得鹿者得天下"这一古训中找到了灵感。1980年，牛奶厂第一次给生产的强化麦乳精、颗粒麦乳精等产品贴上"三鹿"的商标。从此，这个年轻的品牌逐渐为人熟知，中国乳业就此迎来了三鹿时代。

1983年，田文华晋升为牛奶厂生产副厂长。堪称"技术控"的田文华一上任，就设法争取到了国家"奶粉配方母乳化课题"，成为国家"母乳化奶粉"定点生产企业。母乳化奶粉很快成为牛奶厂的支柱产品，企业规模迅速扩大。一年后，牛奶厂更名为石家庄市乳业公司，并开始在我国乳品行业崭露头角。

由于眼光独到、管理有方，田文华在1987年当上了石家庄市乳业公司的党委书记、总经理。对于三鹿和田文华来说，这都是至为重要的一年。在那个百废待兴、经济初创的年代，几乎每个成功的企业背后都有一个强势、能干的带头人。三鹿也不例外。从此以后，三鹿这个品牌的命运再也没能与田文华的个人命运分开片刻。

勤俭节约、锐意进取的创业故事

低调，几乎是所有人对田文华的一致评价。但低调并不意味着守成、庸碌和无为。在田文华言语谨慎、不事张扬的背后，始终涌动着雄心。及至1993年，三鹿奶粉的产销量已经跃居全国第一，但仍不能满足市场需求。面对企业接近极限的生产能力，田文华果断启动了一系列的资本运作。

她一方面对多家经营困难、缺乏规模的企业进行收购重组，另一方面委托其他企业进行贴牌生产、建立稳固的产业联盟。企业的生产瓶颈得以突破，三鹿的发展势头更加不可阻挡。1995年4月，中国乳业的第一条广告登上中央电视台，"三鹿奶粉，伴您一生"的广告语传遍大街小巷。

1996年，石家庄三鹿集团股份有限公司正式成立。经过数年的资本运营，三鹿集团已经成为我国乳品行业的龙头企业。然而小山村出生的田文华并没有"小富即满""小富即安"的小农意识，乡土出身亦未丝毫局限她的商业视野。

田文华认识到，在经济全球化的大潮下，国内乳品企业走出国门、参与国际竞争是无法回避的趋势。在田文华的亲自主导下，三鹿集团与国际知名乳品制造商——新西兰恒天然集团达成了合资意向。2006 年 6 月 15 日，合资公司正式运营，恒天然集团认购了三鹿 43% 的股份。三鹿朝着国际一流乳品企业的目标迈出了关键性的一步。

三鹿飞速成长的背后，是田文华等集团员工的忘我投入。因为从小过惯了苦日子，田文华终身都保持了节俭的习惯。即便做了三鹿集团的董事长，田文华仍然经常到单位的集体食堂吃饭。在田文华位于三鹿集团总部不足 10 平方米的办公室里，既没有红木家具，也没有豪华摆设。在三鹿的鼎盛时期，管理层仍然住在几栋路边的老楼里面，没有一套像样的家属楼。

很显然，这是一个勤俭节约、锐意进取的创业故事。也可以说，三鹿集团从一个村办小厂发展成为中国昔日的乳业巨头，田文华居功至伟、不可或缺。

三聚氰胺风暴

2008 年 1 月 8 日，国家科学技术奖励大会在北京人民大会堂隆重举行。三鹿集团"新一代婴幼儿配方奶粉研究及其配套技术的创新与集成项目"一举夺得国家科学技术进步奖。

然而极其讽刺的是，就在这一年，多位食用三鹿婴幼儿奶粉的婴儿出现肾结石症状。发端于三鹿的"三聚氰胺"事件如野火般迅速燃烧，大火不仅烧灭了田文华的人生光圈、使其锒铛入狱，而且也让三鹿这个品牌瞬间坍塌，企业随之破产。

其实早在 2007 年 12 月，三鹿集团就收到了消费者投诉，反映有部分婴幼儿食用奶粉后，尿液中出现红色沉淀物。2008 年 3 月，三鹿奶粉事业部再次接获投诉，但都被三鹿当作婴儿"上火"处理。随着消费者投诉的急剧增加，田文华组建了以她为组长的质量问题排查小组。7月24日，三鹿把16批次婴幼儿奶粉送交检测，结果15个批次奶粉的三聚氰胺超标。问题已经找到，按道理企业应该及时向社会公布信息，并迅速召回有毒奶粉。可田文华没有这样做。她连夜召开"经营班子扩大会议"，要求对检测结果绝对保密。

与此同时，田文华向石家庄市政府做了汇报。8月13日，三鹿成立的三聚氰胺技术攻关小组，并根据欧洲的一个临时性参考文件，认定如果每公斤奶粉的三聚氰胺含量在20毫克以下，对人体不会产生重大损害。田文华当夜又召开秘密会议，决定三聚氰胺含量在15毫克以下的奶粉可以照常出售。

然而，石家庄市政府和三鹿集团对奶粉问题秘而不宣的做法，引起了合作伙伴恒天然集团的担忧和不满。在多次要求召回被污染奶粉未果、地方官员也拒绝采取及时行动后，恒天然集团决定向新西兰政府求助。时任新西兰总理克拉克决定绕开地方政府，于9月8日直接将问题告知了中国国务院。

从"乳业女皇"到"乳业罪人"

在全国上下的一片讨伐声浪中，当地司法机关加快了办案进度。2008年的最后一天，田文华站到了被告席上。公诉方出示了一个因食用三鹿奶粉过世的婴儿照片，法庭上一阵骚动。审判席上，66岁的田文华当庭落泪。面对指控，她承认事情"属实"。但这样的悔恨和泪水挽救不了婴儿的生命，挽救不了三鹿的品牌，甚至也挽救不了她自己的命运。法院最终以生产、销售伪劣产品罪判处田文华无期徒刑。

田文华无疑是一个悲剧人物。几乎是一夜之间，她从中国的"乳业女皇"跌落为中国的"乳业罪人"。然而比田文华的个人命运更为重要也更加值得深思的是，为何中国的企业家们守不住最起码的道德底线，甚至在婴幼儿生命健康这样的问题上也会铤而走险、麻木不仁？

具有讽刺意味的是，作为全国政协委员，田文华曾在2006年全国两会上大声疾呼："必须尽快制定食品安全法，进一步加强食品安全监管""企业法人代表应作为食品安全第一责任人"的提案。不知如今身处牢狱的田文华，回首这段往事又会做何感想。也许，这些激昂的话语早已从她年迈的大脑中偷偷溜走，未留丝毫印迹。

2014 年，田文华再度成为媒体关注的焦点。只是这一次，人们质疑的是她的减刑裁定。多年之后，仍有不少人对她念念难忘，只是这种挂念充满了愤恨和伤痛。

如今的田文华已逾古稀，余生能否脱离监禁尚未可知，是非功罪也只能任由他人论说。唯愿她的经历能够警示世人：责任重于泰山，企业家应该流淌着道德的血液。

看见历史

民族奶粉业的滑铁卢

田飞龙

从田文华的家庭出身、专业背景与职业经历来看，很难将她与 2008 年"三鹿奶粉事件"中轰动一时的董事长身份相联系。作为基层员工，她从事过母牛喂食、接生等底层工作，在改革开放之前的职业生涯中她勤劳工作，享受着一个国企职工的常规福利，但也无甚前途。

她的成功是从 1983 年开始的。从这一年起她担任三鹿集团前身石家庄牛奶厂副厂长并主抓产品技术创新。改革给了她解放思想与技术创新的诱导和启发。她从朴素的生活经验以及十余年基层工作中深切体会到"奶粉母乳化"有着深广的市场前景。她做出了一个影响深远的企业决策：全力争取国家级"奶粉配方母乳化"课题，跻身"母乳化奶粉"定点生产企业行列。

因工作成绩突出，田文华于 1987 年成为牛奶厂正式负责人。1993 年，三鹿集团突破"奶粉配方母乳化"技术难关，抢占奶粉市场制高点，其优势一直保持到 2008 年"三鹿奶粉事件"爆发之时。田文华的三鹿集团对整个行业的发展模式、技术标准和业态规模的形成有着不可取代的奠基性贡献，但 2008 年的"三鹿奶粉事件"却成为她自身、三鹿集团乃至于整个中国民族奶粉业的"滑铁卢"。

2008 年事发时，田文华 66 岁，已功成名就，享誉四海。恰恰就在其事业最巅峰之时，奶粉安全问题总爆发。该事件的法律影响如下：(1)2008年 9 月 18 日，国务院办公厅发布了关于废除食品质量免检制度的通知；(2)2008 年 10 月 7 日，卫生部发布《关于乳与乳制品中三聚氰胺临时管理限量值规定的公告》，其中规定：婴幼儿配方乳粉中三聚氰胺的限量值为1mg/kg ；(3)2009 年 2 月 28 日，食品安全法在第十一届全国人大常委会第七次会议上通过，并于当年 6 月 1 日正式实施。

"三鹿奶粉事件"成为 2008 年度最受公众关注的重大食品安全事件，也是推动食品免检制废除和食品安全法立法的直接动力。"三鹿奶粉事件"暴露出相关食品安全监管制度的重大缺陷 (如免检制度) 以及食品安全标准制定工作的严重滞后。

首先是食品免检制大大放松了对企业的监管，延长了检查周期，降低了检查频度，从而使食品安全更多地依赖于生产者自身的"企业标准"；其次是缺失关键性的国家标准，如 2008 年 8 月 1 日三鹿高层决策时并无国家标准作为依据；再次是企业标准制定程序混乱，缺乏行政备案和必要的行政指导，导致企业为追逐利润和减少损失故意维持宽松标准。

"三鹿奶粉事件"为我们提出了食品安全规制的难题。这一事件直接引发了社会各界对于食品安全规制的反思。"三鹿奶粉事件"发生后，政府做出了强化规制的措施：废除食品免检制并启动食品安全立法。食品安全法贯彻了加强规制的立法思路，在食品安全标准这一章明确规定了食品安全标准的强制性，并排除了行业标准。

除了食品安全层面的变法之外，田文华案还牵涉了一系列与法治转型期法律状况有关的重要问题：第一，地方政府监管问题，即在婴幼儿致病报道及普遍舆论压力下，三鹿集团已将严重状况上报石家庄市政府，但被压下不报，最后还是新西兰总理直接通报中央政府才正式启动该案的法律程序，但有关损害已进一步扩大；第二，行政问责与刑事责任的不对称问题，该事件绝非三鹿集团的单方面责任，相关的地方政府领导和监管责任官员只是受到免职的行政问责。

　　然而，另外一个不应被遗忘的数字是：截至 2008 年 11 月 27 日，全国累计报告因食用三鹿牌奶粉和其他个别问题奶粉导致泌尿系统出现异常的患儿达 29.4 万。这一群体及其家庭所受创伤是非短期内可以弥补的。

　　总之，"三鹿奶粉事件"和田文华案成了中国民族奶粉业的"滑铁卢"，从此中国消费者丧失了对国产奶粉的消费信任，各种"洋奶粉"成为消费新宠，甚至引发了香港奶粉限购的反制措施。田文华曾经带领这一行业走出了一条民族奶粉业产业改革发展之路，但也因法律缺陷和企业相对忽视消费者健康而亲手毁掉了这条路。

　　浴火重生，如今的中国民族奶粉业正在艰难地重建行业信誉和发展模式。三鹿集团的破产启发我们：一方面，国家在法治转型期应强化食品安全法律体系建构和监管责任完全问责，从他律维度堵死法律漏洞；另一方面，企业应建立"消费者福利"的伦理观，实现利润最大化与企业社会责任的均衡，加强自律管理，以安全高质的产品赢得市场和消费者，使企业立于不败之地。

乳业的代价

邬　蕾

　　随着有"乳业罪人"之称的三鹿集团前董事长田文华锒铛入狱，中国乳业所暴露出的问题持续发酵，整个行业陷入低谷。那么，造成整个行业出现颓势的原因何在？该怎么来弥补或者挽回？田文华案有哪些值得思考的地方？针对这些问题，法治周末记者采访了北京理工大学法学院教授徐昕。

　　法治周末：田文华案后，国内乳业坠入低谷。但在国内乳业中，并非三鹿一家企业在奶粉中添加三聚氰胺，但田文华及三鹿却成了"乳业罪人"。那么，为什么会产生这样的问题？生产商和监管方各负有哪些责任？

徐昕： 国内乳业质量出现问题，原因是多方面的，根源是制度性问题，简言之，即监管和惩罚不力。倘若有惩罚性赔偿制度，发现问题罚他个倾家荡产，倘若严格执行法律，严厉追究法律责任，特别是刑事责任，保障产品质量恐怕不难。

法治周末： 奶粉问题集中爆发后，国家采取了一些手段，比如将奶粉纳入药店销售。除了这些行政手段，有没有法律手段需要完善的？

徐昕： 刚刚我提到建立惩罚性赔偿制度，还应当加重刑事责任，修改消费者权益保护法垄断公益诉讼主体的不合理制度。允许消费者提起公益诉讼，法院支持利用民事诉讼中的多数人诉讼制度，而不是拆成个案。

除了强化法律手段，放开舆论监督也十分重要。"三鹿奶粉事件"就是因为舆论监督不畅，三鹿集团的公关使得相关信息被屏蔽，导致三鹿集团失去外部制约，胆子越来越大，一步步走向深渊。19世纪下半叶，美国的"扒粪运动"（揭露实业界丑闻的文章）效果明显，引人深思。

法治周末： 食品是与人的健康密切相关的产品，在追诉制造、销售伪劣食品的责任人时，这点是否会作为加重情节的量刑考量？

徐昕： 目前，在食品安全的责任追究上，法律及其适用还比较明显地倾向于企业，倾向于地方利益、行业发展和经济利益，对人的生命健康重视不够，应当在法律的框架内依法加重量刑。

法治周末： 当年涉及三鹿毒奶粉事件的一些地方政府官员仅仅受到党纪和行政处分，似乎有点法律缺失的味道，行政问责可以代替刑事问责吗？

徐昕： 党纪政纪处分、行政问责决不能代替刑事问责。行政问责的严厉程度和威慑力与刑事责任不可同日而语。

从时隔不久，一些企业三聚氰胺的问题重复出现来看，行政问责远没有起到督促监管的效果。这不能不让我们反思行政问责的不足。当然，是否构成犯罪，必须有充分的证据，不可泛泛而论，也不应曲从民意找"替罪羊"。

法治周末："三鹿奶粉事件"关涉的是婴儿的生命健康，所以此事件发生让人们再次关注道德底线。你如何看待企业伦理和企业家道德的作用？

徐昕：道德是重要的，但纯粹讲道德是靠不住的。因此，首先需要制度建设，舆论监督，在此基础上再激励社会的道德自律。

法治周末：现在田文华两次减刑引发的争议很大，你怎么看待这件事？

徐昕：根据司法公开的要求，理论上减刑的情况应当向社会公开。最高人民法院也有"五个一律"的要求，即凡是减刑、假释、暂予监外执行案件，一律上网向社会公示；凡是职务犯罪、金融犯罪、涉黑犯罪三类罪犯的减刑、假释、暂予监外执行一律公开开庭审理，凡是三类案件的公开开庭审理一律邀请人大代表、政协委员或有关方面代表旁听。其裁判文书一律上网公布。法院工作人员在办理此类案件中有违纪违法行为甚至构成犯罪的，一律从重追究责任。

这些规定关键在于贯彻落实。需要指出的是，"五个一律"并未对涉及公众生命安全和身体健康犯罪的减刑、假释、暂予监外执行的案件要求公开开庭审理。在食品安全形势严峻的当下，不能不说是一个缺憾。

乔洪：茅台的特权诱惑

醉人茅台罪人乔洪

邓学平

乔洪，仕而优则商的代表。他执掌茅台 7 年间，让这家百年老店发展成为国内白酒行业的翘楚，也让国酒茅台走入寻常百姓的餐桌。

然而兴衰系于一人的体制，也让乔洪陷入了代理商的利益漩涡不能自拔。在国酒茅台的甘洌醇香中，乔洪彻底迷醉了自己。

仕途进退

1953 年，乔洪出生于山西省昔阳县的一个传统家庭，6 岁时跟随父母来到贵州。1960 年代末，适逢上山下乡运动的高潮，乔洪选择了在贵州参军。多年的军旅生涯打磨掉了乔洪的锐气，让他变得更加圆融有度。1975 年，22 岁的乔洪离开部队，进入国家机关工作。

他早期的从政履历显得一帆风顺、波澜不惊。他第一份工作是在毕节地区广播局，随后相继担任毕节地委机关秘书、科长。乔洪仕途上的第一个重大跃升是担任共青团毕节地委书记，官至正处。不久，他又调任毕节地区纳雍县县长，其间还一度担任过毕节地区轻纺工业局局长。在这期间，"革命化、年轻化、知识化和专业化"成为干部提拔选任的一种官方标准。乔洪顺势而为，拿到了经济管理专业大专文凭。

机会总是垂青有准备的人。1996 年，贵州省面向全省公开选拔轻工业厅副厅长。43 岁的乔洪通过笔试、面试、考察，一路过关斩将，顺利获任该职位，负责分管全省白酒产业。当时，他是贵州省同级干部中最年轻的，仕途一片光明。在此期间，乔洪曾亲率工作组主导了习酒公司的破产兼并和贵州珍酒厂的经营解困，初次展露了他的企业经营才华。乔洪今后的人生走向在此期间已有脉络可循。

2000 年，贵州省轻工业厅在政府机构改革的背景下面临被裁撤合并的命运，人员分流调整已经不可避免。这一年，适逢茅台酒厂改制上市，被认为"精通经济"的乔洪成为茅台酒股份有限公司总经理人选。乔洪毫不犹豫地转换通道，欣然"下海"。在他看来，茅台酒厂是个极好的平台，犹如一艘航空母舰，大海能给他驰骋梦想的宽广平台。

茅台酒被尊为"国酒"。1915 年，茅台酒荣获巴拿马万国博览会金奖，享誉全球，畅销世界各地。然而，这一百年老字号"国酒"却因其厚重的历史积淀，而显得步履蹒跚，并未做好迎接市场洗礼的准备。加之 1997 年以前，是计划加批条的时代，没有批条根本就买不到茅台酒，所以茅台酒厂根本就没有考虑做市场。1998 年一场不期而至的金融危机，竟然让茅台酒出现了大面积的滞销，企业经营急转直下。

那时的茅台酒厂厂区与距离贵阳 350 多公里的茅台镇几乎融为一体。在面积仅 1 万多亩的茅台镇，茅台酒厂的车间、酒库等就占据了三千多亩。镇上居民可以随意进出茅台酒厂，厂区主干道旁处处可见镇民开的各式小吃店及背着背篓叫卖水果的果农。茅台镇大部分家庭都有成员在茅台酒厂任职，一个家庭里多个成员在茅台酒厂工作的现象也并不少见。

2000 年，乔洪到任后发现茅台酒厂竟然还有职工打着赤脚、光着膀子上班的。在农业时代，这幅悠然自得、率性而为的工作和生活模式或许会有诗性的一面，但在讲究效率和竞争的工业社会，这样的事却难免让人心底发愁。作为从贵阳空降过来的干部，乔洪在这里显得"形单影只"。不过，多年分管酒业的经历让他有信心改变这一切。

改变茅台

乔洪临危受命后，迅速推行了一系列大刀阔斧的改革，让茅台酒业迎来了第一次市场新生。由于企业管理长期松散，乔洪上任后的第一件事就是抓员工着装上班、持证上岗等严肃工作纪律的问题，一扫茅台酒厂多年来的涣散作风。此后，乔洪主动出击，在全国广招代理商和分销商，大规模铺设专卖店，以前所未有的积极姿态全面开拓市场。

为了提高产品的渗透率，乔洪更是史无前例地不断开发各种不同规格、不同系列、不同品种的产品，极大丰富了茅台的产品阵容。此外，茅台还为机关、团体和知名人士定制专用产品，为党政军部门和大企业封坛窖藏茅台酒。一系列看似"屈尊降贵"的举措，让茅台酒很快走出低谷，销量直线上升。

2002 年，世界杯足球赛首次在亚洲的韩国和日本举行。中国国家足球队更是历史性地进入 32 强决赛。常人也许难以想象，这场足球盛宴竟然与乔洪的命运紧密勾连。业余注重养生锻炼、酷爱足球的乔洪带领茅台集团中高层和部分经销商前去现场观战。该活动系与山东某旅行社合作。但事后，人们发现贵州茅台与该旅行社有两份不同的付费合同，一份是 1.7万 / 人，另一份是 3.7 万 / 人。按照前者计算，费用在 500 万元左右，而按后者计算则高达 800 万元左右。茅台账目支出显示系按后者支付，但旅行社方面却坚称只是按照前一份协议收款。高达 300 万元的差额费事件虽然不了了之，但直接负责和主管此事的乔洪却给人留下了口实。

乔洪对市场的积极拥抱，换来的是市场对茅台更加热烈和慷慨的回报。伴随着销量一路扩张，茅台的价格也随之水涨船高。尽管如此，市场对茅台的需求仍然强劲，产品仍然供不应求。与此相对，"贵州茅台"的股票被不断追捧，一直保持在高位价格区间，甚至被视为中国第一绩优股。

一组数据能够说明这一切。1999 年，茅台的销售额只有 9.8 亿元，但到了 2006 年这个数字变成了惊人的 62 亿元。短短 7 年间，茅台销售额竟然增长了 7.48 倍。骄人的业绩让那些反对乔洪经营思路和管理手段的人暂时闭上了嘴巴，他本人也在 2007 年首届"中国酒业营销金爵奖"上获得营销成就奖。

乔洪的经营管理才能一半源于天赋，一般源于学习。在茅台集团，员工都知道乔洪酷爱读书。他不仅坚持每个月看一本书，而且还经常给企业员工推荐书目。广博的阅读和不懈的思考，使乔洪的思想一直十分活跃。乔洪并不满足于现在所取得的一切，他对于茅台还有更大、更远的设计和构想。

然而，如同到达茅台小镇必须经过蜿蜒的山路，这个大型企业集团的转型哪有那么轻松。在上市公司茅台股份中，作为国有大股东的茅台酒厂有限责任公司拥有 61.78% 的股份。而后者乃是贵州省国资委旗下的国有独资公司。茅台股份的 15 名董事会成员，除了两位独立董事外，其余全由茅台酒厂的原班人马组成。为了解决茅台股份内部人控制问题，茅台多次引进战略投资者，但都无疾而终。作为"国酒"茅台，无论是经济地位还是行政地位，都注定了其股权多元化道路的漫长和艰难。缺乏科学、合理的公司治理体系，茅台在繁荣风光的表象背后其实早已暗流涌动。

马失前蹄

企业发展驶入快车道，乔洪在茅台酒厂的地位也如日中天。然而现实情况是，乔洪只是茅台酒业的三把手。在他之上，还有茅台集团董事长季克良、总经理袁仁国。与此同时，在茅台的"三驾马车"中，董事长季克良和总经理袁仁国都是技术出身，并名列中国酿酒工业协会评选的"中国酿酒大师"。以上种种，都妨碍了乔洪在茅台集团攀上更高的山峰。

业界对茅台"三驾马车"之间的关系洞若观火。乔洪本人也公开承认，任何一个企业都不可能回避矛盾。但茅台集团的内部矛盾还是要比想象中的更加尖锐和复杂。2007 年年初，乔洪被举报、"双规"的传闻就开始甚嚣尘上。当年 4 月 30 日，乔洪在一个饭局中被贵州省纪委带走调查。在此之前，他的妻子、弟弟、妹妹也已相继被纪委"双规"。乔洪被调查的同时，茅台销售公司的中高层也开始大换血，约有一半管理人员被调整，多位高管被带走协助调查。

生就一副娃娃脸，每天都以笑脸迎人的乔洪不得不面对他一生的严峻考验。在被调查期间，乔洪不断给贵州省领导写信，主动交代自己的受贿行为，并试图淡化茅台领导班子之间的矛盾。但这一次，乔洪已经无法左右自己命运的车轮。

2010 年 1 月 15 日，贵州省遵义市中级人民法院对乔洪一案进行公开宣判。经法院审理查明，乔洪于 2000 年年底至 2007 年 3 月期间，先后一百余次分别收受他人贿赂共计人民币 1323 万余元；伙同其弟乔建华共同受贿 218 万余元；乔洪另有折合人民币 820 万余元的巨额财产不能说明来源合法。遵义市中级人民法院以受贿罪和巨额财产来源不明罪，判处乔洪死刑，缓期二年执行，剥夺政治权利终身，并处没收个人全部财产。不久，贵州省高级人民法院维持了一审的判决。

法槌落下，乔洪的命运已经定格。但权力的魔咒，何时能有破解、定格的一天？乔洪步出法庭时低头弯腰的身形，犹如一个大大的问号。答案明了之前，唯愿人们且行且珍惜。

看见历史

国酒营销掌门的腐败暗门
田飞龙

"外来干部，思想活跃，懂专业，能够引进一些新的思维模式，与茅台的传统文化相互融合。"这是茅台集团总掌门季克良对乔洪的评价，不可谓低。在茅台集团权力架构中，从贵州省轻工业厅副厅长职位"空降"的乔洪是三把手，仅次于总掌门季克良和茅台集团股份公司董事长袁仁国。乔洪担任茅台集团股份公司总经理职务，主管市场营销，堪称国酒营销掌门。

茅台酒历来有特殊身份，但在 20 世纪 90 年代中后期也曾遭遇到严重的市场危机，带领茅台酒走出困境的正是乔洪本人。当初从副厅级官位"下海"空降至茅台集团时，乔洪是乐意的，认为自己"下海"到了一艘"航空母舰"上。

乔洪的酒业营销术是从茅台自身特点出发，走出了一条"特供"与市场相结合的道路。一方面，走面向高层政商人士的"特供"路线，即为机关、团体和知名人士定制专用产品，为党政军部门和大企业封坛窖藏茅台酒；另一方面走"特许专营"路线，即在全国范围内普遍建立"专卖店"网络，开发不同规格、系列、品种的茅台酒，扩大消费者群体和市场占有率。从 2000 年至 2007 年的营销业绩与市场反馈来看，乔洪的"特供 + 市场"式的双轨制营销策略完全成功。

不过，这种独特组合之营销策略亦存在巨大的风险。"特供"路线似乎是绝对保险的，茅台酒有着光荣的革命历史传统，但作风整顿可以导致该营销管道短期迅速萎缩。幸好，乔洪有着敏锐的市场化意识，其专卖店与产品阶梯式的正规市场营销策略铺就了茅台酒的立身之本。

当然，在市场营销方面，茅台酒亦存在某些虚假广告和夸大其词之举，引发消费者阶段性反弹：第一，高利润之下市场假酒泛滥，茅台集团质量监控不力；第二，人为夸大茅台酒功效，比如"养肝护肝""治糖尿病"等，还有过度的与权力相关的宣传问题，等等。过度营销突破"诚信"底线时，市场自然会做出合理反馈与评价。

2007 年 3 月 19 日，乔洪在首届"中国酒业营销金爵奖"上获得营销成就奖，茅台酒销售额也成倍增长，高达近百亿。这是乔洪商业人生的巅峰时刻。所谓"盛极而衰"，同年，乔洪因涉嫌 2002 年赴韩世界杯观战活动的一起商业贿赂纠纷而牵引出系列受贿案和巨额财产来源不明的指控。2010 年 1 月，遵义中院一审判定乔洪受贿罪与巨额财产来源不明罪，两罪并罚，处以死缓刑罚，同年 3 月由贵州高院做出终审判决，维持原判。

乔洪的刑事犯罪记录说起来并不精彩，也不复杂。他的受贿和巨额财产来源不明均与其总经理职权有关，与其和供应商、广告商以及经销商盘根错节的利益网络有关。随着其全国性营销网络的拓展与普遍建立，产品代理权交易不仅成为茅台集团的收入大项，亦成为乔洪本人的收入大项。

由于茅台酒的特殊市场声誉，只要拿到某个地区的专卖代理权和相应的销售配额，不仅稳赚不赔，而且利润丰厚。作为茅台集团主管酒业营销的总经理，乔洪一人掌握着全国庞大的供应商、广告商和经销商的获利大权，其自由裁量与权力寻租的空间极大。

由其本人自供，其走向犯罪之路的基本原因是：第一，集团管理高度集权，权力太大，无法制约，个人亦无法抵御诱惑；第二，"温水煮青蛙"

效应，送礼之人太多，每次收取一两万已成不痛不痒之小事，积少成多，遂有"巨额财产"来源不明之实；第三，任人唯亲，家族亲属牵涉其中，牵扯不清。

与乔洪被"双规"和刑事追诉相关的两件事是茅台集团不高明的危机公关策略和人事更替的内耗。在 2007 年四五月间坊间盛传乔洪被"双规"之际，集团上市之股票依然是被广泛看好的绩优股，股民需要及时准确的企业信息披露，然而茅台集团却几次三番公布虚假消息，涉嫌欺诈股民，动摇市场信心，最终由贵州省纪委公布权威消息予以完结。

关于乔洪案与茅台集团人事变更的关联，坊间与媒体有很多猜测，却也并非捕风捉影。乔洪尽管营销业绩出众，但其存在最大的管理经验软肋，就是只懂市场，不懂工艺。

乔洪是一个精明得有些天真的人，尽管最终的量刑也考虑了他的自首情节，但终审判决足以终结其商业人生。2007 年，乔洪从其商业人生巅峰跌落，他的自救策略除了主动自首供认之外，亦积极给各路官场领导写信求援，声明其对茅台集团之贡献以及保护他对于稳定茅台集团股市与市场之重要性。然而，一切为之晚矣。

作为国酒营销掌门，乔洪的腐败暗门其实很简单，就是人在面对巨大权力与巨额利益时的不能自制以及企业与法律规制上风险管理与监督机制的缺失。在庭审结束的自我陈述中，乔洪坦言："茅台一年的销售额是 80 亿元到 90 亿元，这意味着每天有上千万的钱物从我手上过账。"对于日进数千万金的总经理以及掌握全国庞大营销网络代理权总闸的肉骨凡胎，如何能够一直洁身自好？这里不仅仅是个人道德问题，亦反映了国企管理制度上的高度集权弊端和监督制度上的风险预警机制缺失。制度不变，人心不堪诱惑，好人亦成坏人。

国企的病灶
邬 蕾

随着经济和时代的发展，国有企业公司治理及现代企业制度的建立，一直是长盛不衰的话题。乔洪率领的茅台也暴露出了类似问题。为此，法治周末记者采访了北京航空航天大学法学院副教授翟志勇。

法治周末：在乔案中，总经理乔洪为何最后是以受贿、巨额财产来源不明入罪，而非公司、企业人员受贿罪？

翟志勇：在乔洪受审之前，最高人民法院和最高人民检察院在2007年11月联合发布《关于执行＜中华人民共和国刑法＞确定罪名的补充规定（三）》，取消了"公司、企业人员受贿罪"罪名，将其并入"非国家工作人员受贿罪"。

但乔洪也未以"非国家工作人员受贿罪"判刑，原因是乔洪是"国家工作人员"，乔洪2000年担任茅台总经理之前，曾是贵州省轻纺工厅副厅长。贵州茅台集团是国有企业，改制上市时虽然由8家公司发起设立，但仍未改变国有企业的性质，而国有企业负责人一般都有行政级别，属于国家工作人员，因此要适用受贿罪、巨额财产来源不明罪。

法治周末：茅台酒被尊为国酒，其特殊身份使其蕴藏了巨大的利益寻租空间。国家该如何合理定位和管理这些所谓"国宝级"的商品，才不至于有更多利益群体为之赴汤蹈火？

翟志勇：如果研究一下茅台酒厂的历史就会发现，在乔洪2000年担任茅台公司总经理之前，茅台酒虽然身价不菲，但茅台酒厂的盈利表现一般。乔洪到了茅台酒厂后，除了将茅台"国酒"身份发挥到极致——如各种定制茅台酒，还将茅台充分市场化。这让更多的人消费得起身价不菲的茅台酒，使得真茅台酒奇货可居，这为乔洪提供了巨大的寻租空间。

应该说全国各地的经销者都围着他转，各种糖衣炮弹之下，乔洪倒下实属必然。但这个必然还包括另外一个层面，就是国有企业公司治理结构的不完善，监事会基本上都是聋子的耳朵，摆设而已。因此，要使这些"国宝级"品牌不再成为腐败的温床，核心还是完善国有企业的公司治理，引入社会监督机制。

法治周末：在乔洪被"双规"时，股民需要及时准确的企业信息披露，但茅台集团却几次公布虚假消息。当上市公司的信息披露出现虚假时，政府该怎么应对？

翟志勇：关于上市公司的信息披露，证监会和交易所有严格的要求，虽然实施起来不尽完善，但上市公司违反信息披露义务的，证监会可以立案查处。但从既往的历史来看，对信息披露公然挑战或阳奉阴违的，大部分都是国有上市公司，因为有地方政府的撑腰。

现代企业制度的建立不仅仅是公司内部治理结构完善的问题，同时还涉及市场和法治环境问题。在市场未充分法治化的情况下，很难建立起现代企业制度。

黄光裕：商者无狱？

无法无域的首富陨落

孙伟锋

从 1987 年第一家国美电器门店，到 2000 年后资本市场的"巧取豪夺"，黄光裕以同行乃至整个商界难以想象的速度扩张国美门店、收购家电同行、投资地产乃至"借壳上市"，实现了财富的井喷并最终荣膺胡润排行榜首富。

黄光裕从零售业到资本市场的华丽转身，也契合了 20 世纪 80 年代末至新世纪国内经济浪潮的宏观走势。从这个意义上说，黄光裕不啻时代弄潮儿。从家电零售改变中国人的生活方式，再到抢滩房地产市场乃至转轨资本市场，李嘉诚"商者无域"的理念在黄光裕手上发挥到了极致，而李嘉诚这位潮汕同乡正是黄光裕崇拜的商界偶像。但黄光裕没想到的是，他在资本市场的疯狂会为其掘好坟墓。商者可以无域，但商者不能无法。

国美的发迹

在经济学界看来，出生汕头市潮阳区的黄光裕选择电器行筹集启动资金并不稀奇。

与汕头市区隔江相对，潮阳区和入海口近在咫尺。自古以来这里就是海盗啸聚之地，亦不乏商界奇才——虽然第一桶金多源于不光彩的走私，人脉则源于东南亚侨胞（黄光裕生母曾婵贞的祖上曾是泰国富甲一方的侨商；当地其他华商甚至打出曾家招牌以招徕客户，曾家影响力之大可见一

斑)。

物质奇缺的 20 世纪 80 年代，哪怕是港台淘汰掉的旧电器，经过组装、维修即可出手，甚至能达到供不应求，这种商机同时被同样占尽天时、地利的中山人胡志标捕捉到，后者创建 (实为简单组装) 的爱多 VCD 品牌一度占据央视广告"标王"的位置。即使时至今日，潮阳区下属的贵屿镇仍然是内地最大的电子垃圾拆解回收中心。在这样的时代背景下，黄光裕以电器小试牛刀也在情理之中。

国美在经营初期就是与众不同的另类，好多方面开了业内的风气之先：1990 年首创包销制，1991 年率先在《北京晚报》中缝处刊登电器报价广告，1993 年在北京地区开设多家连锁店，1996 年由单纯经营进口商品开始转向国产、合资品牌并重，1999 年在全国范围内"攻城略地"。即以报纸中缝刊登报价广告而言，这种见缝插针、简洁明快的营销手法将潮汕商人的精明、算计和大胆体现得淋漓尽致。

对于产能过剩的生产商而言，国美意味着耳目一新的推广平台和惊人的分销能力；对于消费者而言，本地家电市场均价 10%–15% 的折扣更具诱惑。唯一不快的是被排挤在外的中间代理商。"讨好两头、排挤其他渠道"的战略足以令国美在大中城市挑战传统大商场，这种渠道冲击力不亚于当下电商网站对百货大楼的冲击。相对而言，黄光裕更愿意通过价格战来讨好消费者，这也使得生产商颇有怨言。黄光裕压价之狠辣更为其赢得"价格屠夫"的称号。

2004 年 2 月 24 日的"国美全球战略合作高峰会上"，黄光裕不无高调地回应其"价格屠夫"的说法："很多人跟我谈，说'我成本很高，我不能给你这个利润或者不能卖这个价钱'，但为什么别人同样的产品甚至比你好也能做到这个价位？这就是你的问题，是你适应能力的问题，而不是我给你让价的问题。不是你水涨船高，我就应该不挣你钱，而是你成本高于你的同行，你的生存空间就会越来越小。"

之后，黄光裕的家电帝国扩张更加如火如荼。2006 年，黄光裕以 52.68 亿港币并购上海永乐家用电器有限公司将这种扩张推上了巅峰，这也被业内视为家电史上最大的一宗连锁企业并购案。

相对于扩张并购上的剑拔弩张，中国人生活方式的改变可能更能佐证黄光裕的成功——在胡润看来，国美实现了沃尔玛的中国家电版，而黄光裕正是接了沃尔玛创始人山姆·沃尔顿的衣钵。也正缘于此，黄光裕被美国《时代周刊》评选为"对世界最有影响的 100 个人"。

在资本市场的盛宴中狂欢

2008 年 10 月发布的《2008 胡润百富榜》中，黄光裕因坐拥 430 亿财富第三次拔得胡润排行榜的头筹。此时的黄光裕拥有香港上市公司国美电器 35.55% 的股份，市值 140 亿元；同时持有零售类非上市公司 100% 的权益。

此外，他投资的地产项目，虽不及其兄长黄俊钦的新恒基集团那么耀眼，却也可圈可点。其创立的北京鹏润投资有限公司在寸土寸金的北京开发了鹏润大厦、鹏润家园、国美第一城、明天第一城等商住地产项目。2001 年至 2002 年，鹏润地产净资产回报率分别达到 40.71% 和 53%，分别比同行业高出 6.64 倍和 8 倍，两年平均值则比同行业高出 7.3 倍之多。

但黄光裕并未止步于此，他在资本市场的腾挪跌宕在其借壳上市前的准金融运作中就已初露端倪。国美在内地家电零售中的大佬地位赋予其与生产商交易时优越的议价空间。一般情况下，国美可以延期半年之久支付上游生产商的货款，这样的合法拖欠令其账面上长期存有积淀资金，而这些资金又反过来促进了国美的门店扩张。

由此可见，合法挪用生产商货款用于规模扩张是国美秘而不宣的融资战略。长达半年的付款期对于国美的扩张绰绰有余，这也在某种程度上赋予了国美银行的属性，"准金融"或"类金融"的说法亦由此而来。

更可怕的是，占用货款用于门店扩张，速度越快，资金回笼就越快，而爆炸式的门店扩张更为国美在和生产商议价时底气十足，甚至不断击破生产商的价格底线。长此以往，国美在议价上愈加强势，生产商的话语权则江河日下。"准金融"运作对国美而言无异于良性循环，对于生产商而言则是恶性循环，金融杠杆的残酷性可见一斑。

国美电器 2004 年借壳上市，实现在港挂牌交易，黄光裕也借助于一系列资本运作使自己身价呈几何级增长，蝉联内地首富交椅。如果按照时间顺序来划分，黄光裕的资本运作大致可分为买壳、上市、套现三大步骤，从而最终实现让"0493"这只"仙股"（当股票跌到港币一元以下时，换算成英国币值约为几先令，港人称为"先股"，迷信的港人为讨口彩借音改称"仙股"。"仙股"虽然现实投资价值不大，但很适合作为某些公司借道上市的"壳"）将国美电器转为上市公司。

拜一位在香港的潮汕同乡所赐，黄光裕在2000年下半年多次以较低成本获得"0493"较多股份。为进一步获得控股权，黄光裕将其兄黄俊钦名下的北京鹏润大厦三间办公室注入"0493"，并相应获得1200万元现金和总价值1328万港币的代价股（即收购某一资产时不以现金支付，而以增发本公司股份支付）。

随着国美电器业务的扩张，黄光裕加快了控制"0493"的步伐——分别于2001年9月、2002年2月两次购买"0493"配售的新股。完成以上交易后，黄光裕凭借85.6%的股权成为"0493"名副其实的第一大股东，已超过联交所规定的75%的全面收购及私有化建议持股比例标准。为维持"0493"的上市地位，黄光裕随即以市价每股0.425元抛售11.1%股权套现，净得现金7650万元。

为剥离"0493"原有义务，黄光裕在注入三间办公室之后再次将自己部分地产业务注入"0493"，"0493"逐步嬗变为一家地产公司。2002年7月，黄光裕当仁不让地成为"0493"的主席并将之改名为"中国鹏润"，其间黄光裕利用股价高位多次减持套现。在令人目不暇接的"左手倒右手"的个人资产倒腾中，不管是借力抢得退化壳，还是洗壳剥离原有业务，都体现出黄光裕的胆识和老练。

在这些前期工作之后，2004年6月，鹏润宣布以83亿港币收购国美分拆上市部分65%的股权就顺理成章了：独立财务顾问荷银融资亚洲有限公司及洛希尔父子有限公司对国美进行缩股，公司易名"国美控股"。其后的交易更加波谲云诡，可以肯定的是，黄光裕在2000年至2004年资本运作期间实现了财富几何级增长，并将自己昔日的竞争对手苏宁电器甩开一大截。

首富的原罪

左手实业资本，右手金融资本，以实业资本获取利润进入金融，再以金融资本的杠杆作用促进实业。这样两只手握到一起就能产生黄光裕津津乐道的"1+1>2"的效果。这种模式让黄光裕着迷，事实确实如此，亚洲即不乏成功典范。韩国三星，日本三井、住友、三菱皆为此中高手，大到不能倒的财阀型企业、公司帝国，这不正是内地企业家梦寐以求的吗？但黄光裕被堵在了半路上，正在国美在资本市场高歌猛进的时候，黄光裕迎来了他人生的寒冬。

2008年11月，黄光裕以操纵股价罪被调查。2010年5月，北京市第二中级人民法院做出一审判决，以非法经营罪、内幕交易罪、泄露内幕信息罪和单位行贿罪判处黄光裕有期徒刑14年，罚金6亿元，没收财产两亿元。同年8月，北京市高级人民法院对黄光裕非法经营罪、内幕交易罪和单位行贿罪案终审宣判，维持一审判决，黄光裕获有期徒刑14年。

早在2006年，《财经》杂志就披露了一项调查结果：至少有13亿元问题贷款在鹏润系和新恒基系之间密切流动，最终流向境外，形迹可疑。这项调查的起因源于一起骗贷案，贷款行是中国银行北京分行，而黄光裕的妻子杜鹃此前曾在该行工作。

黄光裕从蝉联首富到沦为阶下囚，未免令人唏嘘，也值得反思。当金融资本不是为了促进实业，而是单纯用于规避监管和投机套现时，股市就会沦为操作者的提款机和中小股民的绞肉机。黄光裕在资本市场的肆无忌惮，既印证了资本市场法律监管的滞后，也验证了金融资本脱离实体经济的风险，后者已被美国次级债危机佐证。

而黄光裕所创造的"国美模式"在某种程度上构成了销售垄断，对此却鲜见法律监管。同时，国美店大虽未欺客，却压榨了为生产过剩而忍气吞声的上游供货商。权力导致腐败，绝对权力导致绝对腐败，这不仅适用于政界，也适用于商业。

黄光裕起于草莽、长于借势、精于权变，体现了改革开放早期企业家的匪气和赌性，某种程度上说，代表了一代企业家的崛起和湮没。

看见历史

"商者无域"的帝国保卫战

田飞龙

"商者无域"，这是潮商领袖李嘉诚的名言，也是商业帝国主义的铁律。同为潮商的国美集团掌门人黄光裕注定成为这一铁律的又一个经典演绎者。2004 年，黄光裕以 35 岁资历位列胡润百富榜首位，成为中国内地首富，其后多次蝉联。

他一生经历坎坷，从少时寒微与初涉商域的百转千回，到国美攻城略地迅速成长为电器商业帝国，再到触犯三宗罪锒铛入狱，又经历企业控制权惨烈鏖战，至狱中遥控跟进国美战略搏杀，可谓跌宕起伏。国美是黄光裕一手打造的电器业帝国，是"商者无域"的主业与核心，也是他深陷其中的帝国保卫战的主战场。黄光裕保卫的既是国美的"家族企业"属性，也是"商者无域"式的连锁、并购与规模扩展的商业技战模式。

1987 年至 2008 年，凡二十年创业史，黄光裕总体上一路凯歌，顺风顺水。黄光裕以其过分突出的个人商业理念与市场搏杀风格开创了中国电器业的帝国化经典。当然，这里的个性化因素太多，很难模仿复制。

黄光裕的商业成功技法主要包括：第一，营销模式创新，主要是建立庞大的连锁经营网络，以"薄利多销"的朴素商道结合市场规模效应，相互刺激、诱导和强化，最终助力国美商业帝国的成功；第二，强悍的企业进取文化，以"打仗""战役"等开辟商业疆土，形成活跃进取、竞争生存的企业软实力；第三，以规模扩张为导向的上市融资和并购，使得国美迅速获得大量流动资金以及现成的销售网络；第四，市场优先的搏杀技法，即以"价格屠夫"闻名的黄光裕高度重视市场占有率和销售网络的垄断控制权。

2008 年以来，这位电器帝国掌舵者面临着双重挑战：一是刑事三宗罪；二是企业控制权之争。刑事犯罪导致其领刑 14 年，但与其他落马企业家不同的是，他依然设法掌控国美控制权。入狱不破经商，也是"商者无域"的另外一种经典而奇特的诠释。企业控制权之争则涉及家族企业创始人（第一大股东）与职业经理人的治理权与治理理念之争，这成为中国民营企业发展史上的经典案例。

刑事犯罪方面，黄光裕早在 2006 年即因涉嫌违规贷款破坏金融秩序遭到立案调查，但没有结果。不过，这一事件似乎已揭开了国美帝国违法违规的冰山一角。2010 年定案的"黄光裕案"涉及三宗罪：非法经营罪、内幕交易罪和单位行贿罪。

三宗罪的基本特点是：第一，相关犯罪行为均涉及国美集团资本操作或并购，是集团扩张中衍生的行为；第二，这些行为与黄光裕个人的商业帝国理念及其操作手法高度相关；第三，这些行为均发生于 2006 年至 2008 年期间。非法经营罪主要涉及黄光裕违反国家金融管制规定非法买卖港币 8 亿余元。内幕交易罪主要涉及作为实际控制人的黄光裕在公司资产重组与置换操作中进行内部交易，获利 3 亿余元。单位行贿罪主要涉及黄光裕作为公司法定代表人为公司利益行贿多名国家工作人员，金额达到四百多万元。

黄光裕的这些查实确证的犯罪行为，从刑事法律角度来看，固然有可予追责和谴责之处，但从他个人一直以来的"商者无域"的经营理念来看，又是水到渠成之举。最理想化的"商者无域"自然是最少管制的市场自由境界，然而一方面中国市场化的进程是伴随改革节奏逐步展开的，另一方面市场经济也是法治经济，适当的法律管制框架亦是市场规范有序竞争之必要，故"商者无域"应有着法律和政策作为规范边界。如对此类边界视同无物或者认为可以变通回避，则迟早会触礁生事。

刑事犯罪及牢狱之灾还引发了国美内部的控制权大战：一方是国美创始人黄光裕及其家族与亲信团队，另一方是并购入国美的原永乐电器的陈晓及其管理层。陈晓自 2009 年接任国美集团董事局主席以来，与深陷刑事程序的黄光裕之间爆发了惊心动魄的控制权之争，最终以黄光裕反配股增股动议获得通过以及陈晓后续辞职而告终，标志着国美集团依然"姓黄"。

控制权之争的主要过程发生于 2010 年 8 月 4 日至 9 月 28 日，这是决定国美集团管理格局与理念走向的关键时期。双方经过了十个回合的攻防，最终以 9 月 28 日的股东会决议做结。在 9 月 28 日的股东会决议上，双方均争取到了相当份额的股东支持，最终结果是黄光裕取得了非常有限的胜利，其动议中的反对增股要求获得通过，从而避免了股权被稀释而导致的控制权受损，但撤销陈晓团队管理权等动议悉数被否决。

这一决议结果相当于双方打了个平手。然而，经此一役，双方已很难相容。更关键者，黄光裕对国美的"家族企业"理解与管理和陈晓试图"去黄化"而引入的多元股权格局和职业经理人管理之间出现了严重的对立。股东会决议没有解决大股东与经理人之间的信任危机，因此控制权之争依旧存在，直到 2011 年 3 月陈晓辞去所有管理职务，由黄光裕嘱意的张大中继任，国美重新回归黄光裕控制的轨道。

不过，重控国美之后的黄光裕在平息"内忧"的同时很快遭遇到严峻的"外患"，即家电业"电商模式"的惨烈竞争。互联网技术与电子商务的迅猛发展，使得以"实体连锁"为基础的传统国美营销模式之优势不断被抵消和相对化。身在狱中的黄光裕每每焦虑于此，所谓的"电商悼词"以及遥控国美管理层的"拖字诀"甚至"价格屠夫"之类的黄金战法，似乎都无法完全阻遏电商的狂飙突进。

市场经济的残酷之处就在于，似乎一代人只能稳控一代人的商业模式，当新模式出现时，一场无情的市场革命似乎无法阻遏。对于信奉"商者无域"的国美帝国缔造者黄光裕而言，法律的外部疆域、控制权之争的内部界限以及电商业新竞争的结构局限，一一构成其帝国保卫战不断变换的战场，他是否能够再创佳绩，还是会在新商业模式竞争下力不从心，尚有待观察评判。

周益明：国企硕鼠养成记

只剩繁华成追忆
邓学平

周益明的创富神话某种程度上更像是创富笑话。正因为规则徒有其文，监管虚有其表，周益明这样的玩家才叮以在资本市场上翻江倒海。仅仅不到 3 年的时间，明星电力就从一个总资产 21 亿元、净资产 12 亿元的优质上市公司沦落到亏损 3.5 亿元、经营难以为继的境地。

周益明，曾经是中国最年轻的亿万富翁。他绝顶聪明、不拘一格，靠着在资本市场的系列运作迅速积累起惊人的财富，一度在香港和内地拥有两家上市公司。

他也是贿赂开道、造假成性、掏空国有资产的罪人。被判无期徒刑几乎剥夺了他任何东山再起的机会。他年轻的字典里只能装载着确定的失败。

最年轻的福布斯富豪

1974 年，周益明出生在浙江省慈溪市的一个普通市民家庭。家乡浓厚的商业氛围使得周益明无心向学，早早地投身商场。虽然只在浙江省甬江财经学校勉强获得了大专学历，但周益明的商业头脑却是一点也不含糊。19 岁那年，他带着仅有的两万块钱从家乡出发，在北京中关村租了一个柜台，售卖家乡生产的电子配件。

如同所有的创业者一样，成功的道路不会一帆风顺。周益明在电子配件市场摸爬滚打数年后，选择了离开。1996 年，周益明投资研制的防雾灯在一次政府招投标过程中意外中标，由此他获得了他人生中的第一笔财富——1000 万元。

周益明年轻气盛，雄心勃勃，做产品和实业并非他的兴趣所在。为了使这 1000 万元巨资获得最大的经济效益，他于次年南下广东，结识了"资本大鳄"——三九药业董事长赵新先，学习资本运作的妙诀。

很快，周益明以 1000 万元的价格购买了三九电脑公司，将之更名为明伦光电公司，并自任董事长兼总经理。随后的几年里，周益明虽然积极运作，但并不显山露水。直到 2002 年，周益明先是控股中国四大名酱园之一的广州致美斋食品有限公司，接着又收购了香港主板上市公司联大集团并将其改名为明伦集团。此后，明伦集团更是马不停蹄地参股了深圳金融租赁公司。

一时间，周益明和他的明伦集团如同横空出世的黑马，给了世人一个大大的惊喜。公开的资料显示，年仅 29 岁的周益明拥有明伦集团 90% 的股权，账面财富高达 24.3 亿元。不出所料，"神秘""低调""超级资本玩家"等评论充斥各种财经媒体。同时，周益明的背景身份和资金来源也开始遭受市场的质疑。

但那时蜂拥而至的媒体关注，非但没有给周益明造成任何麻烦，反而为周益明进一步的系列资本运作提供了便利。2003 年 3 月，明伦集团斥资 3.8 亿元收购了四川省遂宁市明星电力 28% 的国有股，一跃成为明星电力的第一大股东。短短两年时间，名不见经传的周益明同时拥有了两家上市公司，完成了堪称神奇的华丽转身。

2005 年，年仅 31 岁的周益明以 9.8 亿元的身价荣登福布斯富豪榜第 207 位，成为深圳最年轻的上榜者。

并不高明的"空手套"

普通的家庭出身、并不显赫的实体经营业绩，周益明的巨额财富始终疑团重重。多年以后，明伦集团的资本收购内情被尽数还原，一个并不高明的空手套白狼、侵吞上市公司资产的故事逐渐展现在公众面前。

2002 年，周益明斥资六千多万元收购的香港联大集团当时负债累累，连年亏损，收购后也未见盈利。可以说，周益明的第一笔收购属于赔本赚吆喝。2003 年时，明伦集团还是一个净资产为负数的企业，他能取得明星电力 28% 的国有股控股权，完全是建立在一系列移花接木的欺诈手段上。

明星电力是四川省遂宁市 380 万人口水、电、气的主要供应商，在当地具有高度垄断和独占的市场地位。2002 年 8 月，明星电力在国企改制浪潮中欲转让 28.14% 的国有股股权，估价 3.8 亿元。对于这块资产状况良好、市场需求无忧、投资回报丰厚的"肥肉"，众多商家都是垂涎欲滴、跃跃欲试。

周益明毫不犹豫地加入了对明星电力股权的争夺。他立即着手成立深圳市明伦集团与遂宁市政府进行接洽。虽然志在必得，但周益明当时现金吃紧，根本拿不出如此数额的巨资。不过，对于一个觊觎资本市场多年的玩家而言，缺少现金从来都不是问题和障碍。

为了完成收购，周益明先以 10 万元买来深圳一家皮包公司，然后用 8000 万元银行贷款进行反复倒账，虚增母公司及 7 个子公司的注册资金 3 亿元。2003 年 3 月，周益明委托深圳市中喜会计师事务所将公司净资产"做"到 10 亿元以上。

在拿到公司资料的第 2 天，中喜会计师事务所在没有进行任何调查的情况下，就迅速伪造出一份总资产 27 亿元、净资产 12 亿元的 2002 年年度资产审计报告。而当时明伦集团负债高达七千余万元，旗下核心企业明伦光电纳税额仅为 3145 元。

周益明仅仅支付了中喜会计师事务所 11 万元的业务费就将自己包装成身价 27 亿元的亿万富翁。然而仅仅如此，并不能解决明伦集团的收购资金来源问题。周益明又将目光投向了银行。为了挤破证券市场泡沫、降低银行风险，当时政府严格禁止用银行贷款进行上市公司等权益性收购。然而，在别墅、汽车、美女等钱色的轮番攻击下，周益明钓到了两条他想要的大鱼。

在华夏银行广州分行行长郭某和上海浦东发展银行深圳罗湖支行行长韩某等人的帮助下，周益明巧妙设置了一个"过桥贷款"方案——银行以企业流动资金的名义给周益明放贷 4.22 亿元。最终，从未涉足水电、能源领域的明伦集团一举挫败实力强劲的娃哈哈、健力宝等众多民企，成为明星电力第一大股东。周益明也理所当然地坐上了董事长的宝座。

说起来，遂宁市政府并非完全没有做过调查。在股权转让前，政府曾组织考察团专赴深圳市考察明伦集团。周益明"急中生智"，把考察团带到别人的公司去参观，并把它们说成是自己的企业。也许让人难以相信，政府考察团的那次深圳之行竟然满意而归，并对明伦集团的实力"深信不疑"，以至于当地政府都没有到明伦集团所在地的工商税务部门进行查验。

也许连周益明自己都无法料到，如此粗糙的拼凑和表演竟能打动遂宁市政府的"芳心"。看来，并非时势造英雄，而是监管部门的无知和渎职造就了一个又一个看似体型庞大、其实赢弱不堪的稻草"巨人"。

一朝沦为罪人

如果说借用银行贷款进行股权收购还只是违背金融监管政策，尚且看不出现实社会危害的话，那么接下来周益明通过占用上市公司资金、对外拆借资金以及违规担保等手法，大肆掏空上市公司，巧立名目侵吞国有资产的做法则为自己挖下了一个永远都无法填补的大坑，并让自己无可挽回地跌入了坑底。

自从坐上明星电力董事长位置后，周益明便开始了疯狂"淘宝"。事后的调查发现，2003 年 6 月至 2005 年 11 月，周益明通过指使明伦集团高管刘文中、史云及其派到明星电力公司任高管的赖学军、赵丽萍、王峰等人，将明星电力的资金以"对外投资"的名义，疯狂拆借、转入到明伦集团及周益明私人控制的十多家空壳公司，前后非法占有明星电力公司资金高达 5.5 亿元。

2005 年 11 月 2 日，国务院批转中国证监会《关于提高上市公司质量的意见》。2005 年 11 月 13 日，周益明被遂宁市公安局从北京带回遂宁。2006 年 12 月 1 日，遂宁市中级人民法院对周益明案进行公开判决。

遂宁市中级人民法院认定，周益明及其控制的明伦集团通过合同诈骗方式取得明星电力控制权和经营权，在此基础上鲸吞上市公司利益。除周益明被判处无期徒刑和没收个人全部财产外，明伦集团也被处以 5000 万元的罚金。2007 年 4 月，四川省高级人民法院驳回了周益明的上诉，维持了原审判决。

周益明是中国资本市场上第一例按照合同诈骗罪被判刑的资本玩家。在过去，司法机关对大股东违法犯罪几乎完全是按照不同罪行进行分类制裁，往往大事化小，以虚报注册资本、抽逃出资、违规披露、不披露重要信息等相对较轻的罪名进行处理。而对周益明案件，司法机关将整个注册、收购、经营的过程视为一以贯之的整体，进行了一体性综合评价。周益明被判处重刑也许意在威慑那些觊觎上市公司资产的资本玩家，但资本市场监管乏力的现状显然并非是一起刑事案件可以改变的。

周益明的创富神话某种程度上更像是创富笑话。正因为规则徒有其文，监管虚有其表，周益明这样的玩家才可以在资本市场上翻江倒海。仅仅不到 3 年的时间，明星电力就从一个总资产 21 亿元、净资产 12 亿元的优质上市公司沦落到亏损 3.5 亿元、经营难以为继的境地。

这并非国企产权改革方向的错误，而是改革方案和执行过程屡屡遭遇所有者缺位和社会潜规则所致。行政、金融、中介、资本巨蠹相互利用，争相食利，其间利益之复杂交混实不足为外人所道。若无铁腕的治理和霹雳的改革，纵然一个周益明倒下了，又何愁身后没有其他的追随者。

看见历史

资本玩家的折戟时刻
田飞龙

周益明是个资本玩家，是以"空手套白狼"之手法介入国企上市并购过程的资本大鳄。他的典型"辉煌"战例就是明伦公司收购、掏空国企四川明星电力案。该案在不规范的企业并购过程中颇具典型意义，同时也为资本市场合规监管和国有资产法律保护敲响了警钟。

周益明的商业发迹是从 1996 年开始的，其时他只有二十出头。他的第一桶金来自于公共安全领域的防雾灯招标，赚取了 1000 万元。以此为基础，他开始了 10 年之间波诡云谲的并购操作。1997 年，他成功具备了开展大规模并购的两项基础条件：第一，南下接受三九集团赵新先点拨授法，迅速掌握资本运作技巧；第二，以第一桶金 1000 万元收购三九电脑公司并改造为明伦公司，作为资本市场大规模并购的基地公司。

2002 年，周益明开始了并购国企四川明星电力的准备工作。这一过程堪称"空手套白狼"的经典战例。从市场条件与法律条件而言，并购企业需要具备最核心的两项条件：第一，具备雄厚的资金实力或合法融资能力；第二，具备良好的经营绩效。若无此核心条件，证券监管部门和上市公司本身都会予以否决。

周益明当时执掌的明伦公司显然不具备这两项条件，于是他铤而走险，开始一系列造假动作。首先是以行贿银行高管的形式违规获取 3.8 亿元巨额贷款，作为并购明星电力的主要资金。周益明"四两拨千斤"，以小轿车和过节费的轻微代价取得了华夏银行和浦发银行的"特别贷款"，表面形式是作为"企业流动资金"，规避常规信贷监管，钻了制度漏洞。

其次是以 11 万元制作费获取了深圳市中喜会计师事务所的两份虚假年度财务审计报告 (2001 年和 2002 年)。尤其是对并购具有直接影响的明伦公司 2002 年度财务审计报告，该会计师事务所竟然将明伦公司"包装"为总资产 27 亿元、净资产 12 亿元的巨型公司。银行与会计师事务所的合谋违规操作，使得明伦公司具备了大规模并购的表面合格条件，但这并不意味着并购已经完成。

相反，只要证监部门合规监管或者作为"东家"的四川地方政府"火眼金睛"，并购仍然可能流产，而周益明的"空手套白狼"也不会成功。问题是，一方面证监部门并未及时到位监管，另一方面地方政府也是"仔卖爷田"的放任心态，坐实了"所有者虚位"理论，放任并购，脱手卸责。

如果周益明并购之后能够真正从公司利益出发，合理经营，做大明星电力，盘活扩大国有资产总盘，则亦善莫大焉。然而，无论是银行短期拆借，还是会计报告造假，周益明的核心目的都在于进行控股权交易，在控股之前的一切行为都是投资，而控股之后在控股权支配下的一切行为则可以理解为收益。

周益明毫无顾忌，没有底线，造成了非常奇特的公司管理现象：作为第一大股东兼董事长的周益明居然是明星电力公司的最大敌人，以"掏空"这家上市公司超额回收并购投资为唯一目的，这是典型的监守自盗，是公司的最大"硕鼠"。这样的并购操作果然是国有资产的噩梦，是"空手套白狼"资本玩家的盛宴。

从 2003 年上半年并购成功至 2005 年下半年遭遇立案调查，周益明主要以关联公司资金拆借的方式变相转移公司资产，导致明星电力由盈转亏，从总资产 21 亿元转为 2005 年的亏损 3.5 亿元。这不仅造成了国有资产被实际侵吞和严重流失，亦造成了广大中小股民的实际损失。周益明的"掏空"行为违背了公司股东和经理人的职业伦理，严重侵害了公司整体利益和股民基本利益，于公司法上亦可引发侵权诉讼。另一方面，周的行为还直接涉嫌挪用资金罪。

笔者关注的主要是该案的刑事面向。2005 年年底，周案的立案侦查罪名就是挪用资金罪，这是单纯从并购后的"掏空"行为着手定性的。刑事侦查过程中发生了罪名转换，主要原因是：第一，挪用资金罪之量刑偏轻，与周案实际危害不相称；第二，调查证据显示并购过程存在严重的欺诈行为和欺诈故意，挪用资金不过是整体诈骗行为的目的实现环节，更合理与完整的罪名应该是"合同诈骗罪"。

2006 年，周益明一审合同诈骗罪成立，被判无期徒刑，违法所得被全部追缴归还明星电力。2007 年，二审终审维持原判。此时，周益明不过三十有四，虽年轻有为，但已永陷囹圄，终结了其资本玩家的疯狂前半生。

如果是在法治完善的社会，周益明的资本玩法很难成功，而他自身亦不会付出承受无期徒刑的惨重代价。该案从多个层面反映了转型时期中国资本市场之市场条件与法律条件的不成熟：第一，银行信贷监管失效，违规发放贷款，助长不合格并购者冒险并购；第二，会计师事务所缺乏法律监管和行业自律，职业私利超越公共利益，造成市场性监督环节缺漏；第三，证监部门常规监管不力，导致不合格并购得以蒙混过关；第四，国企

"东家"地方政府"所有者虚位"，产权不清晰导致责任不分明；第五，企业治理体系陈旧独断，放任大股东和管理层肆意侵权。

　　而当这一切本应起到风险管理与控制的机制——失效，导致资本玩家的"空手套白狼"操作过关斩将之际，双重悲剧将会渐次上演。规则的不清晰以及风控措施不成熟，无论胜负，各方均处于高风险之中，而获胜方本着逐利动机，更不会自缚手脚，自控风险，直到触网入狱，一切归零。如果不从根本上和体系上改善上述市场条件和法律条件，在"空手套白狼"式的资本玩家疯狂操作之下，上市公司的悲剧和玩家自身的悲剧还将会不断上演。

李途纯：盲目扩张的企业悲剧

人生如戏戏如潮

邓学平

李途纯一手缔造了太子奶传奇，刷新了中国乳酸菌奶业的第一个高峰。但他盲目扩张、管理松懈，导致公司深陷债务危机不能自拔。

与外资巨头的对赌协议和当地政府的介入，特别是其遭遇一年多的羁押调查，让李途纯彻底成了太子奶的局外人，眼睁睁看着太子奶被转手易人。

太子奶传奇

1960 年，李途纯出生在湖南省临湘市的一个普通家庭。他的早年经历鲜见公开披露。1990 年，正当而立之年的李途纯做出了一个完全改变人生轨迹的重要抉择。有一次他出差杭州，在西湖旁的岳庙里读到了"三十功名尘与土，八千里路云和月"的诗句，深受刺激。他回家后辞去了一家国有餐饮企业经理的职位，带着 300 元钱和一麻袋书，抱着"卖苦力、扫大街"的最坏打算，坐火车去深圳创造自己的"功名"。

在深圳，李途纯一边在不同地方打工谋生，一边耐心地寻找自己的机会。1993 年，邓小平南行讲话后不久，神州大地掀起了一股新的创业热潮。李途纯从深圳回到株洲，从银行贷到了 10 万元。拿着这笔钱，他印制了一批毛泽东 100 周年诞辰的挂历，掘到了人生的第一桶金。随后几年，他开过书店、酒店和录像厅，甚至还做过《花花公子》杂志的代理。

1996年，李途纯决定进入乳酸菌行业。他在株洲市租下了一间六十多平方米的国企厂房，成立了株洲太子牛奶厂。同年底，第一批活性乳酸菌奶饮料产品正式出品，他将之命名为太子奶。他像宗庆后初创业时一样，亲自推着板车上街叫卖。1997年，公司扩大生产，李途纯决心把太子奶推向全国市场。而办法则很简单，就是打广告。

这一年，李途纯投入8888万元巨资夺得央视黄金时段日用消费品标王。而彼时太子奶的资产总额还没有竞标价格高。背水一战的结果没有让李途纯失望。在那个央视广告就是品牌知名度和销售订单保证的年代，李途纯很快拿到了8亿元的订单。

此后，李途纯制定了极其优惠的经销代理策略，迅速建立起了遍布全国的营销网络，并就此确立了太子奶在乳酸菌饮料行业的领军地位。当时，国内外的乳业巨头都在全力发展液态奶和酸奶，而乳酸菌奶饮料市场却没有得到足够的重视。李途纯认为这是一个绝佳的机会。

2002年起，李途纯斥巨资在湖南株洲、北京密云、湖北黄冈、江苏昆山、四川成都同时建设五大乳酸菌生产研发基地，从而形成东西南北中的全国性战略布局。急速扩张之下，太子奶的销售额从2001年的5000万元跃升到了2007年的30亿元，连续6年业绩翻番。

其间，来自政府的各种"优秀企业家""政协委员"等荣誉和头衔纷至沓来，李途纯与当地政府的关系真可谓"如胶似漆"。2007年，作为太子奶集团创始人、董事长的李途纯宣布了未来3年上市的计划，他的事业也达到了巅峰。

资本博弈的输家

与生产规模和销售额直线上升相对应的是，太子奶集团日益庞大的对外负债。仅2007年一年，太子奶集团就新增银行贷款高达6.3亿元，加上此前的负债，一时间太子奶的资金链条非常紧张，甚至连续数月都发不出工资。在此情形下，太子奶集团决定引进英联、摩根士丹利、高盛、花旗等国际风险投资，成功筹得7300万美元。

就在协议签署的第二年，一场金融危机席卷全球。此时，包括花旗等外资银行开始提前催讨太子奶的巨额信用贷款。加之三聚氰胺事件使得太子奶的销售业绩和盈利大幅下滑，李途纯回天乏力，失去了对太子奶的控股权。

与此同时，太子奶对外债务高达 27 亿元，其中银行贷款类负债 13.14 亿元、地方政府贷款约 5300 万元、高利贷借款 5300 万元、向职工集资 6000 多万元、应付货款约 6.95 亿元、欠付建筑工程款 3.16 亿元、欠付工资薪酬 6350 万元、欠缴税款 1004 万元。诸多经销商和企业职工开始向太子奶索要欠款，甚至出现集体上访和围堵市政府的情况。

2009 年年初，太子奶的核心资产由株洲市政府全资控股的高科奶业通过租赁经营形式托管，李途纯虽然在名义上拥有太子奶集团 61.6% 股份，但已全部抵押给高科奶业。被国企接管后，太子奶集团的盈利情况非但未见好转，反而上演了一出高科奶业高管文迪波监守自盗、侵占公司资金、转移公司资产的行为。在李途纯律师团队锲而不舍的举报下，文迪波于 2011 年 7 月 31 日晚间被湖南省纪委"双规"，并于 2013 年 4 月 16 日被郴州市中级人民法院以受贿罪和签订、履行合同失职被骗罪被合并执行 9 年有期徒刑。

为了解危纾困，相关各方数次引进战略投资者都未能成功。太子奶集团似乎只有破产重整一途可行。李途纯无法接受自己一手创造的太子奶集团会走向破产，他希望重回公司，并且承诺太子奶公司和他本人愿意对一切债务承担无限连带责任。但所有各方都拒绝了李途纯的回归。

2010 年年初，被"太子奶"拒之门外的李途纯在北京注资 6000 万元，成立了仙山奶业。李途纯希望用跟太子奶同样的技术团队，同样的管理团队，同样的营销网络重新做一个公司。但仅仅半年之后，湖南株洲警方便以涉嫌非法吸收公众存款罪对李途纯、太子奶集团的一众高管及李途纯的亲人进行了刑事拘留。随后，株洲市公安局又以职务侵占罪、抽逃资金罪、挪用资金罪、逃税罪等罪名对李途纯进行了长达一年多的侦查和羁押。

李途纯被刑事拘留后，太子奶股东大会决议正式提出司法重组申请。2010 年 7 月 23 日，也就是李途纯被正式批准逮捕的当天，株洲市中级人民法院裁定湖南太子奶集团生物科技有限责任公司进入破产重整程序，并通过竞争方式选定北京市德恒律师事务所为破产重整管理人。

以"委托经营、自负盈亏"身份租赁太子奶的高科奶业，在不断争取优先接盘的同时，破产重整管理人引进的 11 家战略投资者的协谈也在同步进行。而身在高墙之内的李途纯，仍在委托律师积极引进战略投资者，希望力挽狂澜。

几番折冲仍无功而返后，太子奶集团于 2010 年 11 月 21 日向湖南省高级人民法院提起诉讼，状告高科奶业"破坏性经营"公司，认为高科奶业擅自撤离超市直营供货体系，导致 7564 万元应收账款无法收回、非法经营、利益输送等。太子奶集团要求高科奶业解除和太子奶此前签订的资产租赁合同以及随后签订的补充协议，并赔偿相应损失。

但事情的发展显然已经脱离了李途纯的控制。2010 年 11 月 30 日，太子奶集团首次债权人会议召开。2011 年年底太子奶重组终于尘埃落定，重整方案获债权人表决通过。新华联控股与三元股份以 7.15 亿元人民币获得重整后的太子奶 100% 股权，包括厂房、商标、专利在内的有形无形资产。

政商关系，无法回避的课题

2012 年，李途纯重获自由，但太子奶集团破产重组已经无法改变。不少人质疑，太子奶集团破产重整被强行推动，对一个民营企业家有失公允。

被无罪释放的李途纯并未销声匿迹，反而一再成为舆论关注的焦点。李途纯对太子奶集团 7 亿元的估值存在异议，认为太子奶商标在转让时价值被严重低估。他积极筹备通过诉讼的方式重新夺回太子奶的商标。

如今的李途纯经济拮据、身体状况也十分堪忧，但他已经把斑白的头发重新染黑。他多次表示已经决定不再做任何企业，但他对过去的企业还要讨些说法。

从李途纯的个人境遇可以看出，政商关系是中国民营企业始终无法回避的课题。在企业试图获得资金在内的一些资源支持的过程中，由于缺乏一个公开、公平、公正的平台，竞相"靠近"政府变成一条无以规避的道路。而这一歧途摧毁了无数颇具增长潜力的企业，也吞噬了许多原本该被称为企业家的人。

看见历史

太子奶的风投漩涡

田飞龙

"三十功名尘与土，八千里路云和月"，岳武穆的未酬壮志激励着"三十而立"的国企经理李途纯毅然下海，开始其"太子奶传奇"的商业人生。每个人都会有人生的拐点，来注定一生最绚丽的风景，对于李途纯而言，彼时西湖岳庙中的精神邂逅，正是其人生的拐点。

李途纯的胆子是够大的，这是"太子奶"的成功诀窍，也是其个人尴尬谢幕的性格主因。大抵对于创业者而言，无时无刻不想着创新进取，敢作敢为，摔倒也不怕，于是往往能够"无知者无畏"，一举成名。但守业法则与此不同，需要十分的稳健，需要强化风险管控。

李途纯是一如既往的闯将，却始终未能学会现代企业经营中的风险管控和治理技艺。就像一个不断攻城略地却难以积极巩固的将军，他的倒下也折射出中国改革企业家"创业"与"守业"之间的失衡状态，显示了改革企业家不成熟的一面。

创业期间，李途纯的"闯将"风格大显身手：第一，1993年以毛泽东100周年诞辰挂历投资赚取上百万元，获得创业第一桶金，这既源于红色文化根源，亦有着邓小平南行讲话后大胆闯荡的胆略气魄；第二，1996年专注乳酸菌奶饮料，创立"太子奶"品牌，确立主业阵地和品牌意识；第三，1997年，以8888万元夺得央视黄金时段广告标王，代价超出太子奶资产存量，属于超限透支冒险，但取得了成功；第四，零风险经营，将利润留给经销商，将风险集中于自身，从而建立起最稳固强大的全国性经销网络。在一个缺乏雄厚资本和官方支持的创业时代，李途纯的上述每一步走错，都不会有后来的"太子奶传奇"了。幸运的是，他接连取得成功。

　　2004年开始，一方面由于太子奶销售业绩高涨，另一方面受蒙牛引入战略投资者成功上市的个案刺激，李途纯开始全力推动太子奶海外上市。他开始与海外风险投行接洽合作，希望借助风投机制实现海外上市。但地方政府对太子奶上市反应冷淡：第一，地方政府在太子奶的国有法人股占到近28%，引入外资仓促上市可能危及国资安全；第二，太子奶是银行贷款高企，资金链张力已然显现，但李途纯作为公司第一大股东，其"上市梦"不可阻遏，风险管控之类的事务不在其"闯将"思维范畴内。

　　从2006年至2008年，英联、摩根士丹利、高盛、花旗等风险投行相继与太子奶集团签署投资协议，获取相应股权。这是李途纯的扩张战略，但时值全球金融危机和国内三聚氰胺事件爆发期，这一扩张安排生不逢时。坊间疯传的"对赌协议"，即投行股权与企业控制权的风险赌博安排，李途纯一直不予承认。但其确实于2008年7月开始退出太子奶管理层，握有名义股权，但并不实际控制，似乎又坐实了"对赌协议"存在的可能性。实际上，作为引入战略投资者的特别安排，"对赌协议"很有可能作为秘密协议存在。

　　大致从2008年下半年开始，太子奶集团因资金链张力过大而断裂，利润下降，花旗银行带头要求提前全额还款，而李途纯亦不得不交出企业控制权。太子奶与李途纯就此分家，分道扬镳。花旗等几家主要投行取得企业控制权之后，主要目的不是投入常规经营，而是快速套现止损。这是投行商业行为的正常逻辑。投行决定将太子奶集团租赁给株洲市政府托管运营，后者成立高科奶业予以实际经营，但业绩大不如前，无法起死回生。于是太子奶集团进入破产重组程序。

　　2010年至2012年间，李途纯一方面成立"仙山奶业"开辟第二战场，另一方面多方争取重回太子奶。其时，太子奶的破产重组已不可逆转，最终由新华联控股和三元股份以7.15亿元取得太子奶100%股权。而李途纯在此期间遭遇了长达15个月的刑事检控程序，对外宣布的嫌疑罪名是非法吸收公众存款罪，但立案罪名多达数项，包括非法集资罪、偷税漏税罪、行贿罪等，但最终都以证据不足而做出不起诉决定。

　　李途纯的太子奶集团上市扩张计划其实存在诸多硬伤：第一，公司治理高度"家族化"，决策不透明，一股独大，主要股东之间相互防范，无法凝聚共识，比如政府法人股和投行风险股就相继成为太子奶上市的主要阻力和破产重组的主要动力，使李途纯的扩张梦昙花一现；第二，太子奶的股权结构不合理，既有国有法人股，又有外资风险股，前者虽然不控股，但实际影响远超股权比例，后者自然唯利是图，不可能与李途纯同进共退；第三，投资协议缺乏透明度和风险控制机制，比如"对赌协议"是一种过高的风险条款，对李途纯与太子奶均非理性安排；第四，"阴谋论"影影绰绰，或有夸大，但也折射出民营企业在市场扩大过程中面临的来自政府和外资财团的双重风险和压力，后者未必有充分的合谋安排，但都基于纯粹套利思维，不可能从太子奶的常规经营与稳健发展角度出发思考对策，在风险投资不利情势下自然会就快速破产重组达成共识。至于因风险条款承诺而赌输了的李途纯，也就成了风投漩涡中的当然牺牲品。

如今，太子奶集团已被完全重组，政府和外资投行已全身而退，李途纯也永久离开了亲手创办的太子奶企业。作为兼容过国有法人股和外资投行股的中国奶业民企，太子奶集团一度市场大好，创始人李途纯亦雄心勃勃，但终于因为风险管控不力和股权安排失当而马失前蹄，上市梦碎，控制权尽失，甚至险遭牢狱之虞。

就结局而言，李途纯还是要比其他的改革企业家幸运，在不起诉宣告之余仍得以二度创业，以"仙山奶业"为载体再度进入市场，投资小酒行业，或可梅开二度，造就"六十功名"。

抽离个案背景，我们观察到中国的改革企业家一代代起起落落，在体制权力与资本漩涡中摸爬滚打，在创造诸多改革经济史传奇与神话的同时，其个人经历与身世遭际亦饱含着中国企业家在制度与市场转型期面对权力、资本、家族、管理、风险、国际化、法治诸端要素时，其身体力行与心智成熟度的高低错落格局。

评点改革企业家史，是中国改革史的一种独特回顾与书写方式。企业家春秋，亦国人春秋的一大缩影。其在法制有待健全的改革年代，凭一己智慧和机运游走于体制边缘缝隙，在财富和权力两极之间腾挪跌宕，风采自然了得。大起者，瞬间暴富，如日中天；大落者，一夜入罪，前景黯淡。

　　凡此种种，皆为精英一族的改革故事，成败荣辱，铭刻时代阵痛与制度变迁遗痕，亦有个人心智与文化背景可予检讨之处，如此种种皆可为后世从政、经商、为学者所通鉴。

附　录

2014年中国企业家犯罪报告

发布人：法制日报社《法人》杂志

　　　　法治周末报社

　　　　中国青年报社法治社会部、舆情监测室

目　录

第一部分　2014年企业家犯罪概况

一、涉案企业概况

（一）涉案企业性质、规模及地域分布

在明确企业所有制类型的 426 例案件（其中 1 例案件的企业为跨国公司，1 例为台商独资，归入民营企业范畴）中，国有企业家犯罪或涉嫌犯罪的案件为 245 例，占 426 例案件的 58%，民营企业家犯罪或涉嫌犯罪的案件为 181 例，占 426 例案件总数的 42%（如图 1.1）。

与 2013 年度的媒体案例（《法人杂志》发布，下同）相比，民营企业家涉及的犯罪案件在绝对数和所占比例上均有所下降（2013 年民营企业家犯罪或涉嫌犯罪的案件为 270 例，占所有案件总数的 75.6%）。

从地域分布看，426 例案例所涉及的企业遍布于我国 29 个省（市），香港特别行政区 5 例、台湾 1 例、海外 1 例。如表 1.1。

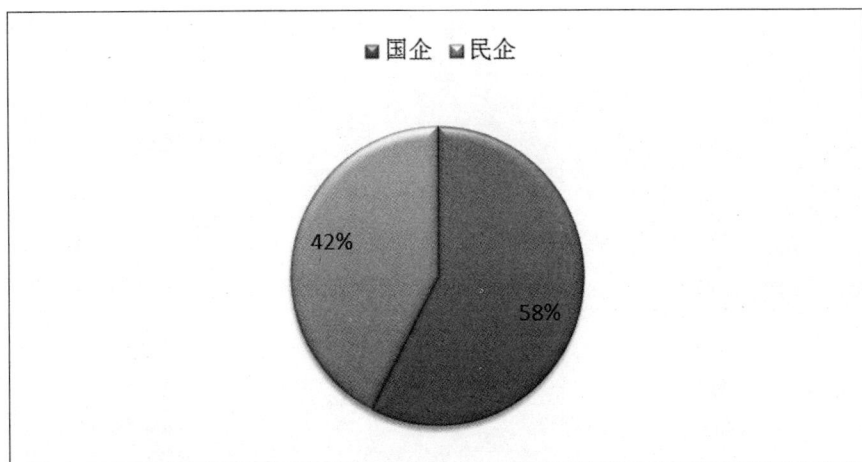

图1.1　涉案企业所有制类型分布图

表1.1

企业所在省市	案件数量（例）	占比
北京	83	19.5%
广东	49	11.5%
浙江	30	7.0%
江苏	27	6.3%
四川	22	5.2%
河南	21	4.9%
湖北	15	3.5%
海南	15	3.5%
福建	14	3.3%
广西	13	3.1%
湖南	12	2.8%
安徽	12	2.8%
上海	12	2.8%
辽宁	10	2.3%
甘肃	10	2.3%
内蒙古	9	2.1%
河北	9	2.1%
陕西	8	1.9%
黑龙江	8	1.9%
山东	8	1.9%
江西	6	1.4%
山西	6	1.4%
新疆	5	1.2%
香港	5	1.2%
重庆	4	0.9%
天津	4	0.9%

续表

企业所在省市	案件数量	占比
云南	2	0.5%
宁夏	2	0.5%
西藏	2	0.5%
吉林	1	0.2%
台湾	1	0.2%
海外	1	0.2%
汇总	426	100%

统计标准为涉案企业所在地。

其中,北京(83例)、广东(49例)、浙江(30例)和江苏(27例)是涉案企业较为集中的地区。与2013年相比,涉案企业集中地并未改变,仍是集中在北京、广东、江浙等经济发达省份,上述四地曝光的企业家犯罪案件数近全部案件的一半。其他省份案件数量分别是:内蒙古、河北各9例,陕西、黑龙江、山东各8例,江西、山西各6例,新疆、香港各5,重庆、天津各4例,云南、宁夏、西藏各2例,吉林1例。

在国企企业家犯罪的245例中,其中提及企业规模的共计190例,其中国家特大型企业4例、大型企业176例、中型企业7例、小型企业3例(见图1.2)。

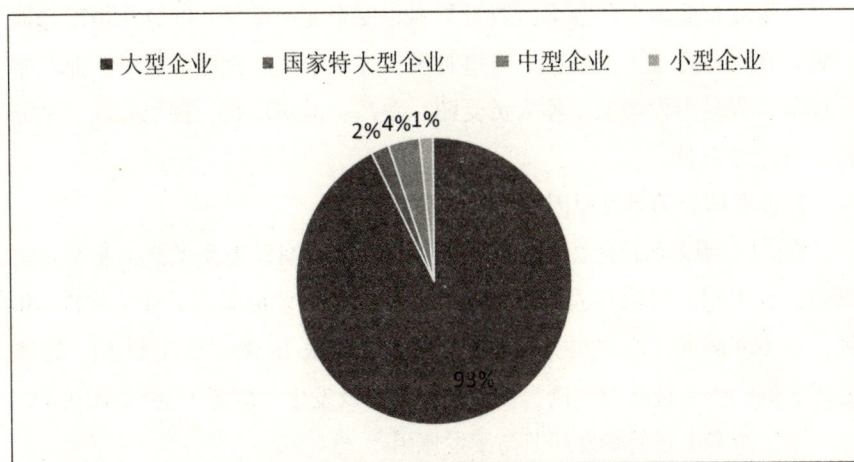

图1.2　涉案国企规模

（二）涉案国企案发环节与案发原因

1. 涉案国企的案发环节

在 245 例国企企业家犯罪案件中，有 227 个案件提及了该企业的案发环节，主要集中在财务管理（47 例）和招投标（34 例）、人事管理（31 例）、加工承揽（29 例）、投融资（27 例）等环节（如图 1.3）。

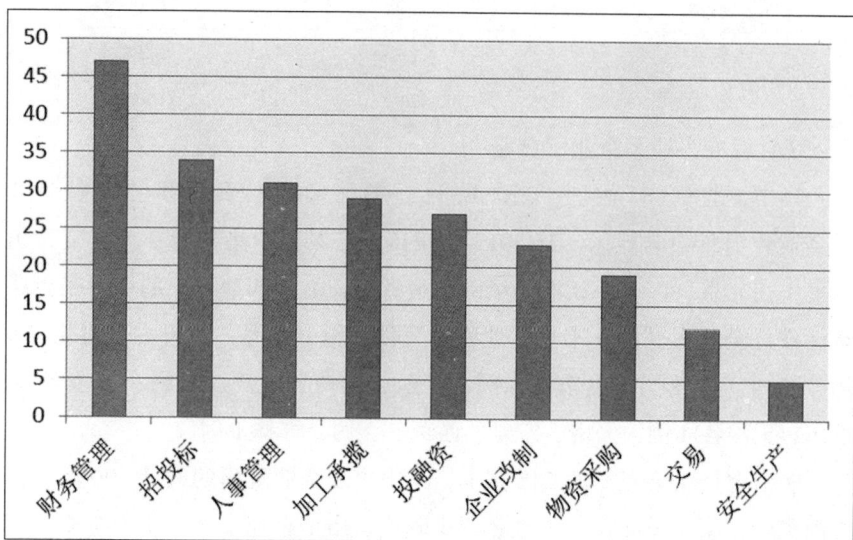

图1.3　涉案国企案发环节

本年度企业案发环节案件数量与本年度企业涉嫌罪名的分布情况趋向一致，在财务管理、招投标、人事管理、加工承揽、投融资以及企业改制等环节，容易引发国家工作人员受贿、贪污、滥用职权、挪用公款、私分国有资产等犯罪。

2. 涉案国企的案发原因

在 245 例国企企业家犯罪案件中，有 169 例案件提及了该企业案发的原因，其中相关机构介入调查是国企案发的最主要原因，共涉及案件 130 例，占 169 例案件的 77%。其他原因分别为举报 18 例、自首 11 例、媒体披露 3 例、资金链断裂 3 例、被害人报案以及发生事故各 1 例（如图 1.4）。

（三）涉案民企的案发环节与案发原因

1. 涉案民企的案发环节

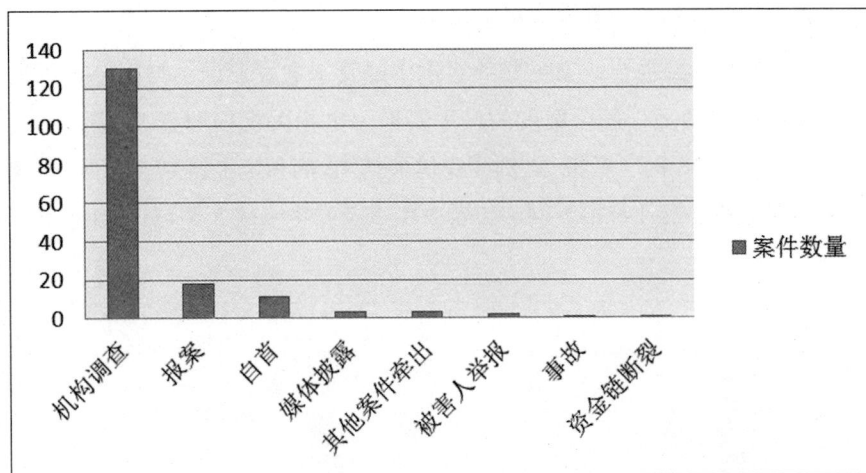

图1.4　国企企业家犯罪案发原因

在 181 例民企企业家犯罪案件中，提及案发环节的案件共有 166 例，其中投融资 47 例、交易纠纷 37 例、财务管理 28 例、招投标 28 例，安全生产 13 例、人事管理 9 例、涉黑 4 例（如图 1.5）。

从上述分布图可以看出，在投融资、交易环节、财务管理以及招投标环节最容易引发企业家犯罪。这与本年度企业家犯罪中涉及非法吸收公众存款、集资诈骗、合同诈骗、挪用资金案件数量较多相一致。

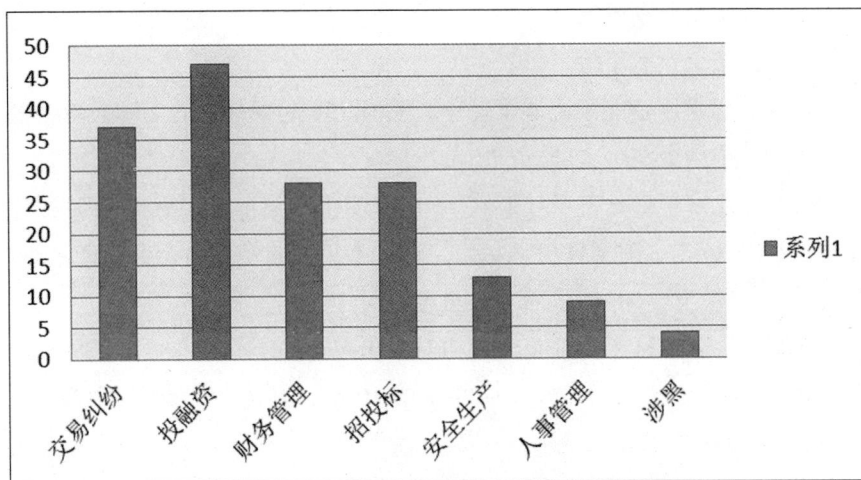

图1.5　民企企业家犯罪案发环节分布

2. 涉案民企的案发环节与案发原因

122 个关于民企企业家犯罪的案例中提及了案发原因。与国企企业家案发原因类似的是，民企案发的最主要原因也相关机构调查 32 例，其次为被害人举报 26 例、举报 22 例、媒体披露 16 例和资金链断裂 10 例，其他则分别为其他案件牵出 6 例、自首 5 例以及发生事故 5 例（如图 1.6）。

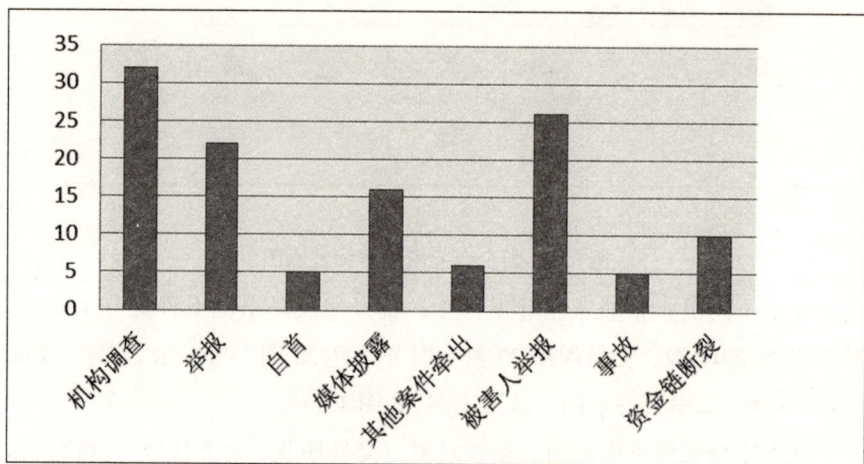

图1.6　民企企业家犯罪案发原因

二、涉案企业家概况

（一）涉案企业家年龄

在 426 起媒体企业家犯罪案件中，共有 156 起案件中的 160 人能够明确年龄，其中国企 90 人，民企 70 人。

国企企业家年龄分布相对集中，50-59 岁仍然是企业家犯罪的高发期。年龄最小的 34 岁，除案件中显示为"退休多年"的一位国企企业家之外，年龄最大的 67 岁。60-69 岁涉案企业家共计 18 位（如图 1.7）。

涉案民企企业家年龄分布较为均匀，40-49 岁的有 25 位，30-39 岁的有 19 位，50-59 岁的 16 位，20-29 岁的 10 位。其中年龄最小的 22 岁，年龄最大的 60 岁（如图 1.8）。

国企企业家犯罪大多与其身份、职务有关，而获得一定的身份、职

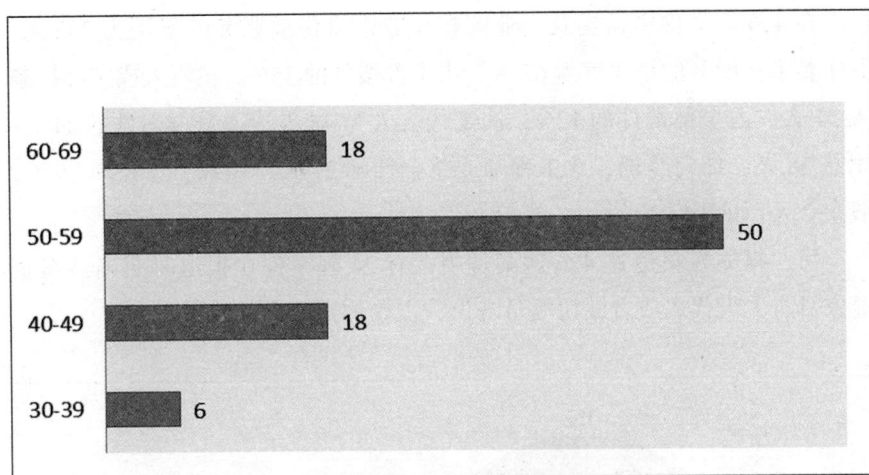

图1.7　国企企业家犯罪年龄分布

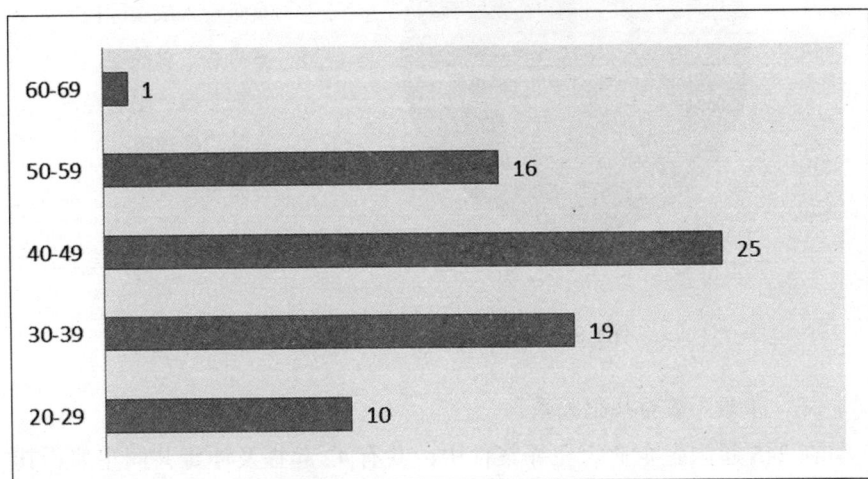

图1.8　民企企业家犯罪年龄分布

务，需要一定的工作履历，因而，相较民营企业家犯罪年龄，国企企业家犯罪年龄整体偏大。50-59岁的国企企业家正是国企中的掌舵者，权力过分集中，易于引发国企中的职务犯罪案件，民营企业家年龄受此影响较小。

（二）涉案企业家的身份与职务

在 426 例案件中，提及企业家在企业内身份或职务的案例为 242 例，其中董事长职务的企业家为 65 人，占全部案件的 15%，负责人或实际控制人 51 人，占全部案件的 12%，法定代表人为 48 人，占全部案件的 11%；副总 38 人，部门经理、总工程师或总会计师 27 人，总裁、总经理 25 人，股东 2 人（如图 1.9）。

另，媒体在报道这 426 例案件中，有 24 起案件在报道时明确涉案企业家具有人大代表或者政协委员身份，占媒体报道案件的 5%。

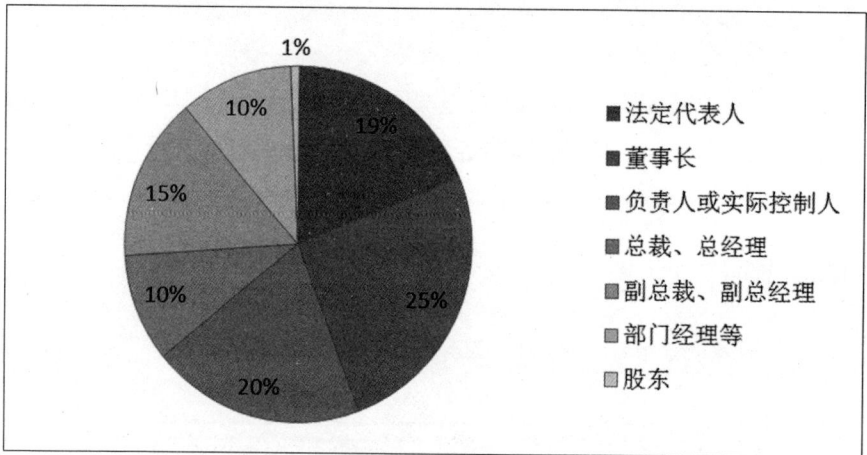

图1.9　涉案企业家身份、职务分布

（三）涉案人数与共犯关系

在 245 起国企企业家犯罪案件中，共有 42 起提及涉嫌共同犯罪，其中共犯为同事的 28 起，在共犯为同事的案件中又有 19 起共同犯罪人是上下级关系，共犯为亲友的共计 14 起（如图 1.10）。

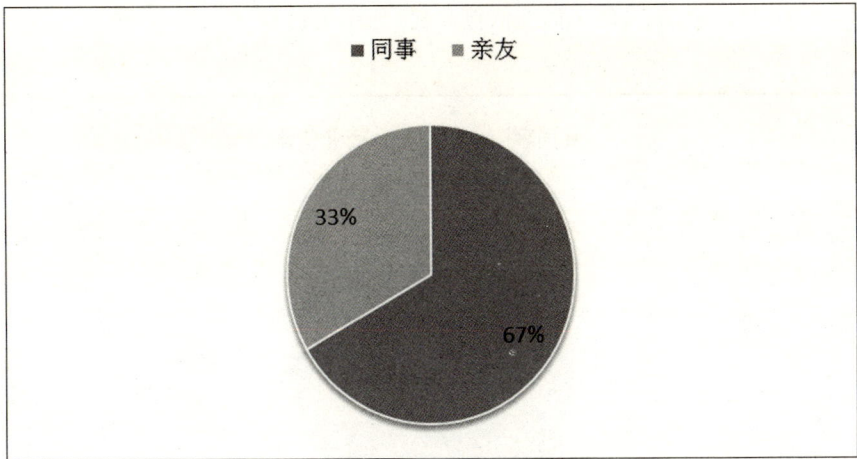

图1.10　国企企业家共同犯罪中的共犯关系

在这 42 起国企企业家共同犯罪中，涉案罪名及出现在案件中的频数如表 1.2 所示：

表1.2

涉案罪名	案件数
受贿罪	16
贪污罪	14
挪用公款罪	8
滥用职权罪	5
职务侵占罪	4
合同诈骗罪	4
私分国有资产罪	3
行贿罪	3
敲诈勒索罪	3
挪用资金罪	3
违法发放贷款罪	1
票据诈骗罪	1

在 181 例民营企业家犯罪案件中提及共同犯罪的案件共 69 起，其中

同事 34 起，亲友 27 起，商业伙伴 8 起（如图 1.11）。

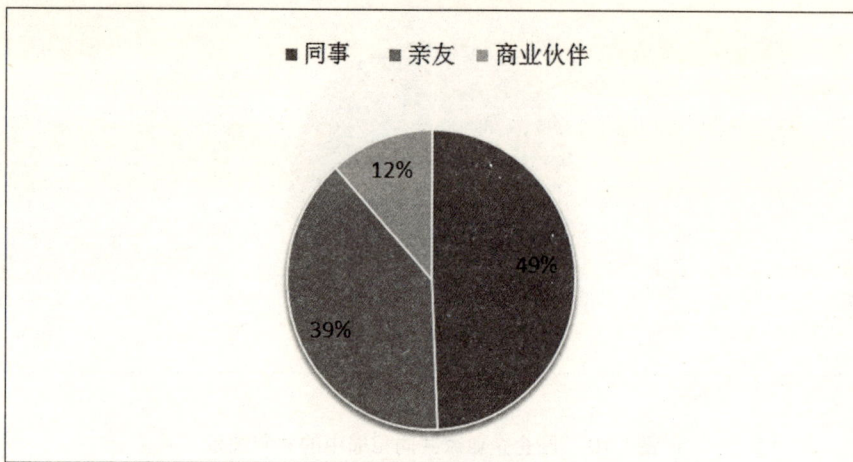

图1.11　民企企业家共同犯罪中的共犯关系

在这 69 起涉嫌的共同犯罪案件中，涉案罪名集中在非法吸收公众存款罪、诈骗类犯罪各 11 起，职务侵占罪 7 起，制假售假类犯罪 5 起，组织、领导黑社会组织罪 3 起等。

三、涉案企业家犯罪概况

（一）涉案罪名与罪名结构

1. 国企企业家涉案的具体罪名与罪名结构

在 181 例有明确罪名的国企企业家犯罪中，共涉及 26 个罪名，主要包括：受贿罪 121 例、贪污罪 51 例、挪用公款罪 30 例、滥用职权罪 3 例、诈骗罪 5 例、合同诈骗罪 4 例、私分国有资产罪和敲诈勒索各 3 例、国有公司人员滥用职权罪、内幕交易罪、强迫交易罪和挪用资金罪各 2 例。

除上述罪名外，国企企业家涉案罪名还包括票据诈骗罪、贷款诈骗罪、侵吞国有资产罪、侵占罪、非法持有枪支罪、利用影响力受贿罪、伪造国家机关证件罪、非国家工作人员受贿罪、对非国家工作人员行贿罪、虚报注册资本罪、虚开发票罪、伪造、变造金融票证罪、伪造国家机关印章罪、伪造公司印章罪案各 1 例。如表 1.3 所示。

表1.3

罪名	案件数	总案件数	占比
受贿罪	121	181	66.85%
贪污罪	51	181	28.18%
挪用公款罪	30	181	16.57%
滥用职权罪	11	181	6.08%
私分国有资产	3	181	1.66%
国有公司人员滥用职权	2	181	1.10%
诈骗罪	5	181	2.76%
合同诈骗罪	4	181	2.21%
挪用资金	2	181	1.10%
内幕交易罪	2	181	1.10%
敲诈勒索	3	181	1.66%
强迫交易	2	181	1.10%
票据诈骗罪	1	181	0.55%
贷款诈骗罪	1	181	0.55%
侵吞国有资产罪	1	181	0.55%
侵占罪	1	181	0.55%
非法持有枪支罪	1	181	0.55%
利用影响力受贿罪	1	181	0.55%
伪造国家机关证件罪	1	181	0.55%
非国家工作人员受贿罪	1	181	0.55%
对非国家工作人员行贿罪	1	181	0.55%
虚报注册资本罪	1	181	0.55%
虚开发票罪	1	181	0.55%

续表

罪名	案件数	总案件数	占比
伪造、变造金融票证罪	1	181	0.55%
伪造国家机关印章罪	1	181	0.55%
伪造公司印章罪	1	181	0.55%

与 2013 年相比，受贿、贪污、挪用公款在排列顺序上较为一致，但占总案件数的比例有大幅度提高，与国家加大对国企、央企贪腐的打击力度，媒体普遍对此关注较多有很大的关系。

2.民企企业家涉案的具体罪名与罪名结构

在 163 例有明确罪名的民企企业家犯罪案件中，共涉及 57 个（类）罪名。罪名的具体分布，如表 1.4 所示。

表1.4

罪名	案件数	总案件数	占比
非法吸收公众存款罪	28	163	17.18%
合同诈骗罪	23	163	14.11%
职务侵占罪	20	163	12.27%
集资诈骗罪	13	163	7.98%
诈骗罪	13	163	7.98%
行贿罪	9	163	5.52%
挪用资金罪	9	163	5.52%
非国家工作人员受贿罪	4	163	2.45%
单位行贿罪	3	163	1.84%
盗窃罪	3	163	1.84%
非法经营罪	3	163	1.84%
故意伤害罪	3	163	1.84%
开设赌场罪	3	163	1.84%
敲诈勒索罪	3	163	1.84%

罪名	案件数	总案件数	占比
生产、销售伪劣产品罪	3	163	1.84%
组织、领导黑社会性质组织罪	3	163	1.84%
对非国家工作人员行贿罪	2	163	1.23%
妨害作证罪	2	163	1.23%
非法拘禁罪	2	163	1.23%
故意杀人罪	2	163	1.23%
拒不支付劳动报酬罪	2	163	1.23%
内部交易罪	2	163	1.23%
骗取贷款罪	2	163	1.23%
骗取票据承兑罪	2	163	1.23%
破坏计算机信息系统罪	2	163	1.23%
伪造公司、企业、事业单位印章罪	2	163	1.23%
重大劳动安全事故罪	2	163	1.23%
抽逃出资罪	1	163	0.61%
出售公民个人信息罪	1	163	0.61%
非法持有弹药罪	1	163	0.61%
非法处置查封的财产罪	1	163	0.61%
非法控制计算机信息系统程序、工具罪	1	163	0.61%
非法买卖、持有枪支罪	1	163	0.61%
故意毁坏财物罪	1	163	0.61%
假冒注册商标罪	1	163	0.61%
开增值税专用发票、抵扣税款发票罪	1	163	0.61%
滥伐林木罪	1	163	0.61%

续表

罪名	案件数	总案件数	占比
利用未公开信息罪	1	163	0.61%
骗取出口退税罪	1	163	0.61%
强迫交易罪	1	163	0.61%
侵犯著作权罪	1	163	0.61%
生产、销售有毒、有害食品罪	1	163	0.61%
逃税罪	1	163	0.61%
伪造国家机关公文、印章罪	1	163	0.61%
伪造金融票证罪	1	163	0.61%
伪证罪	1	163	0.61%
洗钱罪	1	163	0.61%
向国家工作人员行贿罪	1	163	0.61%
销售假药罪	1	163	0.61%
信用卡诈骗罪	1	163	0.61%
虚开增值税专用发票罪	1	163	0.61%
寻衅滋事罪	1	163	0.61%
掩饰隐瞒犯罪所得收益罪	1	163	0.61%
隐匿会计凭证、会计账簿罪	1	163	0.61%
重大责任事故罪	1	163	0.61%
走私普通货物罪	1	163	0.61%
帮助伪造证据罪	1	163	0.61%

其中，非法吸收公众存款罪28例、合同诈骗罪23例、职务侵占罪20例、集资诈骗罪、诈骗罪各13例、行贿罪、挪用资金罪各9例，非国家工作人员受贿罪4例。非法经营、敲诈勒索、生产、销售伪劣产品、单位

行贿、盗窃、组织、领导黑社会性质组织罪、故意伤害、开设赌场罪各 3 例。

对非国家工作人员行贿罪、妨害作证罪、非法拘禁罪、故意杀人罪、拒不支付劳动报酬罪、内部交易罪、骗取贷款罪、骗取票据承兑罪、破坏计算机信息系统罪、伪造公司、企业、事业单位印章罪、重大劳动安全事故罪各 2 例。

抽逃出资罪、出售公民个人信息罪、非法持有弹药罪、非法处置查封的财产罪、非法控制计算机信息系统程序、工具罪、非法买卖、持有枪支、故意毁坏财物罪、假冒注册商标罪、开增值税专用发票、抵扣税款发票罪、滥伐林木罪、利用未公开信息罪、骗取出口退税罪、强迫交易罪、侵犯著作权罪、生产、销售有毒、有害食品罪、逃税罪、伪造国家机关公文、印章罪、伪造金融票证罪、伪证罪、洗钱罪、向国家工作人员行贿、销售假药罪、信用卡诈骗罪、虚开增值税专用发票罪、寻衅滋事、掩饰隐瞒犯罪所得收益罪、隐匿会计凭证、会计账簿罪、重大责任事故罪、走私普通货物罪、帮助伪造证据罪各 1 例。

（二）企业家涉案的年终状态

通过追踪关注媒体对案件的持续报道，汇总了 2014 年度企业家涉案的年终状态情况。媒体在报道中多用纪委调查、有关部门调查、相关机构调查或者组织调查等，本报告中将立案前尚由有关组织调查的统称组织调查。立案侦查是指侦查机关已经立案但尚未移送起诉的，包括媒体在报道中使用的被采取强制措施、由公安机关或者检察机关立案侦查等环节。审理中未宣判则包括案件已经诉至法院，但尚未审结，包括处于一审、二审过程中尚未结案的案件。结案包括审理结案、检察机关调查不送审、侦查机关调查不移送以及组织调查结案未刑事立案的案件。

国企企业家共涉案 245 件，其年终状态分别为组织调查阶段 55 例，刑事立案侦查阶段 43 例，移送起诉 12 例，尚有 36 例在审理中，未宣判，结案 97 例，在逃 1 例，自杀 1 例（如图 1.12）。

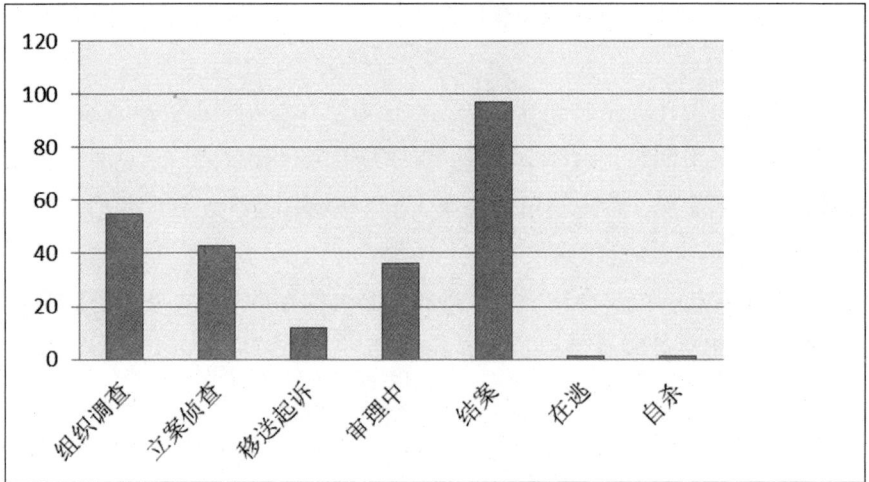

图1.12　国企企业家犯罪年终状态

　　民企企业家共涉案 181 件，其年终状态分别为组织调查 10 例，立案侦查 37 例，移送起诉 5 例，审理中未宣判 39 例，结案 84 例，其中包括审结结案以及结束调查，恢复职位结案 1 例，在逃 6 例（如图 1.13）。

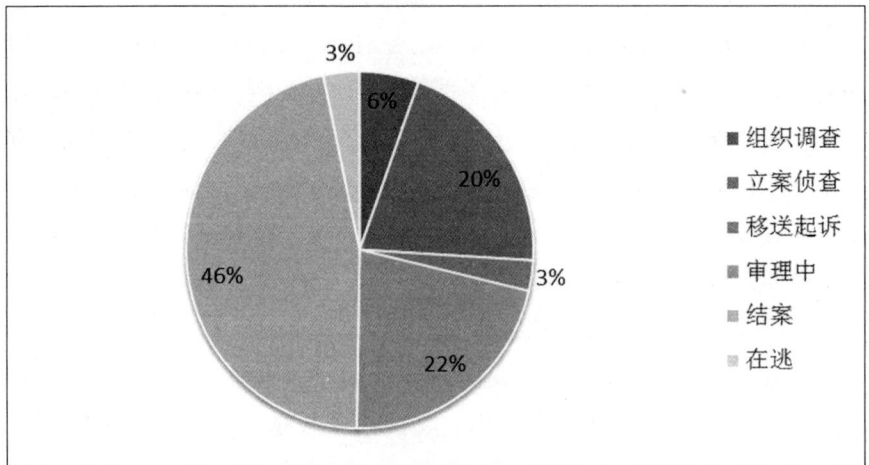

图1.13　民企企业家犯罪年终状态

从涉案企业家犯罪年终状态来看，尚有 55 例涉案国企企业家处于组织调查状态，占所有国企案件的 22%，而涉案民企企业家正在接收组织调查的仅 10 例，且均由于牵扯其他国家工作人员职务犯罪而被组织调查，即企业家因卷入官员腐败案而被调查。涉案民营企业家在逃人数 6 例，涉案国企企业家 1 例，相差较大。

（三）企业家犯罪人年终处罚状况

在 426 起企业家涉嫌犯罪案件中，案件审理完毕，有明确判罚结果的 180 起，共涉及 207 名企业家犯罪人。其中，有判处拘役、3 年以下有期徒刑的 31 例，在这 31 例中有 17 例适用缓刑，判处 3 年以上 5 年以下有期徒刑的案件 25 例，判处 5 年以上 10 年以下有期徒刑的案件 47 例，判处 10 年以上 15 年以下有期徒刑的案件 69 例，判处无期徒刑的案件 28 例，判处死刑的案件共计 7 例，其中 5 例缓期两年执行，2 例死刑立即执行（见表 1.5）。

表1.5

企业家犯罪人判刑情况	企业家犯罪人数	占比
3年以下有期徒刑或者拘役	31	15%
3–5年	25	12%
5–10年	47	23%
10年以上有期徒刑	69	33%
无期徒刑	28	14%
死刑	7	3%

财产刑适用方面，在 180 起有明确判罚结果的案件中，共有 37 例并处没收财产，36 例并处罚金，共计 73 例，财产刑适用占比 41%（如图 1.14）。

从本年度企业家犯罪刑罚适用分布情况来看，刑罚较去年偏重。本年度企业家犯罪涉及罪名重罪较多，其中受贿、贪污、非法吸收公众存款等罪名涉及案件绝对数量多，占比大，是本年度企业家犯罪刑罚适用趋重、10 年以上有期徒刑和无期徒刑使用率高的一个主要原因。

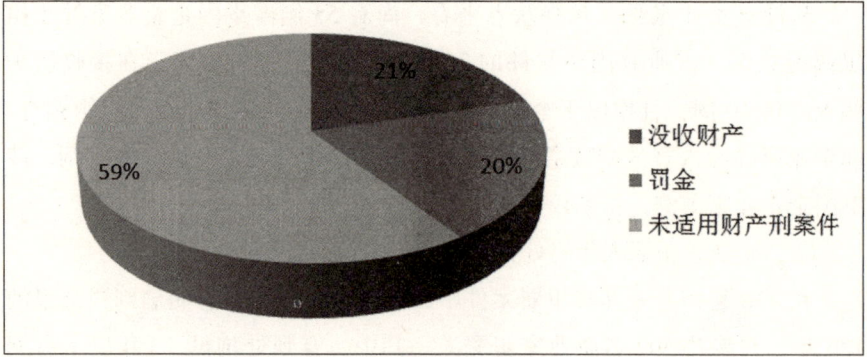

图1.14　财产刑适用情况

第二部分　2014年企业家犯罪五大特点

一、国企贪腐案件总数量以及占企业家犯罪案件比例再创新高

本年度曝光的国企企业家犯罪案件数量达到245件，是近六年来国企企业家犯罪数量之最，达到前五年国企企业家犯罪数量总和的74%。媒体曝光的国企企业家犯罪不仅绝对数量大，而且占本年度企业家犯罪的比例也有大幅度提高（见表2.1、图2.1）。

从本年度国企企业家犯罪统计案件看，国有企业腐败主要表现在以下几个方面：（1）在重大问题决策中腐败，造成国有资产流失。（2）将国有资产转移到自己或他人名下，谋取个人利益。在号称"广州史上最大贪腐案"的白云农工商系列腐败案中，原总经理张新华利用手中的职权为相关单位、个人提供帮助，并私自成立广田公司、新雨田公司，使用各种手段侵吞白云公司及其下属公司的房产、土地等国有资产2.8亿多元。（3）弄虚作假、渎职滥权，造成国有资产流失；最具代表意义的案例当属华润集团窝案。华润集团在收购山西金业的过程中，与利益集团瓜葛，用上百亿国有资产购回仅值50多亿人民币的资产，其中包括相当一部分的不良资产，最终造成巨额国有资产的流失。（4）利用职权为亲友经商提供便利和优惠条件，关联经营，谋取个人利益。在中石油系列腐败案中，一众涉案人员把企业当作自己的"家业"、把自身混同于"老板"，为亲友经商提供便利和优惠条件，严重违背国企领导人员廉洁从业规定，不仅造成国有资产的巨大损失，而且严重扰乱市场经济秩序。

长期以来，国有企业领导人位高权重，一手遮天，随意决策，滥用管理权，置国家和人民利益于不顾。然而，随着国家把打击腐败的战场扩大到国企、央企，大量的企业家犯罪案件浮出水面。对腐败犯罪"零容忍"的政策，将使国企、央企中的腐败无处可遁。

年度	受贿案件数	贪污案件数	挪用公款案件数	国企犯罪总案件数
2009	28	16	8	35
2010	30	15	4	64
2011	45	24	11	88
2012	39	24	8	85
2013	26	13	11	58
2014	121	51	30	245

表2.1　2009-2014年涉案国企中受贿、贪污、挪用公款数量情况

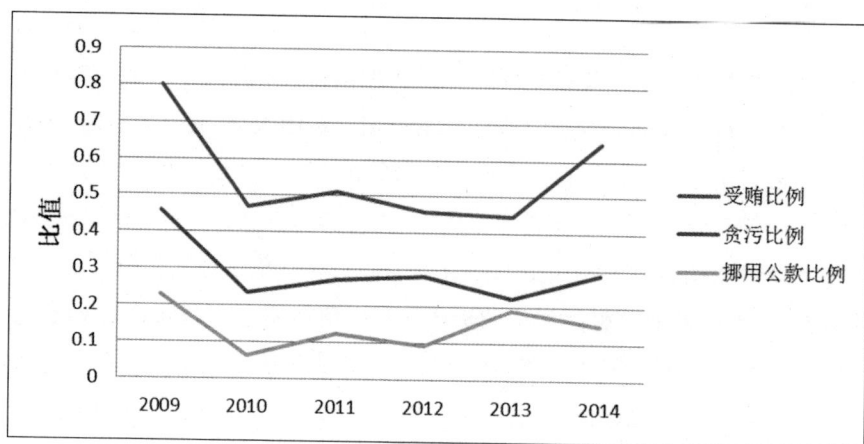

图2.1　2009-2014年涉案国企中受贿、贪污、挪用公款比例变化

二、金融领域企业家犯罪高发、频发

市场经济的发展需要完备的金融体制以及良好的法治环境与之相配套。当前，市场经济飞速发展，金融体制改革的进程已跟不上市场经济的增长速度。这种错位的金融发展模式必然会产生一系列的不适，一旦有外在因素影响，将会产生更大的波动。传统高利润行业行将结束暴利时代，

前期粗放式、大幅度的扩张造成投资短时期内难以收回，再加上银行抽逃资金，资金链断裂，民营企业家们将面临融资难题。在这种情形下，非法吸收存款、集资诈骗、贷款诈骗等一系列金融犯罪高发、频发。据报道，2014 年 1 至 11 月，上海各级检察机关依法提起公诉 40830 人。其中，对非法吸收公众存款、集资诈骗、利用未公开信息交易等金融领域犯罪共提起公诉 1892 人，同比上升 52%。

另一方面，金融市场本身即具有超前性、风险性、投机性等特点，市场在运作过程中缺乏强有力的宏观体制保障，金融无序现象时有发生，并越来越突出。金融领域中的腐败、渎职现象并不鲜见。甘肃省信托有限责任公司相关人员贪污受贿案则进一步说明了这个问题。收取回扣在信托业几成行规，普遍存在于提案、尽职调查、风险控制、产品设计、甚至打款等多个环节。这些回扣的名称可能有所不同，可以是"财务顾问费"、"渠道费"、"劳务"等多种外衣，但大多依仗手中对产品设立及资金支配的职权变现。因此，这些回扣因涉嫌商业贿赂，将面临法律的制裁。这些在信托高速发展期间默认的灰色路径，将面临被秋后算账的风险。

三、企业家犯罪行为呈现非典型化特征

法律进行立法是基于犯罪的典型行为而做的规定，然而，随着社会的发展，犯罪行为日益呈现出非典型化特征。近年，企业家犯罪手段愈加复杂化、隐秘化、高科技化，呈现出非典型化特征。企业家非典型性犯罪行为同样具有较强的社会危害性，又因其隐秘、复杂、不易查处，对社会的潜在破坏力更大。

在企业家受贿犯罪中，行为人"索而不取""收而不受""受而不收"的现象频繁发生，对于这些行为能否认定为犯罪，两高《关于办理受贿刑事案件适用法律若干问题的意见》对"以交易形式收受贿赂""收受干股""以开办公司等合作投资名义收受贿赂""以赌博形式收受贿赂"等做出解释；在新型组织、领导传销犯罪中，传销不再是传统意义上的要求你购买传品，几十人睡地铺，每天集中上课，并且控制人身自由，而是演变为以推销某种"理财产品"的方式诱骗被害人投资，这些所谓的"理财产

品"名目繁多，可能是"互助式理财""新型养老金"或者"新连锁经营模式"等"金融概念"；企业家非法吸收公众存款罪中，在 2014 年互联网融资平台 P2P 爆发性增长，成为民众理财的一种新型方式。然而一些不良 P2P 网贷平台常以高额收益吸引投资，投资人权益难以保障。盈灿咨询首席执行官、网贷之家首席研究官马骏在接受法治周末记者采访时表示，截止到 2014 年年底国内共有 1575 家 P2P 网贷平台，而光是倒闭或跑路的 P2P 平台就有 275 家，年底更是集中爆发期。

企业家的非典型性犯罪，往往是违法经济活动与合法经济活动交织，或者披上合法经营的外衣，具有迷惑性和隐蔽性。企业家犯罪案件不能及时查处，不仅给国家和人民的财产造成损失，而且严重破坏市场经济秩序。

四、企业家犯罪案件受社会政策、刑事政策影响较大

新闻媒体具有公众传播和舆论监督两方面的功能。社会政策、刑事政策的调整往往是新闻媒体关注的焦点。2014 年度最热的一个词语是"贪腐"，媒体关注打击贪腐的过程以及成绩，围绕"反贪腐"发布了大量的案例、消息。本年度的媒体案例中，涉及腐败犯罪的案件量大，从 245 起国企企业家犯罪案例来看，有 121 例涉嫌受贿、51 例贪污、30 例挪用公款、12 例滥用职权以及 3 例私分国有资产。

近年，刑罚适用的现状是社会对犯罪的宽容度不断增大，刑罚在适用中越来越趋于轻缓化。然而，从本年度企业家犯罪刑罚适用情况来看，较往年更为严厉。主要原因在于本年度涉案罪名中受贿、贪污等腐败案件多，对于这类犯罪，刑罚较为严厉，尤其是《刑法修正案九（草案）》完善贪污腐败犯罪的惩罚体系，加大对行贿犯罪的处罚力度。另外，社会对贪污、受贿等腐败犯罪宽容度并没有增大，腐败犯罪"零容忍"政策即是明证。最后，在国企企业家犯罪中，涉案金额往往较大，而贪污、受贿等贪腐犯罪以赃定罪量刑，使得本年度国企企业家腐败犯罪处罚整体较严厉。

五、政商勾结、群体腐败现象严重

2014年度的企业家犯罪案例中，一个突出的特点就是政商勾结、群体腐败现象严重，企业家因卷入官员腐败案，纷纷因被其他案件牵出而接受调查。最能说明上述特点的是"山西反腐系列案"中的邢利斌案件。在山西政、商两界人脉极广的煤业大亨邢利斌纵横官场、商场多年，与当地官员相互支持、利用，形成政商互动关系网，即官员竞选时找老板借款或由老板资助上位，即由老板资助官员买官；而老板遇到问题，由官员出面摆平。邢利斌案表现出的政商勾结、以权谋私、权钱交易等并非个案，而是一种潜在化的常态。

政商关系自古就是一个复杂而敏感的问题，在法治框架下的政商合作为社会创造了巨大的财富，而游走于法律制度之外的勾结无论对经济的发展还是社会管理制度的完善均极具破坏力。在市场经济迅猛发展，社会财富急剧增长的新形势下，政商勾结的危害也被赋予了新的含义。首先，政商勾结，给权力寻租创造客观便利，败坏政风。因而，对于政商勾结的腐败现象，常常遭到全社会的集体批判。其次，政商勾结严重破坏公平竞争的交易秩序。新的利益阶层的出现，打破了原有的调节市场经济的规则，使市场变得混乱无序并不时伴有野蛮、恶劣的竞争，吞噬已经取得发展成果。再次，政商勾结使财富固化，市场调节、分配资源的功能减弱，反而是游走于国家宏观调控和市场之外的"第三种力量"决定了经济发展的方向，造成市场自生机能的萎缩，这对于市场经济的发展来讲，具有致命的破坏性。

第三部分　企业家犯罪十大罪名和五大风险点

一、企业家犯罪十大罪名

1. 贿赂犯罪 143 例，占全部 426 起案例的 29%。其中受贿犯罪 125 例，行贿犯罪 18 例，成为 2014 年关注度最高、社会影响最大的企业家犯罪之一。受贿类犯罪是本年度企业家犯罪适用频率最高的罪名，也是国企企业家犯罪最常见的罪名。十八大以来国家坚持"零容忍"严惩腐败犯罪，国企特别是央企成为"主战场"，随着反腐力度不断加大，涉嫌受贿犯罪的国企高管们不断被调查，案件数量呈井喷式增长，不仅涉案人员众多，涉案高管的级别之高也是近几年之最。与受贿犯罪相对应的行贿犯罪，同样是本年度重要的风险罪名。随着国家对受贿犯罪的打击力度进一步加强，行贿犯罪将会成为一个值得关注的企业刑事法律风险点。

2. 侵吞资产类犯罪 80 例，占全部 426 起案例的 19%。其中(国企)贪污罪 51 例，(民企)职务侵占罪 26 例、(国企)私分国有资产罪 3 例。侵占资产类犯罪相较 2013 年度呈明显上升趋势，在国企企业家犯罪中亦有明显表现。在企业的生产、经营和管理过程中，严密、完善的财经制度缺位，为企业家侵吞窃取资产提供了客观可能。另一方面，企业家们的"职务行为"由于缺少必要的监督，是造成企业家利用"职务便利"侵吞资产的重要原因之一。

3. 挪用类犯罪 44 例。其中(国企)挪用公款罪 30 例，(民企)挪用资金罪 14 例。挪用类犯罪占比较 2013 年度有所增长。无论是挪用公款还是挪用资金，企业家都是利用其职务行为实施的，侵犯单位资金的使用权的行为。不仅扰乱单位对资金的正常使用和管理秩序，而且严重侵犯企业的财务管理制度，使企业面临资金使用上的风险或实际损失。

4. 欺诈类犯罪 40 例(不含集资诈骗罪)。其中，诈骗罪 18 例，合同诈骗罪 26 例、骗取贷款罪 2 例、贷款诈骗罪 1 例、票据诈骗罪 1 例、信用卡诈骗罪 1 例。再加上 16 例集资诈骗犯罪，共同构成了企业家犯罪最为常见的类型。欺诈类犯罪是本年度企业家犯罪媒体案例中发案率最高的经济犯罪类型。企业家在追逐经济利益时会比较行为的成本与收益，如果收益高于成本，企业家就会选择追逐利益，甚至铤而走险，通过欺诈的方式追逐利益，而如果欺诈犯罪的成本高于所取得的利益，企业家将无利可图，欺诈类犯罪尤其是合同诈骗犯罪会相应的减少。对于企业家而言，实施欺诈类犯罪成本低是该类犯罪多发、频发的原因之一。

5. 融资类犯罪 37 例，占全部 426 起案例的 9%。其中非法吸收公众存款罪 21 例，集资诈骗罪 16 例。非法集资类犯罪同样是本年度关注度最高、社会影响最大的企业家犯罪之一。随着能源、房地产等企业逐步告别暴利时代，大幅度、盲目扩张的后遗症也随之而来。银行抽离贷款，融资渠道不畅，企业面临资金链断裂的严峻形势，大范围的企业持续性增长乏力，将融资的渠道转向民间。然而，资金链一旦断裂，企业家将面临非法吸收公众存款罪或集资诈骗罪的惩罚，一些企业家不堪重压，选择"跑路"来逃避责任。

6. 渎职类犯罪 14 例。其中滥用职权罪 12 例，国有公司人员滥用职权罪 2 例。2013 年两高联合发布《关于办理渎职刑事案件适用若干法律问题的解释（一）》，首次明确渎职罪主体涵盖依法或者受委托行使国家行政管理职权的公司、企业、事业单位的工作人员。国有企业的特殊性质，决定了在当下中国的国企耦合了计划经济、资源掌控、行政垄断以及意识形态等多重元素。国企能够在权力与市场之间自由穿梭，为国企高管腐败渎职埋下祸根。渎职犯罪最为显明的特质是渎职行为与贪污贿赂相伴随，随着国家严厉打击贪腐犯罪，对腐败犯罪实施"零容忍"的政策，贪污贿赂犯罪案件井喷的同时，也必然附带出大量的渎职类犯罪案件。

7. 不正当交易犯罪 11 例。其中敲诈勒索罪 6 例、强迫交易罪 3 例、内幕交易罪 4 例。公平交易是市场机制发挥作用的最基本表现形式，也是国家规制竞争活动的指导思想。我国市场经济体制发展的不成熟不仅催生公权力的腐败，同时也造成一些市场主体依托其排他性优势地位扰乱市场秩序，其中就包括一些涉黑经济体、传媒经济体等敲诈勒索、强迫交易或者利用内幕信息不正当交易等犯罪。这些披着合法外衣的不正当交易"潜规则"，实则是市场体制的毒瘤，对市场经济发展的潜在威胁不亚于腐败犯罪。

8. 制假售假类犯罪 7 例。其中生产销售有毒有害食品罪 1 例、生产销售假药罪 1 例、生产、销售伪劣产品 3 例、假冒注册商标罪 2 例。媒体对本年度的制假售假类犯罪关注度较去年有所下降，倾向于关注重特大案件。其中，食品药品安全领域仍是社会关注的焦点。食品药品安全是最基本的民生问题，关系到千千万万人民群众的切身利益，上海福喜集团食品安全事件则进一步说明了政府管控食品安全过程中存在的制度疏漏。另外，对制假售假类犯罪惩罚力度小，这些制假售假者在高回报率的利益驱动下，倾向于选择犯罪以获取高额理论。完善对制假售假者尤其是食品安全领域的制假售假者的惩罚体系将是必然趋势。企业严格依法生产、经营，并逐步从粗放型、扩张型向集约型、创新型企业转变，是规制制假售假类犯罪的必由之路。

9. 伪造证件、印章类犯罪 7 例。其中伪造企业、事业单位印章罪 3 例、伪造公司印章 2 例、伪造国家机关证件罪和伪造国家机关公文、印章罪各 1 例。近年来，伪造证件、印章类犯罪逐年上升。在利益的驱使下，行为人伪造证件、印章类犯罪通常是为了实施其他经济犯罪，以谋取不正当的经济利益。因此，伪造证件、印章类犯罪容易引发其他犯罪，并严重危害经济秩序，这也是诈骗类犯罪高发的同时，伪造证件、印章类犯罪案发量也会随之上升的原因。虽然伪造证件、印章类犯罪严重扰乱社会管理秩序，但因其具有极大的欺骗性和隐蔽性，给案件的查处带来困难。

10. 事故类犯罪 4 例。其中重大劳动安全事故罪 2 例，重大责任事故罪 2 例。在企业家犯罪中，事故类犯罪主要发生在生产环节，凸显安全生产的重要性。2013 年最高检下发《关于充分发挥检察职能作用依法保障和促进安全生产的通知》，严惩危害生产安全犯罪。然而，在实践中，仍然有些企业非法、违法生产，在发现安全隐患后不排除，而是让工作人员在无基本劳动安全保障下工作，从而酿成重大安全生产事故。严惩安全事故类犯罪，预防安全事故的发生，同样需要严惩事故背后的失职渎职及权钱交易等腐败行为。

二、企业家犯罪五大风险点

1.企业融资

企业融资是企业家犯罪的一大风险环节。民营企业存在较大的融资困难，统计数据显示，围绕该环节产生的犯罪主要表现为非法吸收公众存款、集资诈骗、贷款诈骗以及骗取贷款犯罪等罪名以及民营企业家为获取贷款等资金支持、扩宽融资渠道而对银行管理者、资本控制着进行的行贿罪、受贿罪等"寻租"类犯罪行为。作为企业家犯罪的一大风险点，企业融资问题同时折射出两个隐患因素：第一，民营企业、中小企业抵御风险能力较差，并普遍存在融资困难。国家金融政策的变化，对企业生产经营、市场环境和融资形势会产生较大影响，中小企业如果不能根据国家经济金融政策的变化做出敏锐的反应和及时调整，将会带来较大的融资风险；而国家经济制度的安排、宏微观经济环境的变化，行业竞争态势的加剧，也将影响企业经营并作用到资金链上，而中小企业又天然的在获取资金等方面存在劣势，这些都加剧企业经营风险和企业家犯罪风险。第二，目前我国经济领域，股市长期持续低迷、房地产市场受到国家调控制约，而银行存款负利率以及隐性的通货膨胀因素等的存在，导致社会闲散资本缺少保值、增值的有效途径，大量的闲置资本的升值需求与中小企业的融资行为相互吸引、相互共生，企业融资行为在缺少有效的监督管理下是产生犯罪的重大隐患。

2.财务管理

财务管理环节的企业家犯罪在国有企业和民营企业都较多发生。该环节的犯罪活动因涉及主体的不同表现为贪污罪、职务侵占罪、挪用公款罪与挪用资金罪等，此外还有关涉企业财务管理凭据的各类票据相关犯罪。财务管理环节作为企业家犯罪的主要风险点，表现出问题在于：第一，民营企业等中小企业的财务管理制度不完善，导致内部财务关系混乱，作为财务管理中的重要防范环节的会计制度缺失或者工作薄弱，日常财务管理中以白条抵现金、提前确认企业收入、粉饰报表等现象较多存在，出现虚列成本，扩大费用开支，出现"账外账"；固定资产出售、清理收入以及租赁收入没有按规定纳入账内核算，形成"小金库"引发贪污犯罪以及未按规定比例进行分红或擅自提高职工股金分红比例等犯罪隐患的存在。第二，企业财务管理部门与企业决策领导层缺少有效沟通，财务管理制度作为对财务监督的机制作用无法体现。企业中由于财务管理人员作为受决策层管理的员工，在缺少民主沟通机制的前提下，财务环节实际意义的"管理"是不存在的，企业领导人员一人独断的局面是犯罪发生的重大隐患。此外，各类票据作为企业财务管理的重要手段与凭证，能够反映企业财务收支情况，是会计核算、审计检查等原始依据，影响企业财务管理有效开展。统计显示，假票据或者票据管理的混乱加剧了贪污侵占等犯罪的风险。

3. 安全生产

统计显示，安全生产领域的企业家犯罪所占绝对数目并不大，但是由于安全生产事故一旦发生，将给人民群众的生命、财产安全带来巨大的危害，因此该领域的企业家犯罪风险也不容忽视。目前，我国仍然处于生产安全事故易发、多发的高峰期，相关部门应加大对存在安全生产隐患企业的监督查处力度，要严格执行重特大安全生产事故责任追究制度，严厉打击无视法律、无视监管、无视生命安全的违法犯罪行为，发挥政府各有关部门、公检法和纪检监察机关的作用，建立政府统一领导、部门联合执法工作机制，惩治安全生产领域的失职、渎职和官商勾结、权钱交易等腐败行为，将各个领域安全生产违法违纪问题纳入反腐败工作范围。由于自身经营实力的因素，安全生产肇事企业多为民营企业，而那些不具备安全生产条件的企业之所以能够长期存在并非法生产、超能力、超定额生产与暗藏在企业背后的少数国家机关工作人员失职、渎职、滥用职权、索贿、受贿犯罪密不可分。另外，为维护其违法经营局面，安全生产肇事企业的背后也往往伴生有黑社会犯罪隐患的存在。

4. 工程发包承揽

工程发包承揽环节的犯罪中"寻租、出租"型犯罪占据多数。统计发现，该环节中民营企业多为发包方，由于市场经济力较弱，为获得市场竞争优势地位、获取经营机会，无序竞争，向行政主管部门、发包方行贿犯罪。该环节中常见的违法犯罪形式表现为明显的行贿受贿的对合犯罪：发包单位利用项目发包的职务之便，索取和收受意欲承包的施工单位给予的回扣、贿赂；承包单位负责项目管理人员为承揽工程项目，获取自身利益，以各种名义向发包单位管理人员提供回扣、贿赂及其他各种好处。此外，承包单位将承包的工程项目再次转包给他人，或将工程项目肢解后分包若干个"关系"单位，从中收受次级贿赂；发包方指定施工单位，令承包方将工程再次转包给被指定方，从而收受被指定方的贿赂；负责工程项目管理人员，故意提高工程项目造价发包分包，然后从承包方套取提价部分的差额，进行贪污；承包方为负责发包人员提供免费装潢住宅、入股分红等其他形式的贿赂等等。而由于行贿、受贿因素的存在，工程发包环节也为工程质量、施工安全等环节埋下危害风险。

5. 产品质量

涉及产品质量领域的犯罪案件主要集中在危害食品、药品安全类犯罪上。食品、药品安全事关人民群众生命安全和身心健康，党和国家对此高度重视。统计显示，食品、药品领域安全问题越来越突出，不仅案发率高，社会影响面也越来越广，甚至一些跨国企业也参与其中。危害食品药品安全犯罪活动的多发固然与近年来国家加大对该领域打击力度有关。但该领域企业家犯罪的内在风险主要来自于以下两个方面：其一，犯罪企业一味追逐企业利润，无视行业规定、法律规范，无视人民群众生命财产安全，丧失企业伦理；其二，危害食品、药品安全企业犯罪的背后往往伴随着相关行政监管部门和工作人员的滥用职权、玩忽职守等渎职犯罪的存在或者相关管理人员的"寻租"。

第四部分　2014年度十大经典案例

一、十大国企企业家犯罪案例

1. 华润集团宋林等涉嫌贪腐案

案情摘要：2014年4月17日晚，中央纪委监察部官方网站公布，华润集团董事长、党委书记宋林涉嫌严重违纪违法，目前正接受组织调查。自宋林于4月被中央纪委调查后，这家在港央企的管理层处于持续动荡中。香港中旅（集团）有限公司副董事长、总经理、党委副书记王帅廷涉嫌在华润集团工作期间严重违纪违法接受调查。华润集团原审计总监黄道国（集团副总级别）因涉嫌非法获取国家秘密罪。2014年9月21日华润电力公告，公司执行董事兼总裁王玉军因涉嫌受贿及贪污，被江苏省镇江市人民检察院刑事拘留。王玉军已是华润集团今年以来第七位被调查的高管。华润集团副总经理、华润金融董事长蒋伟遭检方协查，另有华润金融多人亦被要求协助调查。至此，已有至少八名华润集团级高管卷入窝案。

华润集团窝案，与2010年同山西金业集团的收购案中的渎职行为有关。2010年，陷入困境的金业集团与华润电力商洽出售资产。同年2月9日，华润电力携旗下山西华润联盛能源投资有限公司和金业集团签订《企业重组合作主协议》，约定华润联盛、中信信托、金业集团以49%、31%、20%的比例出资，成立太原华润煤业有限公司；并以太原华润为重组平台，收购金业集团的资产包。2010年5月31日，太原华润与金业集团签订了资产转让协议。这一资产收购被多方质疑。该资产包由金业集团旗下10个实体组成，包括三个可采储量达2.55亿吨的煤矿、两家焦化厂、一家洗煤厂、一家煤矸石发电厂、一家运输公司、一个铁路发运站和一家化工厂。事件曝光后，统计以上各笔资产账务，金业集团资产包权益整体作价约103亿元。此前，2009年9月，前买主同煤集团与金业集团达成的这部分资产估价约为52亿元。华润电力收购的金业集团资产大多处于"摺荒"状态，有的煤矿竟然沦为放羊场；焦化厂也一直处于停产、半停产状态。更令人质疑的是，金业集团诸多煤矿证件已过期，却在收购时顺利过关。

入选理由：华润集团是国资委监管的 53 家副部级央企之一，该集团横跨七大业务板块，掌控 11 家上市公司，总市值近 5000 亿元。集团在快消领域扎根颇深，可以算得上是普通百姓日常生活中最为熟悉的企业。华润电力在香港上市公司中最具实力，业务涉及火电、煤炭、风电、水电、分布式能源、核电、光伏发电等领域。该企业掌控的资源多，企业经济效益好。领导层权力独大，监管监督不到位，易于产生腐败犯罪。华润集团在与山西金业签订资产收购协议时存在严重渎职行为，造成巨额国有资产流失的后果只是冰山一角。而华润窝案也进一步折射了国企的社会定位亟待明确，需进一步强化对国企的社会监督，破除国企领导层之间的利益链条，建立领导层责任机制等深层次的问题。

2. 中石油李华林、冉新权等腐败案

案情摘要：2014 年，随着中石油不少高官的纷纷落马，中石油腐败窝案一直在持续发酵，已有多名石油系统高官及关联人员相继被调查。2013年 3 月 20 日，中石油旗下运营商昆仑天然气利用有限公司总经理陶玉春，因公司财务等多方面原因，被有关部门控制调查，拉开中石油案序幕。随之而来，中石油高管层持续动荡，包括中石油副总经理兼大庆油田有限责任公司总经理王永春、中石油副总经理李华林、中石油副总裁兼长庆油田分公司总经理冉新权、中石油总地质师兼勘探开发研究院院长王道富等多人涉嫌严重违纪被调查。2013 年 9 月 1 日，国务院国资委主任、中石油原董事长蒋洁敏涉嫌严重违纪，接受组织调查。2014 年 1 月 13 日晚间，中石油总会计师温青山及其妻子被有关部门带走调查。2014 年 10 月，中石油集团党组成员、纪检组长王立新于十一假期前被相关部门带走调查。2014 年 12 月 3 日，中石化石油工程技术服务公司副董事长、总经理、党委副书记薛万东接受组织调查。

入选理由：2013 年度中石油反腐案正式进入公众视野，纵观 2014 年的众多反腐案，耗时最长、牵涉人数最多的中石油系列腐败案依然最为瞩目，企业领导骨干被"连锅端"。涉案高级别官员众多，包括四川省副省长郭永祥、海南省副省长冀文林等在内的一众官员；另外，该案涉案关联企业众多，包括四川明星电缆、惠生工程等在内的多家企业，成为输送利益的工具。"中石油腐败系列案"作为十八大以来"打虎拍蝇"的成果之一，显示出国家对国企腐败"零容忍"的态度和决心，即对任何违纪违法行为始终保持零容忍，无论涉及谁，坚决查处，绝不手软。

3. 21世纪报系总裁沈颢等人涉嫌敲诈勒索、强迫交易案

案情摘要：11月20日，21世纪报系总裁沈颢等几名犯罪嫌疑人被上海检方批捕，罪名涉及强迫交易、敲诈勒索犯罪及多宗个人犯罪。警方指沈颢要求下属媒体利用负面报道和"有偿不闻"，迫使近百家公司"合作"，收取"保护费"，涉嫌勒索资金2亿余元。沈颢等人利用职务牟利，涉案金额200余万元。21世纪经济报道、21世纪网、理财周报利用其在财经界的广泛影响力，与上海润言、深圳鑫麒麟等公关公司相勾结，指使下属媒体记者通过各种途径主动挖掘、采编上市公司、拟上市公司的负面信息，并利用上市公司、拟上市公司对股价下跌、上市受阻以及相关产业公司商誉受损的恐惧心理，以发布负面报道为要挟，迫使上市公司、拟上市公司与其签订合作协议，收取"保护费"。

入选理由："无论是利用负面新闻还是利用有偿沉默谋取经济利益，都是对媒体社会公器的玷污，是一种犯罪行为。"在沈灏执掌21世纪报系期间，通过犯罪行为牟利成为最重要的盈利模式。为了最大限度维护"合作"公司利益，沈颢主动协调下属3家媒体对"合作"公司的报道事宜，并对相关负面报道最终决定进行删稿或报道。媒体对市场经济发展的监督作用巨大，然而沈灏等人利用其优势地位非法牟利，不仅违背媒体人的职业道德，而且严重违背公平竞争原则，极大地扰乱了市场经济秩序。

4. 内蒙古金融行业高管杨成林、武文元、王振坤等因涉嫌犯罪接连案发

案情摘要：比较东部经济发达地区，经济上属于西部的内蒙古自治区金融行业无论规模与体量都不算大。作为内蒙古银行界的"元老级"人物，内蒙古银行原党委书记、董事长杨成林（正厅级）胆识与魄力被业界称赞，

将呼和浩特市商业银行成功升级为内蒙古银行，他功不可没，2014 年 7 月
8 日，内蒙古自治区人民检察院经审查决定依法对其以涉嫌受贿罪决定逮
捕；9 月 10 日，内蒙古自治区农村信用联合社主任、党委副书记武文元（正
厅级）和内蒙古金融投资集团党委书记、董事长王振坤也涉嫌严重违纪违
法接受组织调查；10 月 28 日，内蒙古自治区人民检察院经审查决定，依
法对内蒙古银行原党委书记、董事长姚永平（副厅级）涉嫌受贿罪、违法
发放贷款罪决定逮捕。

入选理由：几起金融行业高管贪腐案件，因集中爆发于金融行业本不
发达的西部地区内蒙古自治区，让本案更加令人深思。较之中东部经济发
达地区，西部地区的市场经济体系发育更趋滞后、法制不健全问题也更加
严重，相关监督机制的缺失更加凸显管理人员权力的膨胀，接连的案发印
证了中国金融一大的风险是来自于金融业内部的贪腐这一说法。

5. 甘肃省信托有限责任公司邵禹斌等涉嫌受贿案

案情摘要：2014 年 4 月 14 日，兰州市城关区检察院以涉嫌贪污罪、受
贿罪，对甘肃省信托有限责任公司深圳财富管理中心经理陈德萍、北京财
富管理中心经理周刚、上海财富管理中心经理杨栓军、兰州财富管理中心
经理吴穷等 17 人立案侦查。2014 年 4 月 30 日，甘肃信托副董事长邵禹斌
因涉嫌受贿罪被兰州市城关区检察院批准逮捕。

入选理由：对甘肃信托而言，这将是成立 34 年以来最大的一次危机。
随着信托行业进入拐点，信托行业诸多潜规则也将随着频发的兑付危机逐
渐浮出水面。收取回扣在信托业几成行规，普遍存在于提案、尽职调查、
风险控制、产品设计、甚至打款等多个环节。这些回扣的名称可能有所不
同，可以是"财务顾问费"、"渠道费"、"劳务"等多种外衣，但大多依仗
手中对产品设立及资金支配的职权变现。相当部分的回扣甚至在合同中直
接被划拨。其操作路径大多是由第三方以"财务顾问费"的形式收取，经
过多年的演变，扮演第三方角色的已从原来的金融机构，逐渐降低门槛发
展到资产管理公司、顾问公司等各式主体。"财务顾问费"等回扣，很可
能涉嫌商业贿赂，如果数额大、情节严重，涉案人将会面临法律的制裁。
这些在信托高速发展期间默认的灰色路径，将面临被秋后算账的风险。

6. 戴晓明受贿、国有公司人员滥用职权案

案情摘要：成都市检察院向成都市中级人民法院提起公诉的被告人戴晓明受贿、国有公司人员滥用职权罪一案于 2014 年 5 月 19 日宣判，被告人戴晓明犯受贿罪、国有公司人员滥用职权罪，决定执行无期徒刑，剥夺政治权利终身。法院判决书认定，2000 年至 2012 年，被告人戴晓明在先后担任成都市青白江区人民政府区长、中共成都市青白江区委书记和成都市经济委员会主任、成都工业投资集团有限公司董事长期间，利用职务便利，为他人在承揽工程、征地、办理土地证和企业贷款担保、取得委托贷款以及投资入股等方面谋取利益，索取和非法收受他人现金、购物卡、代付的房租，共计折合人民币 1400 余万元。2010 年 12 月，被告人戴晓明违反规定、滥用职权、擅自决定增资扩股，造成公司损失 3 亿余元。

入选理由：受贿类犯罪与渎职犯罪常常相伴而生。在本案中，被告人戴晓明共收受贿赂 1400 万元，除了侵犯国家工作人员职务行为的廉洁性，其更大的危害还在于因受贿而引发的滥用职权行为，给国家的财产等所造成的损失，扰乱国企的正常管理秩序。本案中戴晓明利用职务之便，擅自决定增资扩股，造成公司损失 3 亿元，社会危害极大。

7. 河南省粮油工业总公司原总经理夏富恩受贿案

案情摘要：夏富恩，1998 年 8 月至 2003 年 3 月任河南省粮油工业总公司总经理、河南省粮工粮食储备库主任，2003 年 3 月至 2007 年 10 月任河南金鼎粮食集团总经理、党委副书记。在任职期间，夏富恩利用职务上的便利，非法占有公共财物 235.1 万元、收受他人财物 75.495 万元，并用部分赃款在山东日照购买海景房和门面房。2014 年 4 月，三门峡市中级人民法院以贪污罪、受贿罪判处夏富恩有期徒刑十六年，没收涉案赃款 170.595 万元，并上缴国库。

入选理由：粮食安全不仅关系到国民经济的发展，而且关系到社会稳定以及国家安全的保障，是关系国计民生的重大战略问题。当前，受制于资源环境的约束，再加上粮食生产、流通等环节的成本增加，我国粮食供求总体上处于紧平衡状态，粮食安全存在隐患，我国的粮食安全形势依然严峻。

　　在本案中，作为粮油工业总公司的总经理、粮食储备库主任，夏福恩并未充分认识到确保粮食安全的极端重要性和复杂性，而是利用职务之便，窃取民脂民膏，将保障民生的重要任务置之脑后。2014 年 12 月，国务院印发《关于建立健全粮食安全省长责任制的若干意见》明确指出建立健全粮食安全责任长效机制，维护国家粮食安全，具体措施：要深化国有粮食企业改革，促进粮食产业健康发展；完善区域粮食市场调控机制，维护粮食市场稳定；健全粮食质量安全保障体系，落实监管责任；大力推进节粮减损，引导城乡居民健康消费。

　　8. 广州白云农工商张新华腐败案

　　案情摘要：2014 年 12 月 10 日，被称为"广州史上最大贪腐案"的白云农工商系列腐败案在广州市中级人民法院一审宣判。广州白云农工商联合公司原总经理张新华，因犯受贿罪、贪污罪、非国家工作人员受贿罪，涉案金额高达近 4 亿元之巨，被法院判处死刑。

　　1998 年 6 月至 2013 年 5 月，作为国家工作人员的张新华，在白云公司及其下属公司转让国有土地使用权和合作开发房产项目中，为相关单位、个人提供帮助，收受贿款共计 5680 万元人民币和 730 万港元。2003 年后，张新华未经上级同意，私自成立广田公司、新雨田公司，陆续通过虚设债务、低估资产、主动诉讼及和解、以物抵债等方式无偿取得白云公司及其下属公司的房产、地块，进而通过出租、转让获取利润，还通过股东集资方式，继续侵吞白云公司及其下属公司的房产、土地。根据评估，张新华侵吞国有资产 2.8 亿多元。

　　此外，2010 年至 2011 年，张新华还利用控制广田公司、新雨田公司的职务便利，为江门一家公司受让广田公司的债权及相关地块提供帮助，收受"好处费"超过 3529 万港元和 450 万元人民币。"白云农工商经营不善，欠下很多债务，但拥有很多土地，张新华意识到土地升值的好处，便借此大做文章。"办案人员介绍，白云农工商公司的历史用地有不少权属复杂、手续不全，有的甚至没有红线图，张新华利用这一点逼开发商就范。据专业机构评估，本案中被张新华违规处理的土地面积多达 110 万平方米，相当于 154 个标准足球场那么大，建筑面积约 55 万平方米，可追回的涉案资产市值近 50 亿元。

入选理由：张新华等人借改制卖地侵吞 50 亿，贪污、受贿金额达 4 亿人民币之巨，给国家和人民利益造成极其重大损失，张新华的严重贪腐行为最终领受了法律最严厉的惩罚——死刑。打击国企中的贪腐，社会对那些经济效益好的企业往往关注较多，而对那些被边缘化的负债企业产生监管盲点。本案中，对白云农工商这种"名不见经传"负债困难的公司关注度较小，使其边缘化成为监管盲点，终酿成"广州史上最大贪腐案"。与此同时，国企"一把手"一手遮天，极易架空民主监督。缺少监督的权力更易于滥权，本案中被告人张新华一手遮天，疯狂贪污、受贿，大肆敛财，最终被处以极刑。

9. 马超群涉嫌受贿、贪污、挪用公款案

案情摘要：河北省纪委通报了秦皇岛市城市管理局原副调研员、北戴河供水总公司原总经理马超群涉嫌受贿、贪污、挪用公款案，办案人员在其家中搜出现金 1.2 亿元、黄金 37 公斤、房产手续 68 套。这一"小官巨腐"案迅速引起社会广泛关注。据新华社报道，马超群因向酒店索贿数百万元，被对方录音后举报而落马。《法制晚报》记者在秦皇岛市采访获悉，马家共有 7 人涉案。68 套房中有 7 套在北京二环。法晚记者了解到，1.2 亿现金和黄金曾长期被藏在马超群母亲家的衣帽间内，装了 40 多个箱子，部分现金已长毛。马超群"出事"当晚，马母曾转移这些财产。目前，该案仍在继续调查中。

入选理由：打击贪污腐败，坚持"零容忍"，即不管多大的官，身处何要职，也不论官位如何基层，只要存在贪腐，均应一律严惩。本案中马超群作为北戴河供水公司原总经理，一名处级干部，在级别如此之低的岗位居然也能养出一只如此之肥的"硕鼠"，上演了一出"小官巨腐"的年度大戏，劲博人眼球，一时间舆论哗然，再次刷新了人们对贪腐的新认知。基层权力过于集中，而又缺乏有效的监督监察，是基层权力腐败现象丛生的主要原因。

10. 安徽军工集团黄小虎贪污、受贿、行贿、职务侵占案

案情摘要：现年 51 岁的黄小虎，历任蚌埠市外经贸委主任、滁州卷

烟厂厂长、蚌埠卷烟厂厂长、安徽中烟工业公司副总经理、安徽军工集团董事长等职。2014年5月29日，淮南市中级人民法院一审开庭审理被告人黄小虎涉嫌贪污、受贿、行贿、职务侵占案。12月26日，淮南市中级人民法院对安徽军工集团控股有限公司原董事长黄小虎犯罪一案作出一审判决，认定黄小虎犯贪污罪、受贿罪、行贿罪、职务侵占罪，数罪并罚，决定执行有期徒刑19年，并处没收个人财产人民币215万元。同案其他被告人余斌、姚发征、赵林也被分别判处不同刑期的刑罚。黄小虎身为国家工作人员，利用担任原蚌埠市对外经济贸易委员会主任、滁州卷烟厂厂长的职务之便，伙同他人侵吞公共财物960.1万元，其行为已构成贪污罪；黄小虎身为国家工作人员，利用担任原滁州卷烟厂厂长的职务之便，索取、收受他人贿赂205.5万元，为他人谋取利益，其行为已构成受贿罪；其中索贿150万元，应从重处罚；为谋取不正当利益，黄小虎给予国家工作人员财物450万元，在经济往来中，违反国家规定，给予国家工作人员财物港币1133.9万元，其行为构成行贿罪，且情节特别严重。

入选理由：安徽军工集团控股有限公司是安徽省人民政府批准设立的大型国有军工企业集团，于2000年11月正式挂牌成立，所属10家子公司，5家省级技术中心。该案是继中石油腐败窝案、中移动腐败窝案、华润集团窝案等国企贪腐案件后发生的又一起国企腐败大案。国企的垄断性地位，极易引发腐败，在缺乏制度制约的情形下，寻租机会必然演变成寻租现实，避免企业成为利益输送的工具，造成国有资产流失。当前是国有企业改革推进的关键时期。党的十八届三中全会提出积极发展混合所有制经济，推动国有企业完善现代企业制度，在这一过程中，铲除对改革不利的腐败因素至关重要。本案中，黄小虎作为军工集团的企业负责人，利用其职务行为大肆腐败。国家惩治腐败犯罪的范围进一步扩大，已扩至军工集团，凸显出惩治腐败犯罪"零容忍"的决心和态度。

二、十大民企企业家犯罪案例

1. 昆山"8·2"特大爆炸案——董事长吴基滔、总经理林伯昌、经理吴升宪涉嫌重大劳动安全事故罪

2014年8月2日7时35分许，江苏省昆山市中荣金属制品有限公司（台商独资企业，以下简称中荣公司）汽车轮毂抛光车间发生特大爆炸，造成75人死亡，180多人受伤。事故发生后该企业相关负责人被控制协助调查。经事故调查组初步调查认定，该事故是因涉事企业问题和隐患长期没有解决，粉尘浓度超标，遇到火源发生爆炸，是一起重大责任事故。7日，昆山市公安局以涉嫌重大劳动安全事故罪，正式对该企业董事长吴基滔、总经理林伯昌、经理吴升宪刑事拘留，案件正在进一步侦查中。事故发生后，最高人民检察院第一时间派员赶赴事故现场，直接组织查办，成立了由最高检和江苏省三级检察机关组成的检察专案调查组，严肃查办事故背后的职务犯罪行为。自8月23日以来，检察机关在事故调查中已先后对15名国家机关工作人员以涉嫌玩忽职守犯罪立案侦查并采取强制措施。

入选理由：在企业的生产、经营中，安全生产是亘古不变的话题。昆山"8·2"特大爆炸案中人员伤亡惨重，给国家和人民造成极大的损失。落实安全生产，应当以预防为主，加强对企业安全生产的监管力度。在多数安全生产事故中，相当一部分企业存在着制度不落实，安全生产监管不到位的局面。对于企业家而言，重视经济效益，忽视企业在生产过程中的安全保障，将制度挂在墙上以应付检查，制度保障形同虚设。由于安全生产监管力度不够，使得一些企业家存有侥幸心理，对安全生产重视不够，认为企业不会出安全事故。昆山"8.2"特大爆炸案、青岛石油管道爆炸案的发生，接连不断发生的安全事故，时刻在警醒企业家和监管部门，安全工作责任重大，对待安全生产应当慎之又慎，绝不是小题大做。

2. 邢利斌案

案情摘要：2014年3月12日上午11时许，邢利斌被警方从太原武宿机场带走。邢利斌，1967年5月出生于山西省柳林县留誉镇，现任山西联盛能源有限公司董事局主席，是柳林县政协名誉副主席，山西省人大代表，同时也是2012年"7000万嫁女"的主角。由于此时正值联盛重整的关键时刻，随着邢利斌被带走，历时近4个月的山西最大煤炭民企重整案再度被打上了一个问号。

入选理由：从白手起家，到坐拥600亿元资产、执掌山西最大民营煤炭能源集团联盛集团，邢利斌长年低调行事，在政商两界人脉极广，纵横捭阖于煤炭市场，其公益形象和出手大方，曾给当地民众留下深刻印象。从巅峰到谷底，不过短短一两年。从 2012 年开始，在连涨近 10 年后，中国煤炭市场遭遇拐点，包括联盛在内过惯了好日子的煤企，一时还不适应捉襟见肘的境地。2013 年年底，资金链断裂的联盛，被迫踏上重整之路，引发震动。山西省的煤老板们，因煤而兴，也终因煤而身陷囹圄，这与我国能源行业传统粗放的发展模式不无关系。通过梳理邢利斌发家史，与政府和国企交好是一大特点，北大青鸟、华润集团，都是邢利斌辉煌时期的国企合作伙伴，另，邢利斌正是华润所涉金业集团资产包收购案的中间人。然而，这种传统的利益经营模式，带来巨额利润，取得高回报的同时，也带来前所未有的风险。看似牢不可破的利益共同体，面临国家反贪腐形势的日益严峻，显得异常脆弱、不堪一击。政府和国企相关人员人人自危，自保尚且不能，更无暇去救助一个濒危破产的民企。

3. 上海福喜集团案

案情摘要：上海东方卫视于 2014 年 7 月 21 日发布一条记者卧底视频，肉类供应商上海福喜食品有限公司通过过期食品回锅重做、更改保质期标印等手段加工过期劣质肉类，再将生产的麦乐鸡块、牛排、汉堡肉等售给麦当劳肯德基等诸多知名快餐连锁。

"上海福喜食品有限公司涉嫌使用过期原料生产加工食品事件"涉案公司高管胡骏等 6 人，因涉嫌生产、销售伪劣产品罪被上海市人民检察院第二分院依法批准逮捕。

入选理由：食品安全关系千家万户，然而近几年接二连三的食品安全事件令中国食品安全问题成为社会的焦点之一，更引发广泛舆论关注。上海福喜作为"世界上最大的肉类及蔬菜加工集团"美国福喜集团旗下的独资公司，曾获得多个部门和组织颁发的奖项，就在今年还被评为"嘉定新城（马陆镇）食品安全生产先进单位（A 级）"，不免有些讽刺意味。保证食品安全是食品生产经营者最基本的行为准则，上海福喜在生产中大量采用过期变质肉类原料，违法违规生产、销售食品，涉案企业多，社会影响面广，引起其他餐饮等企业连锁反应，造成非常恶劣的社会影响，情节非常严重，应当用刑法手段予以制裁。

4.广西柳州正菱集团廖荣纳涉嫌非法吸收公众存款案

2014 年 6 月 13 日广西柳州市官方晚间发布消息称，柳州正菱集团有限公司实质控股人廖荣纳夫妇涉嫌非法吸收公众存款犯罪，已逃至国外藏匿，已报请公安部协调国际刑警组织发布红色通报。2014 年 5 月柳州正菱集团被当地公安机关立案调查。公开资料显示，柳州正菱集团曾是广西"百强企业"之一，业务涉及汽车及零部件、建材、物流、房地产等多个领域。廖荣纳 2009 年登上胡润百富榜，为柳州唯一入围百富榜的民营企业家，被柳州当地人称为"柳州首富"。后当地警方在调查过程中发现其涉嫌非法吸收公众存款并通报。随后，多家媒体对该事件进行采访报道，称"正菱案"为"广西最大的非法集资案"，其非法吸储金额或超百亿元人民币。柳州正菱集团被当地警方立案调查后，廖荣纳及其子女均集体失联，旗下的大型工地均处停工状态。

入选理由：作为正菱集团的灵魂人物，公司董事长廖荣纳从养猪、跑运输开始，一手将正菱集团打造成为资产超百亿的集团公司，他本人也于 2009 年被"胡润榜"列为柳州首富。在企业经营中，战线被拉得过长，企业扩张太快，银行抽贷导致资金链断裂，廖荣纳的"民间借贷"涉嫌非法集资，上述几个因素合力把这家企业推到了最危险的边缘。此案有别于设立空壳公司集资诈骗，而是公司在经营中激进式发展，在大幅扩张过程中银行抽贷造成资金链严重断裂，并进而引发融资问题。当前，房地产市场风声鹤唳、库存高企，类似正菱集团开发的商业综合体类项目也已过剩。正菱集团的故事，虽然只是柳州的一个企业个案，但又不仅仅是个案，在"民间借贷"泛滥的当下更具普遍意义。房地产暴利时代的结束，使得房地产企业资金链断裂，融资困难，房地产企业家非法吸收公众存款后跑路的案件还将可能继续发生。

5.马乐"老鼠仓"案——原博时精选股票基金经理马乐利用未公开信息交易案

案情摘要：出生于 1982 年的马乐，在担任博时精选股票基金经理期间，操控三个股票账户，先于、同期或稍晚于博时精选基金账户买入相同股票 76 只，累计成交金额 10.5 亿余元，非法获利 1883 万元。由于交易金额巨大，马乐被称为目前国内公开审判的最大"硕鼠"。2014 年 1 月 2 日，深圳市检察院就马乐利用未公开信息案向深圳市中级人民法院提起公诉。3 月 24 日，深圳市中级人民法院一审以利用未公开信息交易罪，判处马乐有期徒刑三年，缓刑五年，并处罚金 1884 万元，同时对其违法所得 1883 万余元予以追缴。4 月 4 日，深圳市检察院认为一审判决法律适用错误，量刑明显不当，提出抗诉。广东省检察院支持抗诉。10 月 20 日，广东省高院对该案做出终审裁定，驳回抗诉，维持原判。广东省检察院认为终审裁定确有错误，于 11 月 27 日提请最高检抗诉。12 月 8 日，最高检检委会研究该案，认为本案终审裁定法律适用错误，导致量刑明显不当，决定按审判监督程序向最高法院提出抗诉。

入选理由：马乐利用所掌控的未公开信息，操控"老鼠仓"非法牟利，是隐秘的证券业硕鼠。证券从业人员虽有严格的内控机制，但公司的内控疏忽，是造成证券业"老鼠仓"的重要原因。基金经理，往往掌握特别巨额的资金，在利用这些资金交易时，很难保持清醒的头脑。

在金融领域，不断产生的"老鼠仓"案件，拷问金融领域企业的监管成效。作为金融企业家，要时刻遵守金融从业人员行为准则，坚守法律和道德的底线。而作为金融企业，从微观上加强内部控制，完善管理制度，保障企业在现行法律以及规章制度框架内运行，是防控此类犯罪最有效的措施。

6. 刘汉、刘维等 36 人涉黑案

案情摘要：2013 年 4 月，公安部指定此案由湖北侦办。办理该案的公安民警辗转四川、北京、广东等 10 余个省市，掌握了大量刘汉、刘维组织、领导黑社会组织犯罪和指使杀人等主要犯罪证据。2014 年 2 月 20 日，四川最大民营企业汉龙集团董事局主席刘汉、刘维等 36 人涉嫌组织、领导、参加黑社会性质组织及故意杀人等案件被提起公诉。涉案人员涉嫌多个严重犯罪，其中刘汉、刘维涉及 15 个犯罪罪名，情节恶劣、危害严重，是近年来内地公诉的特大涉黑犯罪集团。2014 年 5 月 23 日咸宁市中级人民法院对刘汉、刘维等 36 人组织、领导、参加黑社会性质组织罪以及故意杀人罪等一审公开宣判，判决被告人刘汉、刘维死刑，剥夺政治权利终身，并处没收个人全部财产。其他被告人依各自的犯罪事实，分别构成参加黑社会性质组织罪，故意杀人罪，故意伤害罪，非法拘禁罪等罪。

入选理由：刘汉、刘维伙同他人网罗多人形成较稳定的犯罪组织，穿梭于政府和市场之间，企图创造政商合作的"黑金帝国"。然而，该组织人数众多，有明确的组织者、领导者，有组织地通过违法犯罪活动或者其他手段获取经济利益；以暴力、威胁或其他手段，有组织地多次进行故意杀人、故意伤害、非法拘禁等违法犯罪活动，为非作恶，欺压、残害群众；通过实施违法犯罪活动和利用国家机关工作人员的包庇、纵容，称霸一方，在当地形成重大影响，并对广汉市的赌博游戏机行业形成非法控制，严重破坏了当地的经济、社会生活秩序。

7. 周伟思非国家工作人员受贿、行贿案

案情简介：周伟思，深圳龙岗南联村干部，亦是原龙岗区人大代表。网曝称"坐拥 20 亿元资产"周伟思，因涉嫌在当地旧城改造项目中收受逾 5000 万元的巨额贿赂，被控涉嫌受贿罪、非国家工作人员受贿罪、单位行贿罪三项罪名，在深圳市中级人民法院受审。周伟思一案还牵出多个案件，如周伟思一案的主要行贿方天基公司及其董事长叶某；深圳市龙岗区城管局原副局长兼龙岗区土地监察大队原大队长、龙岗区查违办原副主任何某；深圳市规划和国土资源委员会龙岗管理局原副局长陈某义受贿等。检察院公诉称，周伟思帮人解决建楼款收 200 万元，违规建楼善后行贿他人 20 万元。2009 年 9 月，在南联股份合作公司与被告单位某实业公司合作建设统建楼过程中，某实业公司实际控制人被告人范某命为感谢被告人周伟思帮助某实业公司解决建设资金问题，于 2009 年 10 月一天下午，范某命到周伟思位于植物园的家里，送给周伟思人民币 200 万元，周伟思收下。后来该款被周伟思陆续用于购买二手车和支付物业装修款。上述统建楼所在地块的土地性质是工业用地，不能建商住楼。为使违规建设的统建楼顺利建成并通过检查，作为南联股份合作公司副董事长的被告人周伟思多次送给龙岗区城管局副局长兼土地监察大队长、查违办副主任何某（另案处理）共计港币 20 万元。

入选理由：周伟思既是深圳龙岗南联村村干部，同时也是南联股份合作公司的负责人，亦官亦商。在旧城改造过程中，周伟思利用手中的职权大肆谋取不正当利益，并且随着身份的转换时而受贿，时而行贿，独自一人即能上演一场受贿、行贿的贿赂犯罪大戏。该案带来的启示是，在旧城改造、城市建设过程中，贿赂犯罪多发，企业家应当提高警惕。

8. 富金堂公司涉嫌合同诈骗案

案情摘要：富金堂公司打着"国务院国家重点工程办公室公文函《任命书》《委托书》"的旗号，私刻华戎强兴建设工程有限责任公司(以下简称华戎公司)和惠州市本航能源有限公司(以下简称本航公司)的合同专用章，伪造了富金堂公司向华戎公司承接"惠州大亚湾国家石油储备库围堰填海造地工程"的《建筑工程施工合同》和向本航公司承接"国家成品油战略储备油库(8168工程)"的《合作协议》，再以惠州大亚湾国家石油储备库填海造地土石方工程和惠州大亚湾国家石油储备库围堰填海造地土石方工程这两个项目为幌子，到处招摇撞骗。为吸引更多的施工队前来签订上述项目的合同，骗取项目工程保证金，嫌疑人许某全还指派其公司的人员在大亚湾澳头小桂村的一块靠海被推平的空地上，瞒着当地村民，自编自演了一场"华戎强兴建设工程有限责任公司大亚湾国家石油储备库开工典礼"的开工仪式，以骗取该项目的工程承包者的信任。侦查民警先后深入到国土局、住建局、海洋与渔业局核实情况，发现上述项目根本不存在。经过缜密调查，确认"国务院国家重点工程办公室公文函《任命书》、《委托书》"等文书系富金堂公司为了实施诈骗而伪造的。

入选理由：富金堂公司以伪造"国务院国家重点工程办公室公文函《任命书》、《委托书》"等文件签订合同的方式，收取上述项目的工程承包者的履约保证金。自2013年7月至2014年4月期间，富金堂公司分别与不同的公司或个人一共签订19份上述项目工程的《联营施工合同》，并先后收取共计400万元的项目工程履约保证金，保证金均被富金堂公司挪作他用。企业伪造国家机关公文，以"填海造地"工程为诱饵，并自导自演开工典礼仪式，以取得工程承包者的信任，其目的终是骗取工程款。企业融资渠道花样百出，有的企业非法吸收公众存款，有的企业集资诈骗，还有的企业通过合同诈骗来获得资金。企业在生产、经营过程中，应当警惕合同诈骗，提高对公文、证件的真实鉴别的重视。

9. 宗连贵、黄立安等人假冒注册商标案

案情摘要：2011 年 8 月，郑州警方得到线索，在郑东新区一个粮油市场，有人销售假冒的金龙鱼、鲁花食用油。后警方发现，平时郑州鼎鼎油脂有限公司是在接到订单后，按需生产，极少有存货。工人从远处的一个仓库里拉来"金龙鱼"、"鲁花"的商标，再从另一个仓库里拉来塑料桶和瓶盖，快速灌装运走，不留痕迹。鼎鼎油脂公司建立了一个庞大且牢固的销售体系，公司客户经理会联系下线经销商，形成点对点的关系，长期合作，经销商买油时，被"明确告知食用油是假冒的"。法院审理查明，宗连贵、黄立安等人自 2009 年 11 月至 2011 年 9 月通过销售假冒名牌食用油，获取的非法经营数额达 1924.9 万余元。其中，已销售数额 1921.3 万余元，尚未销售的假冒食用油价值 36640 元。2013 年 4 月 9 日，郑州中院一审宣判，法院认为，宗连贵、黄立安等人的行为已构成假冒注册商标罪，且系主犯。此外，宗连贵、黄立安等人销售伪造的注册商标标志，情节特别严重，其行为已构成销售非法制造的注册商标标志罪。法院数罪并罚，判处宗连贵有期徒刑 12 年 6 个月，并处罚金 1050 万元；判处黄立安有期徒刑 11 年 6 个月，并处罚金 1050 万元。其余 26 人因犯假冒注册商标罪、销售非法制造的注册商标标志罪、销售假冒注册商标的商品罪，分别被判拘役至有期徒刑 8 年不等。此案 28 名被告人在被判处有期徒刑的同时均被判处罚金，罚金总额高达 2704 万元。一审宣判后，20 名被告人提起上诉。省高院二审裁定，驳回上诉，维持原判。

入选理由：企业家制假售假，如果涉及食品安全，那么社会危害就更大。本案涉案人员众多，包括宗连贵、黄立安等企业负责人在内的 28 名被告人被提起公诉。本案中需要关注的一个地方即是对于制假售假犯罪财产刑的适用极其严厉，本案罚金总额高达 2704 万元，远高于 2009 年 11 月至 2011 年 9 月企业通过销售假冒名牌食用油获取的非法经营数额 1924.9 万余元。对制假售假者处以严苛的财产刑，增加制假售假企业的成本，使企业家在权衡成本与收益时，不仅不敢制假售假，而且不愿制假售假。

10. P2P 中宝投资负责人周辉涉嫌非法吸收公众存款案

案情摘要：周辉，浙江衢州人，毕业于某师大体育系。从 2011 年起，周辉假借 P2P 网贷平台，向全国 30 余个省市 1600 余名投资人进行集资，这些充值资金全部打入周辉个人银行账户内……截至案发，警方查扣周辉本人以及以中宝投资公司和其妻子名义购买的劳斯莱斯、宾利、兰博基尼等豪车 8 辆，个人账户资金 1.7 亿元。目前尚有 1100 余名投资人、约 3 亿余元人民币本金没有归还。2014 年 4 月 14 日，犯罪嫌疑人周辉因涉嫌非法吸收公众存款罪被衢州市人民检察院批准逮捕。

入选理由：P2P(Peer-to-Peer lending)，即点对点信贷，即通过第三方互联网平台进行资金的借贷双方的匹配。P2P 网贷平台作为互联网金融中的新兴发展模式，在 2014 年异军突起并迅猛扩张。然而与 P2P 平台繁荣相伴随的是平台违约、跑路事件频发。P2P 网贷之所以问题频发，原因在于我国 P2P 行业自身风险管控不足，第三方评价体系及监管机制的缺失。在本案中，周辉作为 P2P 中宝投资的负责人，其向全国 30 余省市 1600 余名投资人集资的款项最终全部打入周辉个人银行账户，最终导致 1100 名投资人的本金 3 亿元无法归还。当前，应对 P2P 网贷平台违约、跑路潮、提现难的现象，促进 P2P 平台健康、快速发展，应进一步规范 P2P 行业标准、建立健全企业、个人的征信体系，确立并完善 P2P 网贷的监管机制，强化风控体系。

第五部分　企业家犯罪的原因分析

一、环境因素：不公平竞争环境下的寻租现象

计划经济条件下，政府通过单一行政指令的方式调节资源分配，各经济主体间缺乏竞争，企业在经营活动中违法犯罪现象很少；而在成熟的市场经济中，市场自发配置资源，行政权影响经济活动的空间被压缩，有效的市场机制及调控、监督使得违法犯罪现象大幅度减少。然而，我国目前正处于经济转型期，市场经济发育还不成熟，市场自发与行政指令共同调节资源配置。自经济体制改革以来，行政机关对市场经济活动通过行政命令的显性干预大幅减弱，但仍然会通过隐性方式涉足市场活动的细枝末节。在这样的市场经济体制中，国企与民企之间，普通民企与支付"经济租金"的民企之间，外部竞争环境并不相同。

"在竞争性市场体系中，通过时间的调整，所有的经济租金势必减少或者消灭，但是由于政府的介入，会打断市场的自觉作用，使经济租金不仅不会减少、消灭，而且人为造成资源短缺，产生新的租金。而政府的干预越多，经济租金则愈高；经济租金愈高，寻租激励则愈大；寻租激励愈大，贪污腐败则愈严重。借助政府的审批、特许、配额、许可证等，企业能够比通过激烈的市场竞争更加容易获得超额利润。"[1]企业家通过技术创新、提高生产效率的方式改善经营，往往会消耗大量成本，其成效仍具有很大的不确定性，而通过行政命令攫取额外利润更易于实现企业经营利益的扩大化，于是企业家纷纷选择依附权力，希冀通过权力风暴眼迅速扩张其经营帝国。除此之外，国有企业长期占据垄断地位，资源优势明显，再加上企业经营者也多具有行政级别并担任相应职务，"亦官亦商"的身份特征，为权力"出租"提供了主客观便利。民营企业为获得市场份额，在面对行政官员与国企高管时会选择支付"租金"，在一定程度上解释了为

---

[1]　参见孟凡麟：《论竞争与腐败》，载于《甘肃理论学刊》，2003 年第 6 期。

什么政府官员、国企高管腐败犯罪往往与民营企业家的腐蚀有关，而这些民营企业家犯罪则又潜藏着政府官员滥用权力给予支撑与庇护。山东南山集团董事长宋作文等人为在新型合金材料项目审批等方面谋取不当利益，拉拢腐蚀分别时任国家计委产业发展司司长、国家发改委工业司司长、国家发改委副主任的刘铁男，涉案金额数千万。另外，重庆中石化原副总童辉涛受贿百万余元，在收购加油站、油品运输业务发包、加油站施工、加油站广告标识采购、天然气压缩机采购以及成品油采购等方面为相关方提供便利又是例证。

在市场经济条件下，竞争应当在公开、公平、诚实信用的原则下进行，但这些原则必须靠法律及其相关制度的规范、引导、监督，才能保障市场经济健康有序地发展。法律作为国家宏观调控的主要手段之一，其主要功能是将市场经济主体行为、市场经济运行秩序，国家对市场经济的宏观调控等纳入法制轨道，依法调控，增强宏观调控行为的合法性和权威性。然而，在构筑、保障公平的市场竞争环境以及最大限度激发企业竞争方面，法律的功能还有待进一步彰显。首先，法律的滞后性。企业经营活动具有创新性与开放性的特征，法律的制定和市场的发展无法完全同步，法律无法及时回应市场活动中的新事物、新问题。在新事务已经形成市场并开始伴有竞争出现时，法律规制的滞后性往往造成恶性竞争肆虐，公平的市场竞争环境的保障更是无从谈起。如快播公司传播淫秽物品牟利案、"成都要要网"网站介绍卖淫案的发生说明任由其发展而不加法律约束，网络将成为传统犯罪的新形式、新载体。其次，法律在激发企业之间的竞争方面同样有待进一步完善。在市场经济社会中，企业之间的竞争是促进经济进步的最主要的动力。通过优胜劣汰，最大限度地调动经营者的积极性，使经济活动充满活力，健康发展。在法律规制健全、企业之间市场竞争充分的行业中，企业家犯罪现象较少，比如家电制造业、高科技电子产品行业等，而在法律规制不完备，竞争环境不公平，企业竞争不充分的行业中，企业家犯罪高发、频发，比如金融信托行业中的各种"回扣"现象。十八届四中全会明确指出要完善社会主义市场经济法律制度，充分发挥法律在促进、保障企业竞争环境公平性、开放性的功能，增强企业活力，将从根本上减少资源分配不均来带来的权力"寻租""出租"现象，形成更良性的竞争环境。

二、政策因素：经济政策导向不明、企业盲目扩张

对于国家而言，推进经济体制改革需要有效的宏观调控，其中，明晰的经济政策布局尤为重要。然而，市场主体受国家经济政策影响较大，经济政策导向不明，会产生企业经济活动中的政策盲区、误区，造成企业盲目扩张，弱化市场配置资源的功能。

企业家在经营活动中追逐经济利益，需要及时获得政策信息并对其准确解读，以便及时调整经营策略，自发调节资源配置。互联网产业中，产业创新方式发生转变，从技术创新向融合创新延伸。互联网的移动化、融合化、平台化等趋势将开辟更深交融、更广交互、更高智能发展的新阶段。随着互联网发展形成的跨界融合的不断深入，推动通信、软件等产业的深刻变革，更与传统产业加速融合集成，催生新业态和新市场，如互联网金融、网络购物等运营方式。然而，互联网经济的繁荣，不能当然说明互联网经济的可复制性。如果不能对这些新兴经济模式进行审慎的积极的引导，而是一味地盲目助推或者任由其发展，依靠复制而短暂发展的企业将面临创新的瓶颈，短暂繁荣的背后潜藏的是巨大的经营风险。

金融行业是经济改革中的重点攻坚区。在金融行业中不断产生新的产品以及新的经营活动方式，然而，与之相应的法律、法规相对滞后，"一行三会"出台政策也多为事后补救型规定，前瞻性不足。关于互联网金融经济的政策导向不够明晰，看似红火的网络融资活动暗藏泡沫，实则是一个乱局。"二八定律"已成行业共识，主要的交易量将集中在20%的平台，80%的平台市场占有量将会减小。当前，由于股市繁荣，大量的投资者选择提前退出P2P网贷，由于业务资金短缺而导致资金链断裂，P2P企业家"携款跑路"的现象时有发生。统计显示，2014年10月新增P2P融资平台71家，但问题平台也新增38家，所占比例惊人。从查获案件看，今年1月，杭州国临创投、深圳中贷信创、上海锋逸信投等三家P2P网上借贷平台同时倒闭，三家平台公司的实际控制人郑旭东卷款逃往香港；2月，

长安责任保险股份有限公司副董事长刘智因为涉嫌增资扩股合同诈骗金额达 1.78 亿元。互联网金融活动，网络只是平台、实质仍是金融，该经营行为面临金融、网络双重法律风险的挑战。作为顶层设计的经济政策要求导向明确，以避免企业经济活动中的政策盲区、误区。因而，对互联网金融的发展更应在政策上予以有效、审慎地引导，完善法律规定，明确行业准入门槛与交易行为规范、交易主体的权利义务以及监管标准等。

三、内部因素：企业内部控制机制不健全、企业家权责不对等

企业内部控制机制不健全或者失灵是造成企业经营策略失效或者个别违法经营、犯罪等诸现象的重要原因。根据《企业内部控制制度基本规范》，企业的内部控制机制是由企业董事会、监事会、经理层和全体员工实施的、旨在实现控制目标的过程。内部控制的目标是合理保证企业经营管理合法合规、资产安全、财务报告及相关信息真实完整，提高经营效率和效果，促进企业实现发展战略。在企业管理系统中，企业的内部控制机制直接关系影响着企业未来发展的兴衰成败，同时也是外部直接判定企业管理能力的地标性尺码，因此，企业内部控制制度具有举足轻重的作用。然而，随着市场经济发展日趋成熟，法律规范日趋完备，企业管理制度日益完善，企业内控机制看似无懈可击，然而实际情况是企业内部控制机制仍然不完备、企业家权责不对等，从本年度企业家犯罪案例来看，用不堪一击来形容并不为过。

首先，企业内部控制监督缺失、缺位，企业重大决策集体审批等制度流于形式，厂长、经理独断专行，滥用职权，权责不对等。在现代企业中，只有各部门间相互制约，相互监督联系，形成有效制衡，才能最大限度发挥企业经营者、决策者的能动性。权力严重集于一人的"一言堂"现象，加重了违法犯罪的风险。今年 4 月，山东凯远集团公司党委委员、董事、副总裁陈瑞斋严重违纪违法问题被立案，11 月，集团董事长张明全涉嫌严重违纪违法被调查；11 月，中海油气电集团公司总经理罗伟中涉嫌受贿被立案；中铁隧道集团原董事长郭大焕受贿 800 余万受审。统计显示，国有企业的决策者、管理者违法犯罪已具有普遍性特征，石油、石化、烟

草、邮政、电信、铁路、电力、金融、交通等行业更是重灾区；采购、销售、财务管理；资产审计、评估及离任前、大额资金投放审核、实施重大技改评估等成为犯罪的重点环节与重点部门。从根本上杜绝前述问题，不能完全依赖企业家的自我意识与自我完善，必须首先优化企业内部结构治理，并从国家层面确立符合公众利益社会需求的企业规范体系。

其次，企业内控对"内部人"监督的偏向，再加上对风险控制的不到位，往往使内控流于形式，致使一些企业中层干部和其他重要岗位人员以权谋私或串通作案。这也是近年金融行业中频频爆发"老鼠仓"案的重要原因。比如马乐"老鼠仓"案。2011年3月9日至去年5月30日，马乐担任博时基金管理有限公司旗下的博时精选股票证券投资基金经理，全权负责投资基金对股票市场的投资，掌握了博时精选股票证券投资基金交易的股票、交易时点和交易数量等内幕信息以外的其他未公开信息。马乐利用其掌控的上述内幕信息以外的其他未公开信息，从事与该信息相关的证券交易，操作自己控制的股票账户，通过不记名的电话卡下单，累计成交金额人民币10.5亿余元，从中非法获利人民币1883万元。再如平安资管经理夏侯文浩以及北京市某保险公司曾某利用未公开信息交易案等，这些企业关键岗位管理人员手握大量的资产，然而对这些关键岗位的管理人员的监督、管控缺失、缺位，使得金融行业"老鼠仓"案频发、多发。

再次，腐败的本质是权力的腐败，权力内在地存在着一种异化的机制，它的可交换性和不平等性，以及可能增值的特点，使权力随时可能被滥用，腐败犯罪是权力滥用和异化的极端表现形式。[1]国有企业经营、决策者拥有的权力与所受监督和承担的责任严重不协调，国有企业的管理者特别是高层管理人员多具有双重身份，既是企业的董事长、总经理，又有行政级别或党内职务，有的还有人大代表、政协委员头衔，这使得国有企业管理者与党政机关之间有着黏合关系，拥有资源调配、人事安排等多方面的支配权力。对该人群的监督是缺位的：企业内部缺少监事会的监督；纪检部门受制于管理者党委书记等地位不便监督或不愿监督；经济审计监督又多流于形式；工会、职工代表大会等群众监督的力量则更加微弱。另

---

1 参见吉喆著：《权力腐败与权力制约》，山东人民出版社，2009年版。

外，即使通过监督，企业高管的违法活动被发现，企业内部惩处机制的相对薄弱，也难以起到警示作用，这些都增加了企业管理者走向犯罪的风险。

部分民营企业家则容易造成个人资金和企业资金的混同，企业资金使用的不规范，在资金支配使用上权责认识不清。民营企业中普遍存在名义经营者与实际出资人不同、隐名出资者与实际注册者不同，资金借贷与按股出资不同现象，这些都加大了资金被抽逃、挪用的风险。按照企业理论，民营企业作为企业法人，资金在分配利润前都应属于企业所有，不能归属某一个人，企业家对于资金有经营管理的权力，但所涉资金均是代表企业从事经营所需；多股东的公司，企业资金的管理使用更应遵循企业治理规范模式，不可任由一人安排。

四、个体因素：企业家角色、价值观的错位与侥幸心理

作为企业的重要组成部分，企业家的角色定位非常重要，企业家个人的价值观也会影响到企业的发展轨迹。企业家在经营活动中对自身角色定位不明晰，受错位价值观的影响，往往持侥幸心理进行违法犯罪活动，是企业家犯罪的重要个体原因。

个别企业管理人员价值观扭曲错位，奉行个人利益至上的准则，在金钱等诱惑面前，往往无力抵御。这种错位的价值观，致使部分企业家将企业追求经济利益异化为单纯的个人利益的追求。为了实现这该目的，企业家不惜假公济私，甚至不择手段的侵吞企业公款，最后沦为金钱的牺牲品，走上犯罪道路。南京市某国企副总经理尤博文色欲熏心、为和情人幽会方便，向承包商索要贿赂房产等价值160余万元；深圳市某房地产评估顾问有限公司长沙分公司出纳朱莉，为购买奢侈品、赌博、炒股，非法挪用公司资金达数百万元之巨。

另外，部分企业家把经济效益作为企业追求的唯一目标，并且为了达到该目标无所不用其极，极大地破坏市场经济秩序。当犯罪获得的收益大于犯罪可能受到的制裁时，一些企业家就会选择通过行贿等手段拉拢腐蚀政府官员以获得资源配置上的优势。企业经营目的在于增加财富以促进社

会公共利益，具有利己和利他的共同性，但是企业家犯罪的动机就是攫取私利，有可能是企业经营管理者个人之私利也可能表现为小团体的私利，当所获私利在数量上远大于其通过其他正当途径获取的经济利益，而被查货的风险又在可承受范围时，企业家为了牟利会铤而走险。1月，朱传峰、朱传清、朱传波三兄弟出资注册平阴县孔村镇郭柳沟村油厂，加工、销售"地沟油"销售金额共计五千多万元；2月，宗连贵、黄立安低价收购散装花生油、大豆油，使用假冒的商标、瓶盖、纸箱，包装成"金龙鱼"、"鲁花"食用油销售，非法经营数额近二千万元；2月，（广东）惠州富星商贸广场房产开发有限公司胡伟星参与领导的特大涉黑团伙，为谋求不当经济利益通过不法途径打击竞争者，涉嫌组织、领导黑社会性质组织罪，放火罪，故意伤害罪，非法拘禁罪，故意毁坏财物罪，开设赌场罪，妨害作证罪，骗取贷款罪，非法持有弹药罪，绑架勒索罪等罪名。另外，对经营活动法律后果的错误认识也构成侥幸心理的一种表现。由于对企业犯罪活动的打击难以做到完全及时有效，类似犯罪活动未被查获追究，盲目从众的心理会错误的指引企业经营者相信违法行为具有法律"安全性"；企业经营、决策者多具有人大代表、政协委员等特殊身份或与政府官员有着千丝万缕的联系，特殊的身份在为违法犯罪活动提供便利条件的同时，也加剧了有恃无恐的心理放纵；此外，个别企业经营者会"乐观"地认为自身从事的犯罪活动因为形式新颖、手法巧妙等原因而不会被发现，这也是侥幸心理作祟所致。

五、文化因素：商业伦理、企业家精神的缺失及传统礼仪的异化

成熟的市场经济所蕴含的价值，冲击着我国传统商业文化的价值体系，新的商业伦理价值体系的架构必然生发于传统商业文化之上。但是，由于我国传统文化对商业的极端不重视，受儒家抑商传统的影响，商业伦理价值体系与企业家精神的培育缺少根基，而从传统商业文化中孕育出与市场经济相匹配的商业伦理价值更是无从谈起。不难发现，缺少健康的商业伦理，商业活动中各角色和职业操守，很少是质地鲜明而严格的，常常呈现混沌不清状态，其职业行为表现也是各个阶层和各种岗位不能恪尽职守，安守本分，缺乏职业操守，造成企业家抵御违法犯罪的伦理自觉性缺失、缺位。在市场经济中，对"重商"只是形式上的或是功利上的重视，其实质是重钱重利，而不是实质上的和价值上对商品经济和商业伦理的认可与尊重。对企业家的尊重，是对他们经济地位的尊重，是追求企业的经济效益，这是一种对功利的尊重。[1]

　　商业伦理包含规则、契约、诚信、自由、竞争等方面，诚信是企业家精神的基石。市场经济是诚信经济，没有诚信的商业社会，将充满极大的道德风险，显著抬高交易成本，造成社会资源的巨大浪费。诺贝尔经济学奖得主弗里德曼指出："企业家只有一个责任，就是在符合游戏规则下，运用生产资源从事利润的活动。亦即须从事公开和自由的竞争，不能有欺瞒和诈欺。"违反诚信的犯罪商业活动会加剧市场中新生企业的生存危机。缺乏诚信、法制的经济环境中，企业必须根据非正式的社会规范（潜规则）对自身行为做出调整以降低负面效应，同时还需建立社会关系以适应违法企业的竞争。有序竞争被压制、企业创新的缺乏内在原动力与外在支持——"企业家精神"被扼杀和打压，任其继续发展，缺少企业家精神的商业环境必将进一步依赖于权力寻租与违法犯罪，"马太效应"作用下，将给市场经济造成更加严重的后果。市场经济的主角应是企业和民众，巨大利益的吸引下，政府从市场经济游戏规则的制定者变为游戏的参与者，不仅国有企业挟政策、法律、资金、资源等优势强力扩张，挤压民营经济的生存空间，政府各部门对经济活动的干预也越加频繁，强势政府的兴起进一步恶化了企业家的竞争环境，加剧了企业家精神的没落与企业伦理的衰亡。

　　伴生商品经济发展导致了礼仪文化的异化，原本简单的朋友交往被冠以知恩图报、感恩戴德、有福共享、有情有义等名义，传统礼仪演变成恶质文化和公权力的强势密不可分，诸如行贿活动等所谓的礼仪活动本身即包含被要挟的恶质色彩，企业家并非缺乏法律意识，企业发展受阻于公权力，"寻租"也是无奈之举。因此，十八届三中全会强调"科学的宏观调控，

　　1　参见皮艺军:《中国企业家犯罪的文化进路——历史性抑商情节的现实展开》，载于《河南警官学院学报》2014 年第 2 期。

有效的政府治理，是发挥社会主义市场经济体制优势的内在要求。必须切实转变政府职能，深化行政体制改革，创新行政管理方式，增强政府公信力和执行力，建设法治政府和服务型政府"。

六、突出诱因：民营企业之殇——贿赂与融资犯罪

据本年度的媒体案例统计数据，行贿罪、单位行贿罪等贿赂犯罪已成为民营企业等非公有制经济体的标签之一。民营企业缺少公权力扶持，缺少资源、项目和资金，在市场竞争中往往处于劣势，不能通过正常的市场竞争获得企业得以生存的市场资源，交易机会和资源配额受到非市场性因素的挤压，容易陷入被动的局面。为在竞争中立于不败之地，民营企业诉诸于公权力，"官商勾结"现象的存在，正是因为能够实现利益的定向输送，民营企业家以一定的利益作为贿赂的成本，换取权力控制下的交易机会、资源配额、生存空间、政策优惠等，而官员通过权力的运作取得民营企业家出让的利益。江西大富集团董事长、原萍乡市人大代表何春明涉嫌向原萍乡市委书记陈卫民巨额行贿；注射液药品销售经理何某向重庆一医院负责人行贿近百万恰说明了在公权力强势控制资源情况下，其他市场参与者的无奈。近年来，在华外企也有步民营企业后尘加入商业贿赂队伍的较大风险。

民营企业的另一危机——融资问题诱发违法犯罪。充足的资金保障和良性的资金周转是民营企业得以生存的根本，一旦融资渠道受阻，资金链条断裂，民营企业就会陷入经营困境。由于经济制度设计中不可避免的对国有企业存在倾斜，我国现有金融体制是以银行信贷为主导的，具有严格管控下的高度集中性，其服务对象更多地倾向于国有大中型企业，民营企业在市场准入、获取信贷、经营范围等方面都受到极大的限制，正规的制度性融资渠道受阻后，民营企业迫于"生存"压力不得不进行非正规手段的制度性融资或者非制度性融资，而这些融资手段或途径能否经得起市场风险的考验，则最大限度挑战"一行三会"的管理者和相关法律的制定者、执行者们。吴英案件后，鄂尔多斯女老板宁红集资诈骗近8亿元被立案；浙江丽水公司高管非法吸收公众存款1.8亿元获刑；浙江被称小吴英的80

后女财务集资诈骗 7 亿元被判死缓。完善民营企业的借贷保障，促进金融业的改革已是刻不容缓，因此，十八届三中全会明确指出完善金融市场体系，允许具备条件的民间资本依法发起设立中小型银行等金融机构。放开中小型银行等金融机构的民间资本准入，能否从根本上化解民营企业融资之困境，则有待进一步考察论证。

第六部分　2014年度企业家犯罪所涉行业风险指数

在本年度的 426 例企业家犯罪案件中，其中有 11 例案件是企业集团，不能明确区分出企业所属行业，因此就剩余的 415 例企业家犯罪案件的行业分布进行统计分析。

根据 2011 版国民经济行业分类：A 农、林、牧、渔业；B 采矿业；C 制造业；D 电力、热力、燃气及水生产和供应业；E 建筑业；F 批发和零售业；G 交通运输、仓储和邮政业；H 住宿和餐饮业；I 信息传输、软件和信息技术服务业；J 金融业；K 房地产业；L 租赁和商务服务业；M 科学研究和技术服务业；N 水利、环境和公共设施管理业；O 居民服务、修理和其他服务业；P 教育；Q 卫生和社会工作；R 文化、体育和娱乐业；S 公共管理、社会保障和社会组织；T 国际组织。

在这 415 例案件中，共 76 例金融行业企业家犯罪案件、62 例制造业行业案件、37 例房地产行业案件、32 例电力、热力、燃气及水生产和供应业行业案件、30 例交通运输、仓储和邮政业行业案件、30 例信息传输、软件和信息技术服务业行业案件、26 例建筑业行业案件、23 例批发和零售业、文化体育和娱乐业企业家犯罪以及采矿业企业家犯罪案件各 21 例。除图示外，另有住宿和餐饮业企业家犯罪案件 19 例、农、林、牧、渔业行业 15 例、卫生和社会工作行业 11 例、教育行业 3 例。如表 6.1 所示。

表6.1

涉案企业所在行业	案件数	占比
金融行业	76	18.31%
制造业	62	14.94%
房地产行业	37	8.92%
电力、热力、燃气及水生产和供应业	32	7.71%

涉案企业所在行业	案件数	占比
交通运输、仓储和邮政业	30	7.23%
信息传输、软件和信息技术服务业行业	30	7.23%
建筑业	26	6.27%
批发和零售业	23	5.54%
文化体育和娱乐业	21	5.06%
采矿业	21	5.06%
住宿和餐饮业	19	4.58%
农、林、牧、渔业行业	15	3.61%
卫生和社会工作行业	11	2.65%
教育行业	3	0.72%

一、金融行业

在本年度的企业家媒体案例中，金融行业所涉案例最多。其中主要集中在货币金融服务中的银行、财务公司、典当、担保公司以及其他非货币银行服务；资本市场服务中的证券、基金等；保险业以及其他金融业如信托行业、P2P 互联网融资平台等。

涉案企业分布省市，其中北京 14 例，广东 10 例，浙江 9 例，上海 8 例，江苏 7 例，内蒙古 6 例，甘肃 3 例，四川 3 例，海南 3 例，河北 2 例，天津 2 例，陕西 2 例，河南 2 例，黑龙江 2 例，辽宁 1 例，福建 1 例，香港 1 例。该统计基本上能够与本年度金融行业企业家案发原因相切合。

金融行业所涉主要罪名分布，其中非法吸收公众存款罪 19 例，受贿 12 例，内幕交易罪 5 例，贪污 8 例，合同诈骗罪 7 例，职务侵占罪 6 例，诈骗罪 5 例，集资诈骗罪 5 例，利用未公开信息交易罪 4 例，挪用公款罪 4 例，挪用资金罪 4 例，非法提供贷款罪 3 例，非国家工作人员受贿罪 3 例，挪用公款罪 3 例，集资诈骗罪 3 例，滥用职权罪 2 例。该统计基本上能够与本年度金融行业企业家犯罪形势相切合。

其中银行业企业家多发贪污、受贿、非法提供贷款、挪用公款、挪用资金、滥用职权等罪名。在证券、基金等资本市场服务业中，内幕交易、利用未公开信息交易罪较为多发。

保险业以及其他金融业如信托行业、P2P互联网金融业中，商业贿赂犯罪在信托业中频发、多发，非国家工作人员受贿现象突出；在一些担保公司、投融资公司中，P2P互联网金融平台中，非法吸收公众存款罪和集资诈骗罪是重点罪名，除了非法吸收公众存款罪之外，企业家还会涉嫌提供虚假证明文件罪和伪造国家机关公文、印章罪等罪名。原因在于，在本年度的企业家犯罪案例中，部分企业家为了达到非法吸收公众存款的目的，通常会选择通过提供虚假证明文件或者伪造国家机关公文、印章等方式，伪造项目并获得被害方的信任。本年度P2P互联网金融业勃兴的同时，由于P2P在风控体系上存在的严重不足，以及监管机制不完备，导致部分企业在资金链出现断裂时，出现投资人提现难、企业家跑路潮的现象，受害方的权益无法得到保障。根据网贷之家发布的《中国P2P网贷行业2014年度运营简报》显示，2014年出现问题的P2P平台达到275家，平均每6家平台就有一家发生"故障"，平台爆发问题的时间集中在10~12月，尤其是12月份问题平台达92家，占了全部问题平台数量的三分之一。防控P2P问题平台，对于企业而言应严控运营成本，并建立、健全线上线下的征信体系，严控企业风险。

二、制造业

在62例制造行业犯罪案件中，其中第一类轻纺工业企业家犯罪共16例，占比26%，第二类资源加工工业37例，占比60%，第三类机械、电子制造业9例，占比15%。如图6.1所示。

在第一类轻纺工业中，制假售假类犯罪、知识产权犯罪较为突出，共9例。在第二类资源加工工业中，企业家犯罪占比大，贪腐现象突出，集中在石油化工、化学纤维、医药制造业领域。资源加工工业牵涉到石油等重要资源的分配和生产、销售，企业家在掌握资源的分配权时，在缺少相应监督的情况下，腐败现象常发、频发成为一种常态。在第三类机械、电子制造业中，企业家犯罪案件数量少，且集中在交通运输设备贪腐案。机

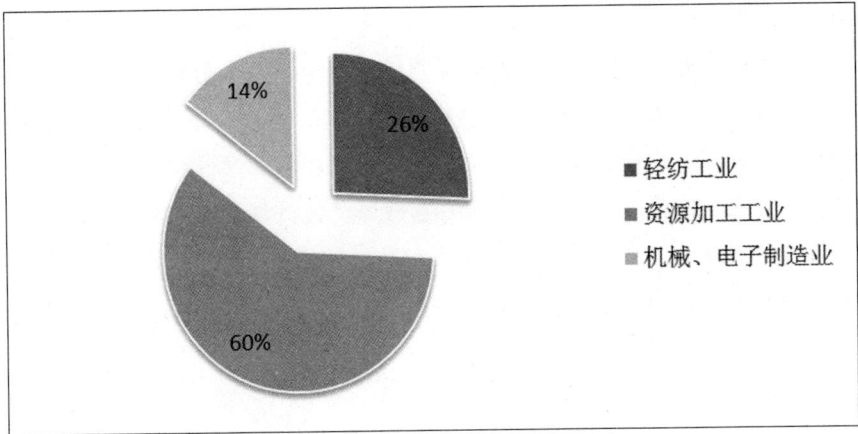

图6.1 制造行业企业家犯罪案件分布

械、电子制造行业的竞争市场较为成熟，经过充分的市场竞争，无论是企业内控机制还是销售经营活动，法治化程度高，企业家犯罪空间小。

三、房地产行业

本年度涉及房地产行业的案件共 37 例，其中贿赂犯罪 11 例、非法集资犯罪 10 例，贪污、挪用类犯罪 8 例、诈骗犯罪 7 例、拒不支付劳动报酬 1 例，骗取贷款案 1 例，伪造国家机关公文、印章罪 1 例。如表 6.2 所示。

表6.2

犯罪类型	案件数
贿赂犯罪	11
非法集资犯罪	10
贪污、挪用类犯罪	8
诈骗犯罪	7
拒不支付劳动报酬	1
骗取贷款罪	1
伪造国家机关公文、印章罪	1

贿赂犯罪常常与房地产企业的经营活动相伴随。从初期的土地批租环节、到房地产开发、工程建设以及销售等环节，均存在不同程度的行贿、单位行贿以及行政官员受贿等现象。另外。近年房地产行业企业家非法集资现象突出。随着房地产行业发展日益收紧，银行紧随国家经济政策的调整抽回借贷资金，企业资金链断裂，企业家面临融资的困境。因此，在本年度的房地产行业企业家犯罪中，非法吸收公众存款、集资诈骗案多发，应当引起足够警惕。

四、电力、热力、燃气及水生产和供应业行业案件

本年度共发生涉及电力、热力、燃气及水生产和供应业行业案件32例，其中电力、热力生产、供应案件17例，水生产和供应13例，另外两例涉及燃气的生产和供应。电力、热力、燃气及水生产和供应行业企业家职务犯罪案件较多，贪污、受贿、挪用公款、滥用职权等罪名多发、频发。电力、热力、燃气及水生产和供应行业关系国计民生，在市场经济以及社会中占据举足轻重的地位。然而，正是由于这些行业的重要性，再加上市场中行业竞争不充分，导致该行业中企业垄断特征明显，致使部分掌握这些重要民生资源的企业家，利用职务上的便利大肆贪腐。本年度发生的北戴河供水总公司原总经理马超群涉嫌受贿、贪污、挪用公款案，办案人员在其家中搜出现金1.2亿元、黄金37公斤、房产手续68套。这一"小官巨腐"在引起广泛关注的同时引人深思，电力、热力、燃气及水生产和供应业行业如若不放开，让企业之间展开充分的竞争，垄断的地位不会自行消解，在不能祛除贪腐根源的情况下，在本行业仍然会上演企业家贪腐的戏码。

第七部分　未来3-5年企业家犯罪趋势预测

研究企业家犯罪的目的，不是为了探讨如何惩处，而是警示企业家防范、控制企业风险，预防企业家犯罪的发生。从 2009-2014 年的企业家犯罪报告的数据来看，未来 3-5 年企业家犯罪将显现出以下几方面的趋势：

一、金融领域企业家犯罪仍将出现高发、频发的态势

1. 未来 3-5 年，在企业融资环节仍将频发企业家犯罪现象。当前，经济增速放缓，中央放弃大规模的经济刺激手段，而是力图以经济改革推动经济转型，调整经济结构。《2014 年经济形势分析与 2015 年展望》报告显示，2014 年，我国经济投资增长后劲不足、融资瓶颈约束明显、企业经营困难等问题突出，经济下行压力和风险依然较大。2014 年 5 月，国务院发布的"新国九条"强调拓展资本市场广度深度，提高直接融资比重，积极发展混合所有制经济，促进资本形成和股权流转……扩大资本市场开放；防范和化解金融风险；营造资本市场良好发展环境。

经济结构调整，产业升级，中央不再依靠大规模的刺激救市，而是选择淘汰落后产能，积极促进经济转型。对于那些大规模铺摊子，搞粗放式经营的企业，在结束了暴利时代之后，银行紧跟中央政策抽离资金，资金链断裂，企业将面临前所未有的融资压力。然而，面临上述困境的企业在我国绝非少数。虽然在"新国九条"中，中央直言要提高直接融资比重，防范和化解企业面临的融资困境。随之而来的问题是，直接融资与非法吸收公众存款、集资诈骗、传销等行为界限不够明晰，极易与非法吸收公众存款、集资诈骗、传销等犯罪相牵扯，对此若不予规范、调整，企业家在融资环节将会出现大量的犯罪案件。

2. 银行、证券、保险、信托等金融行业中的灰色地带将面临被清理的风险，引发金融领域的企业家犯罪。在 2014 年度的媒体案例样本中，接

连发生保险资管、基金经理等的"老鼠仓"事件。另外，金融行业企业家在经济往来过程中，以各种名头所开具的回扣，如"财务顾问费""渠道费""劳务费"等，对于这些灰色地带，严重扰乱金融行业的交易秩序。完善金融体制，必将清理这些游走于制度之外的"潜规则"，使金融市场更加规范。未来在清理这些灰色地带的过程中，必然造成金融行业的企业家犯罪案件多发。

二、企业家犯罪主体呈现出个体化向集团化蔓延的趋势

针对日趋增多的企业家职务犯罪行为，伴随着财经、审计制度日益严格、完善，企业将逐步增强内部管控，使企业在管理上更加民主、科学。由此，企业家单独利用其职务谋取不法利益再无可能，企业家进行职务犯罪需要他人的职务共同进行，即企业家共同实施职务犯罪，犯罪主体由个体向集团化蔓延，窝案串案较严重；犯罪手段从显性向隐性转换，更趋隐蔽。犯罪分子在共同利益或利害关系的驱使下，上下勾结，内外勾结，群体作案，往往是查处一个，牵出一批，"抓一个挖一串"。该论断能够解释在本年度企业家犯罪中窝案数量惊人，从中石油窝案、华润窝案、中联通、中移动窝案及刚刚发生的南航腐败案等不难看出。遏阻企业家犯罪，就需要正本清源，积极促进企业管理部门的决策透明化、制度化以及企业家职务分配的科学化。当前，仍然没有行之有效的措施来防控企业家利用错综复杂的职务行为实施犯罪。因而，企业家共同实施职务犯罪仍将是一大趋势。

三、企业家犯罪逐渐向中西部地区扩散、企业家犯罪的影响范围越来越广

不仅经济发达的东部地区有大量的企业家犯罪案件，相对不太发达的中西部地区企业家犯罪数量也在不断增长。在本年度媒体报道的企业家犯罪中，中部地区 87 件，西部地区 75 件，共计 162 件，中西部地区企业家犯罪案件数量明显增多。企业家犯罪将继续呈现从发达的东部地区逐渐向不太发达的中西部地区蔓延的趋势。

另外，企业家犯罪的影响范围越来越广，越来越深入，相应地企业家犯罪的破坏力也越来越大。以 P2P 网贷平台为例，自从政府放开网络理财，各种理财网站犹如雨后春笋般冒出，如果说传统融资方式还主要是针对投资者，那么当前的网络理财则是针对普通民众，如果管控缺位，大笔的资金流向将无法有效监控，一旦企业家抽逃资金，那么受害者的范围之广将是无法估量的，城市、农村，抑或是东部、中部或西部，企业家犯罪影响范围之广、之深入都将是前所未有的。

四、企业家犯罪的结构和类型深受新型商业模式和经济形态的影响

我国社会经济发展大致可分为三个阶段，在不同的阶段，企业家犯罪也表现出不同的特点。比如在计划经济时代，企业家犯罪大多围绕投机倒把而实施；及至市场经济萌芽时期，制假售假类犯罪增多，并伴随有简单的金融犯罪；再到深化市场经济阶段，企业家的犯罪更加复杂，犯罪类型也更趋于多元，出现了许多新型的犯罪类型，如内幕交易罪、组织、领导传销罪等。经济基础决定上层建筑，法律作为调节市场经济的手段，是伴随着社会经济的发展而不断调整的。

从近几年媒体案例样本可以看出，非法吸收公众存款罪、集资诈骗罪出现频次一直居高不下，与社会经济发展的方式、规律密切相关。从制假售假类初级企业家犯罪泛滥到如今复杂、隐蔽的高级企业家犯罪频发，再次证明企业家犯罪的结构和类型均受社会经济发展的影响。利用法治防范、遏阻企业家犯罪，一定要紧密结合当前社会经济发展的现状以及未来发展趋势。企业作为国民经济的细胞，是市场活动的主要参加者，是最主要的市场主体。市场经济能否健康、有序发展，与企业家的生产、经营等行为密不可分。只有把企业家犯罪的堤防筑牢，时刻警惕企业家犯罪的刑事法律风险，企业家才能成为我国社会经济发展的贡献者，而不是破坏者。

五、对企业家历史腐败行为将"秋后算账"

国家持续高压、严厉打击贪腐犯罪，国企企业家腐败犯罪将逐渐减

少，但对国企企业家腐败历史的清算还将持续，因而，国企企业家将继续面临对其以往腐败犯罪行为的清算。在本年度的媒体案例样本中，如华润窝案、中石油系列案、中移动腐败案以及最近案发的航空部门系列腐败案等，许多腐败行为并非近两年发生的，而如今一窝蜂似的案发，突显出国家对历史腐败行为的零容忍。一手打击腐败，一手做好经济改革，因国企、央企是国有经济的主要载体，通过打击国企企业家的腐败行为，实现对国有经济的洗牌，因而国企、央企不仅是反贪腐的主战场，同时也是经济改革的主要战场，如今两个战场的重叠，势必将揪出更多国企企业家们的既往腐败行为，并拿出来晒一晒。

企业家腐败犯罪中的另外一个重要角色是民营企业。民营企业的腐败行为主要体现在为了取得利益而与权力部门进行权钱交易。铁道部窝案案发后，媒体曾曝出了高铁的天价采购：动车的一个自动洗面器 7.2 万元，一个大理石洗面台 2.6 万元，一个感应水阀 1.28 万元，一个卫生间纸巾盒 1125 元……在这些天价高铁配件背后，是北京、青岛、常州、无锡、上海等地涌现的一批高铁供货商，他们很多并无相关从业资历，通过与外资合资的方式粉饰企业，成为高铁供应链上的垄断者，而这些供货商，就有一部分出现在张曙光的行贿企业名单上。一方面，有权部门手握重权，而且缺少有效的监督，官员滥用权力，将权力寻租搞权钱交易早已不是个别现象，只是案件的大小、造成的影响大小不同罢了。另一方面，一些企业家试图通过捷径以获取高额利润，大肆攀附有权机关，通过权钱交易以获得不法利益。因而，国家严惩国家工作贪腐犯罪的同时，也将会不断有企业家行贿犯罪浮出水面。《刑法修正案（九）》草案加重对行贿犯罪的处罚，可以看出国家加大打击行贿犯罪的打击力度。

当前，国务院 2014 年底已批准的总投资逾 10 万亿元的七大工程基础设施项目，包括信息电网油气等重大网络、健康养老服务、生态环保、清洁能源、粮食水利、交通、油气及矿产资源保障等。以"古"鉴今，在上述项目建设过程中，如何严防、严控企业家犯罪则是当前需要重点关注的问题。

后 记

在最近六年发布的企业家犯罪报告中,据我们统计千余位曾经叱咤商海的弄潮儿,不幸沦为阶下之囚。我们无意对任何触犯刑法的企业家表露轻蔑之意。相反,我们内心困扰、挣扎、疑惑。

这正是我们坚持六年发布年度中国企业家犯罪报告的主要原因。我们希望通过历年的统计、分析与归纳,能够知道:为何那么多优秀的企业家会涉案?为何曾经优秀的企业在企业家涉案后会一蹶不振?为何在依法治国已成为治理主流的当下仍有企业家犯罪的案例不断曝出?为何体制与机制仍需完善?为何部分企业经营者仍对法律没有敬畏之心……

在 2014 年《中国企业家犯罪报告》的撰写中,我们无意追求数字上的迅猛增长,因为我们知晓,影响企业家犯罪数量上升的因素,并非单一的,背景是复杂的。

2013 年以来,反腐大势蔓延政商两界,有大批企业家因涉及腐败案件而被调查,这是企业家犯罪案例有所上升的重要原因。

此外,传媒以及公众对企业家犯罪现象的关注度在逐年增加,也会在一定程度上令受众感觉到犯罪案例明显增多。

最重要的一条,以往很多案件在调查阶段甚至司法阶段都未对外披露。而近年来,执法的开明度越来越高,透明与开放成为执法主流理念,在这种背景下,很多案件在初发阶段即被披露。

我们认为,以上三个原因,是企业家犯罪案例数量稳步上升的重要因素,由此可见,犯罪案件数量的增多,并不意味着犯罪现象的必然扩大化与普遍化。与之相反,通过我们的研究与调查,实际上企业管理者守法意识是明显上升的,经营合规、管理科学、运作高效、决策透明已经成为多数企业追求的目标,无论是国企还是民企。

近年来,按照国资委等监管部门的要求,总法律顾问制度已经在大批央企中执行,且普遍运行良好,企业法务部门的职权在扩大,重要性在增加。

在山东省商业集团法务部部长王茂松看来，近年来国资部门一直在完善修订与国有企业相关的责任追究机制，加之审计部门也逐年加大对企业财务、管理者任职等方面的审计力度。应该说，目前的追责机制已经相当详尽。

众所周知，年度企业家犯罪报告是在《法人》杂志每期《企业界犯罪媒体案例报告》的基础上撰写而成。作为定位于"一本企业管理的法律方案"的财经法律类新闻月刊，我们对国有及民营的管理者倾注了应有的关注。我们最初的关注点就是善意的，是希望通过年度犯罪报告对该年关注度较高的一些企业家犯罪案例的汇总分析，得出年度企业家犯罪特点、成因等方面具备实质性参考意义的结论。从而在民营企业融资环境、民营企业家原罪、国企管理透明化、合规化等多个方面，促进外部环境与内部治理的双重完善。

实际上，历年的《中国企业家犯罪报告》都产生了积极的社会影响，众多媒体及公众对于《中国企业家犯罪报告》的内容给予了相当的关注。而很多业内专家、媒体同行包括普通读者，也通过各种各样的方式给我们提出了宝贵的意见和建议，帮助我们不断完善年度《中国企业家犯罪报告》的内涵。

随着社会主义市场经济的建立和不断完善，我国经济、政治、社会、文化等各个领域都发生了深刻的变革。在这种新形势下，《中国企业家犯罪报告》试图探求国有企业廉政建设和反腐败新途径，探索如何建立健全教育、制度监督并重的惩治和预防腐败体系，如何完善民营企业及企业家的生存与发展环境，如何让更多的优秀企业家拿掉悬在头顶的达摩克利斯之剑，放手大胆地投向市场经济的浪潮。

通过对一些企业家犯罪案例这种反面教材的例举和分析，我们希望为企业家提供镜鉴，从而为社会主义市场经济营造良好的法治环境尽一份绵薄之力，我们认为这种出发点是有积极意义的。

2014年的《中国企业家犯罪报告》与往年相比，发生了更多重要的变化。

　　做精品、做高端、做有积极意义和典型作用的年度企业家犯罪现象研究参考，是我们一直追求的目标。在此背景下，今年我们对于案例的甄选工作，做了重要而富有挑战性的调整。

　　首先，不刻意追求案例数量的增加，在案例甄选过程中，我们始终秉持真实、准确、清晰的原则，对于一些不清楚来源、事实描述不准确的案例，我们不做选择。与此同时，一些涉案金额极小、涉案人级别不高的一般性职务犯罪，我们将不做选择。

　　其次，案例选取秉持着经济犯罪为主的原则，对于一些情杀、暴力犯罪等现象，纯属个人犯罪的范畴，并非我们研究的对象，对于整体企业家犯罪现象的研究意义也不大，我们做了相应的剔除。

　　第三，对于案例来源的选择，尽管同样是以公共传媒的报道为基础，但对于媒体的选择，我们今年做了更为精准的计划，我们选择更加权威、信誉度更高的媒体如新华网、人民网、各大传统新闻门户及传统知名报刊、广电等，对于新媒体我们也特别做了选择，如广受关注的财新传媒、新近崛起的澎湃新闻、今日头条等新媒体，我们也列入了来源范围。

　　第四，对于案例描述的准确度，我们特别做了仔细甄别。往年的报告中，含有部分"某公司总经理""公司老总王某"等描述的案例，尽管可能是媒体在转载时考虑案件尚未最终裁定前提下的个人隐私权保护等问题，但我们本着事实清楚、准确的角度出发，去年剔除了这些案例。

　　中共十八届四中全会的《决定》将依法治国理念置于全新的高度。意味着接下来"法治"的影响力将更加深入人心，而依法治国背景之下，对于企业和企业家的影响不可小觑。

　　社会主义市场经济就是法治经济，必须要靠法律的权威、法治的理念贯彻始终。只有依法治企才能把企业管好、做大，才能让企业管理者放心大胆地去创新。

　　企业和企业家、公司高管和公司负责人是市场经济的重要组成部分，他们中的任何一次违规行动，任何一次涉嫌犯罪的事件，都可能引起严重的后果。而我们的《中国企业家犯罪报告》就是希望以新闻媒体的方式去了解真相、去探求发生的原因、去发现其中的警示意义和镜鉴价值。

"现在我们国家的法律体制在不断地完善，监管体制也在不断地加强，而有些企业家还是拿着以前的经验在现行的体制下行事。"王茂松告诉记者。现有的法律法规已经加强了，而一些企业家的思想还没有转变过来，这也是部分企业家涉案的重要原因。

当然，客观地分析企业家犯罪的原因，其中既有企业家个人的原因即内部因素，也有外部环境因素的影响。

一位在某著名地产企业任职法务总监的专业人士在接受记者采访时即表示，从一些领域来看，目前的司法环境有些过于严厉。"一位企业家曾说，很多企业家不是在监狱里就是走在通向监狱的路上，这样讲虽然过于言过其实，但企业家的确属于高危群体。"该法务总监说道。

这位专业人士的话，颇具代表性，在过去一段时间内，相关的问题确实存在，之前的《中国企业家犯罪报告》也在犯罪现象研究中进行过深刻地分析。不过我们欣喜地看到，法治环境正在慢慢改善，行政机构、司法机构对于依法治国的认识和执行，一直在朝着积极的方向发展。

我们坚信，越来越多的人和组织关注企业家犯罪现象，对于减少和预防企业家犯罪，增强企业及企业家守法、合规意识，保护国有资产的保值增值、促进民营经济持续健康发展等大有助益。

对我们而言，我们有信心也有能力把这项工作坚持下去，无论遇到何种困难，遇到何种挫折，我们都将继续走下去，不断发展并传播我们开创的这份年度《中国企业家犯罪报告》，通过对一个个真实案例的系统研究，为更多的企业高管提供一个镜鉴，从而更好地促使其防控法律风险，做到未雨绸缪，促进社会主义市场经济健康发展。